DE CORAÇÃO ABERTO

Elizabeth Lesser

DE CORAÇÃO ABERTO

Quando tempos difíceis nos ajudam a crescer

Tradução de
AULYDE SOARES RODRIGUES

Rocco

Título original
BROKEN OPEN
How Difficult Times Can Help Us Grow

Edição brasileira publicada mediante acordo com Villard Books,
um selo da Random House Group, uma divisão da Random House, Inc.

Por falta de espaço os agradecimentos pelas permissões/créditos
estão na página 351.

EDITORA ROCCO LTDA.
Rua Rodrigo Silva, 26 – 4º andar
20011-040 – Rio de Janeiro – RJ
Tel.: (21) 2507-2000 – Fax: (21) 2507-2244
rocco@rocco.com.br
www.rocco.com.br

Printed in Brazil/Impresso no Brasil

preparação de originais
MÔNICA MARTINS FIGUEIREDO

CIP-Brasil. Catalogação-na-fonte.
Sindicato Nacional dos Editores de Livros, RJ.

L633d Lesser, Elizabeth
De coração aberto: quando tempos difíceis nos ajudam a crescer / Elizabeth Lesser; tradução de Aulyde Soares Rodrigues. – Rio de Janeiro: Rocco, 2005.
(Arco do Tempo; O encanto no cotidiano)

Tradução de: Broken open: how difficult times can help us grow
ISBN 85-325-1913-X

1. Sofrimento – Aspectos religiosos. 2. Vida espiritual. I. Título. II. Série.

05-1822 CDD – 214
CDU – 21

Para meu marido, Tom.

SUMÁRIO

PARTE III
O Amante Xamã

PARTE IV
Filhos

PARTE V
Nascimento e Morte

PARTE VI

O Rio da Mudança

PRELÚDIO

E chegou o momento em que o risco de continuar como botão era mais doloroso do que o risco de desabrochar.

– ANAÏS NIN

Há alguns anos fui à cidade de Jerusalém, onde os séculos se empilham em camadas de pedra e as ruas são entalhadas nas camadas, girando e fazendo voltas em padrões irregulares que dividem e ligam bairros, mercados, mesquitas, templos e igrejas. Certa manhã, naquela cidade dividida, sentei sozinha num muro muito gasto, na base do monte das Oliveiras. O dia seguia em frente com a determinação das pessoas com destino certo e coisas para fazer. Homens e mulheres iam para o trabalho e para o mercado; crianças passavam correndo a caminho da escola. Eu, porém, não tinha para onde ir.

O grupo com o qual eu viajava em Jerusalém tinha levantado cedo para o itinerário planejado. Eu fiquei. Não podia mais fingir que fazia parte da aventura deles: eu não estava ali para visitar cidades sagradas, fazer a Via Sacra, gemer no Muro das Lamentações nem cantar os nove nomes de Alá. Não, eu estava ali para adiar a decisão sobre minha vida em casa. Fui a Jerusalém só porque minha amiga que conduzia a viagem estava suficientemente preocupada comigo para pagar minhas despesas – o que me preocupava o bastante para atravessar meio mundo de avião com destino a uma cidade tão confusa quanto eu mesma. Agora estava ali, mas na realidade continuava em casa, em Nova York, assustada e confusa sobre meu casamento que desmoronava.

Ao penetrar mais na Velha Cidade murada, cheguei a uma passagem antiga, ladeada de lojas de artefatos religiosos para o peregrino ocidental. Normalmente eu fugiria desse tipo de lojas. Citações inspiradoras bordadas ou canecas de café com a Virgem Maria não me pareciam diferentes daquelas pinturas de Elvis em veludo que vemos nos mercados das pulgas. Mas eu precisava de ajuda. Precisava de inspiração – mesmo que fosse de uma caneca de café, de um travesseiro bordado ou do próprio Elvis.

Vi uma loja estreita e sombria e entrei. O chão era forrado com uma miscelânea de tapetes persas. Das paredes pendiam pequenos quadros, alguns de santos e profetas, outros de montanhas e flores. Seria uma galeria? Uma loja de tapetes? Uma loja de presentes? Eu não sabia dizer. No fundo da longa sala, tomando chá em uma mesa baixa, estavam dois árabes vestidos com caftans brancos. Um deles era um cavalheiro idoso encurvado e o outro – talvez seu filho – um tipo com ar misterioso, olhos brilhantes e longos cabelos negros como a crina de um cavalo bem tratado. Depois de algum tempo, o filho terminou o chá e foi me cumprimentar. Olhando-me fixamente, como se tentasse ler os segredos do meu coração (ou o conteúdo da minha bolsa), ele disse, em perfeito inglês:

– Venha, vai gostar deste quadro.

Segurou minha mão e me levou para o outro lado de uma pilha de tapetes até o fundo da loja, perto de onde seu pai estava.

O homem idoso se levantou e caminhou trôpego em minha direção. Com a mão direita sobre o coração, inclinou a cabeça na tradicional saudação islâmica.

– Veja – ele disse, apontando para um quadro pequeno, pendurado na parede. Tocou-me o braço com a delicadeza de um avô. – Está vendo a rosa? – perguntou, levando-me para o quadro. Emoldurada com madeira escura, estava a imagem etérea de um botão de rosa, com as pétalas pálidas e reluzentes, unidas em um abraço apertado. Sob a flor havia uma inscrição:

E chegou o momento em que o risco de continuar em botão era mais doloroso do que o risco de desabrochar.

Lágrimas inesperadas assomaram aos meus olhos quando li as palavras. Os dois homens me rodeavam, mais como guarda-costas do que como vendedores. Virei o rosto para esconder na sombra minhas lágrimas. Tive medo de que, à menor demonstração de misericórdia do velho, eu pudesse desmoronar naquela loja estranha, a milhares de quilômetros de casa.

– Qual o problema? – o homem de cabelos longos perguntou.

– Nenhum problema – respondi. – Estou bem.

– Não, alguma coisa está errada – retrucou o homem. – A senhora está sofrendo.

– Como assim? – perguntei, desconfiada, mas curiosa. Ele seria um vigarista tentando me vender um quadro, ou meu sofrimento era tão palpável, minha história tão facilmente lida? Senti-me exposta, como se o homem de cabelos compridos fosse um espião da alma, que sabia do meu casamento, dos meus dois filhos pequenos e da confusão maluca que meu marido e eu tínhamos feito da nossa vida.

– Como assim? – repeti. Olhei para os homens. Eles olharam para mim. Ficamos em silêncio, e então o homem de cabelos longos repetiu:

– A senhora está sofrendo. Sabe por quê?

– Não, por quê? – perguntei, embora certamente soubesse a resposta.

– Porque está com medo.

– Com medo do quê?

– Com medo de si mesma – o homem afirmou, levando a mão ao peito e batendo de leve no coração. – Com medo de sentir seus verdadeiros sentimentos. Medo de querer o que realmente quer. O que a senhora quer?

– Está se referindo ao quadro? Pensa que quero o quadro? – perguntei, de repente confusa e desesperada para fugir do cheiro dos tapetes e da intensidade do homem. – Não quero o quadro – eu disse, andando para a porta. O homem me acompanhou até a entrada da loja. Ficou bem na minha frente, segurou minha mão e a pôs sobre meu coração.

– Não estou falando do quadro – disse gentilmente. – Estou falando do que o quadro diz. Quero dizer que seu coração é como a flor. Deixe que ele se abra. O que quer espera por você no seu coração. Chegou o momento. Que Alá a abençoe. – Então, ele desapareceu na sombra. Abri a porta para o dia claro e movimentado e segui pelas ruas tortuosas para o meu hotel. Já no quarto, embora fosse meio-dia e estivesse fazendo 32 graus, abri as torneiras para um banho.

Descansando na banheira, as palavras do quadro ecoavam em minha mente. De algum modo, o homem de cabelos compridos tinha visto e identificado a fonte da minha dor. Eu era como um botão de rosa, controlando-me tenazmente, rígida e tensa, apavorada com a idéia de me abrir em flor. Porém, tinha chegado a hora. Mesmo que estivesse arriscando tudo para desabrochar, o homem estava certo: chegara o tempo de descobrir o que eu queria realmente – não o que meu marido queria, não o que eu achava que fosse melhor para meus filhos, não o que meus pais esperavam de mim, não o que a sociedade determinava ser bom ou não. Estava na hora de me lançar corajosamente na totalidade da vida, com todos os seus perigos e promessas. Continuar rígida como um botão tinha se tornado uma espécie de morte. Chegara o momento de desabrochar.

INTRODUÇÃO

É estranho que a natureza da vida seja a mudança, e a natureza dos seres humanos a de resistir à mudança. Como é irônico que os tempos difíceis que tememos possam nos arruinar, que sejam exatamente os que podem nos abrir e nos ajudar a desabrochar naquilo que devemos ser. Este livro é sobre esses momentos. É uma coleção de histórias sobre mudança e transformação na minha vida e nas vidas de amigos e familiares e das pessoas corajosas que conheci nas oficinas que ministrei. Compartilho essas histórias pessoais porque sei que o arco traçado por uma triunfante história humana traça o potencial de cada uma de nossas vidas. Há uma história neste livro capaz de inspirá-la e fortalecê-la, sempre que sair para sua jornada.

Você pode estar no início de uma transição, sentindo apenas uma vaga inquietação ou um impulso na direção de algo novo. Ou, talvez, esteja num período de mudança total. O que você pensava que fosse sua vida acabou, e você se dirige para o desconhecido. Talvez esteja saindo do emaranhado de tempos difíceis, finalmente capaz de respirar e compreender a jornada. Ou, talvez, tenha percebido, mais uma vez, o fato óbvio, porém espantoso, de que nada permanece na mesma por muito tempo, que coisas como o corpo, relacionamentos, filhos, trabalho, cidades, nações e até mesmo a Terra que nos sustém são fluidas e passageiras – sistemas dinâmicos, alimentados pelo sopro da mudança.

Durante mais de 25 anos, conduzi oficinas baseadas no tema de mudança e transformação. Vi pessoas preferirem o crescimento ao medo, enquanto navegavam pelas mais difíceis transições da vida. Vi como é possível nos aproximarmos dos desafios da vida real com o coração aberto e com otimismo – até mesmo com sabedoria e prazer. Dediquei-me a esse trabalho no Instituto Omega, o retiro e centro de encontro que co-fundei em 1977. Com o passar dos anos, o Omega se tornou o maior centro de aprendizado de adultos da América, atraindo cerca de 20 mil hóspedes cada ano. Muitos vêm ao campus do Omega para estudar as artes médicas e de cura. Outros para fazer retiro espiritual e participar de oficinas de desenvolvimento. Todos com a mesma intenção. Muitas vezes comparo o Omega a um oásis – um lugar onde os viajantes se reúnem para descansar, aprender e contar suas histórias.

Como *voyeur* da experiência humana, os anos no Omega foram pródigos para mim. É um lugar repleto de histórias, um lugar onde as pessoas se livram do peso da aparência obrigatória e compartilham o que significa realmente ser humano. As histórias deste livro são sobre pessoas comuns que, por desígnio ou desastre, resolveram se lançar ousadamente na plenitude da sua humanidade. São histórias de superar o medo e de enfrentar riscos, de tempos e passagens difíceis, e de botões abrindo-se em flor.

Quando comecei a escrever este livro, pensei que poderia passar rapidamente por minha história, compartilhando apenas alguns episódios pessoais, especialmente os que se relacionavam ao desabrochar – os que vieram depois dos tempos e das passagens difíceis. Pensei em escrever principalmente sobre as noites escuras das almas de outras pessoas, ou sobre os heróis antigos que navegavam mares perigosos ou arrancavam uma espada de dentro da pedra. O livro, contudo, tinha outras propostas. Estudando o assunto de mudança e transformação, senti-me inspirada pela coragem dos que contaram toda a verdade sobre sua jornada. Quando as pessoas omitiam as partes obscuras, confusas e vergonhosas, eu perdia o interesse e, pior ainda, acabava me distraindo.

Assim, depois de mais de um ano de pesquisa e entrevistas, reuni os mitos antigos e as histórias atuais que havia coletado, deixei-os de lado por um tempo e comecei o trabalho muito mais difícil, o de contar a minha história. Logo descobri que as partes que eu menos queria contar – as partes de egoísmo, aquelas em que minhas ações magoavam outras pessoas, as partes em que tropecei e caí – eram as que realmente valiam a pena contar. Só depois que voltei e enfrentei minhas sombras consegui me abrir para uma vida mais genuína e generosa. Assim sendo, a história que transita nas páginas deste livro é de escuridão e de luz, de depressão e de regozijo. Como conto minha história num estilo desobedientemente cronológico, uma visão geral concisa da "completa catástrofe" (como Zorba, o Grego define a vida) pode ser útil ao leitor antes de começarmos.

Nasci em 1950, filha de uma era americana quando as partes obscuras da história humana não eram populares – um tempo em que a ciência prometia uma vida sem problemas e a televisão promovia o espetáculo de uma perfeição suburbana. Cresci em um daqueles bairros residenciais "perfeitos" de Long Island, apenas com uma vaga e infantil noção dos bosques escuros logo adiante dos gramados imaculados. Na escola, pulávamos corda no playground mas também nos escondíamos debaixo das carteiras durante as simulações, para nos proteger de prováveis ataques nucleares. Em casa, as capas das revistas de minha mãe mostravam arranjos de flores e jantares do dia de Ação de Graças. Porém, uma vez ou outra, eu notava também fotos de um pequeno país chamado Vietnã e de pessoas negras marchando nas ruas das cidades americanas. O verniz da perfeição tornava-se cada vez mais fino à medida que eu deixava a infância e entrava na adolescência.

Quando os Beatles cruzaram o Atlântico pela primeira vez, eu estava à espera deles. Depois disso, quando outras mudanças culturais dominavam os anos 60 e 70, eu me engajava em todas as revoluções possíveis – a nação Woodstock, passeatas contra a guerra, o movimento feminista e o êxodo de volta a terra. Conheci meu primeiro marido quando construía um parque para os sem-teto, num terreno abandonado da cidade de Nova York. Eu acabara de entrar na faculdade, enquanto ele estudava medicina. Fomos morar juntos exatamente quando o espírito dos anos 60 (a essa altura já estávamos nos anos 70) começava a enfraquecer.

Saímos da cidade, nos tornamos discípulos de um professor de meditação, fomos morar na Califórnia e poucos anos mais tarde – quando ele terminou o período de residência e eu me formei em pedagogia – voltamos para o leste, para formar uma comunidade espiritual. Então casamos. Fiz um curso de parteira e, com meu marido, atendia os partos daquela área. Tive meus filhos. Nossa pequena família deixou a comunidade, compramos uma casa, fundamos uma escola que veio a ser o Instituto Omega. A vida ficou complicada. Problemas que eu jamais pensara em enfrentar – amor e traição, paixão e responsabilidade, perda e dúvida – brotaram nos cantos escondidos do meu coração e me levaram aos bosques tenebrosos da vida real. São essas histórias – sobre a jornada para dentro e depois para fora dos bosques – que conto neste livro.

Ser humano e estar perdido no bosque. Nenhum de nós chega aqui com instruções claras sobre como ir do ponto A ao ponto B sem tropeçar na floresta de confusão, de catástrofe ou de erros. Embora os bosques sejam escuros e perigosos, é neles que descobrimos nossas forças. Todos nós já ouvimos alguém dizer que seu câncer, seu divórcio ou sua falência foi a maior dádiva de suas vidas – que só depois que o corpo, o coração ou o banco quebraram, ficaram sabendo quem eram, o que sentiam ou o que queriam. Antes da descida para as trevas, elas tomavam mais do que davam, ou estavam atordoadas, cheias de medo, de culpa ou de autopiedade. Nos momentos mais críticos, caíram de joelhos, foram humilhadas, abriram seus corações. E mais tarde, juntando os cacos, descobriram uma noção mais clara de finalidade e uma nova paixão pela vida. Mas também conhecemos pessoas que não transformaram seus infortúnios em compreensão, ou sua dor em alegria. Ao contrário, tornaram-se mais amargas, mais reativas, mais cínicas. Elas se fecharam. Voltaram a dormir. O poeta persa Rumi diz:

A brisa da madrugada tem segredos para contar.
Não volte a dormir.
Você deve pedir o que realmente quer.
Não volte a dormir.
Pessoas atravessam para dentro e para fora o limiar
Onde os dois mundos se tocam.
A porta é redonda e está aberta.
Não volte a dormir.

O esforço necessário para ficar acordado nos tempos difíceis me fascina. Fico maravilhada com o que todos nós fazemos nos períodos de transição – como resistimos e como desistimos, como ficamos atolados e como crescemos. Desde a minha primeira experiência de me abrir – meu divórcio –, tenho sido observadora e confidente de muitas outras pessoas presas nas forças do seu sofrimento. Anotei como o fiasco e o fracasso nos visitam, como se estivessem escritos na descrição da tarefa de ser humano. Vi pessoas desmoronarem em momentos difíceis, perderem o espírito e jamais recobrá-lo completamente. Vi outras protegendo-se ferozmente de qualquer tipo de mudança, até passar a levar uma meia-vida, segura mas definhada.

Porém, vi também outro modo de enfrentar uma mudança ameaçadora ou uma perda dolorosa. Chamo esse outro modo de Processo Fênix – referindo-me à fênix mítica, o pássaro que continua acordado no meio das chamas da mudança, ergue-se das cinzas da morte e renasce no seu mais vibrante e esclarecido eu. Descrevo o Processo Fênix na segunda parte deste livro. Por enquanto, só precisamos entendê-lo como uma alternativa para voltar a dormir.

Tentei os dois modos. Voltei a dormir para resistir às forças da mudança. Fiquei acordada e me abri. Ambos são difíceis, mas um deles traz a dádiva de toda uma vida. Se pudermos ficar acordados enquanto nossa vida muda, segredos nos serão revelados – segredos sobre nós mesmos, sobre a natureza da vida e sobre a fonte eterna de felicidade e de paz que está sempre acessível, sempre renovável dentro de nós.

Ano após ano, tenho freqüentado oficinas onde as pessoas não querem voltar a dormir. Estão curiosas para saber o que dirão as brisas do amanhecer. Esperam que o vento enfune suas velas com coragem, paz interior e propósito exterior. Coisas sérias e coisas não tão sérias estão acontecendo a essas pessoas. Algumas estão doentes, talvez morrendo, outras apenas enfrentando a condição terminal do que chamamos de vida. Uma sensação de que a mudança interior começa a se processar e temem ouvir as nuvens de tempestade se acumulando nos seus corações. Algumas perderam o emprego recentemente, ou um ente querido, ou a fortuna. Outras têm noção de que, seja o que for que tenham neste momento, pode ser perdido no próximo e querem viver como se realmente soubessem disso.

Na atmosfera espaçosa e segura de uma oficina, tenho ajudado as pessoas a enfrentar problemas como este: como posso ficar acordado mesmo quando sinto dor? Quais serão esses segredos do amanhecer? Por que tenho tanto medo de parar por um momento e ouvir? O que é preciso para que meu desejo de ficar acordado se torne mais forte do que meu medo de mudar? Juntos vamos nos libertando, usando algumas das ferramentas tradicionais descritas no apêndice deste livro: meditação para desenvolvimento de uma mente tranqüila, questionamento psicológico para abrir um coração destemido e oração para o cultivo da fé. Esses instrumentos são como pás que podem ser usadas para cavar à procura das dádivas enterradas sob a desordem de nossas vidas. Todos eles fizeram grande diferença em minha vida. Porém, talvez o instrumento mais intenso que tenhamos à nossa disposição seja o simples ato de contar nossas histórias a outros viajantes humanos – em volta do fogo, na cerca dos fundos a um vizinho, ou sentados à mesa da cozinha, com a família e os amigos. Desde o começo da história, os seres humanos se reúnem, conversam e choram, riem e elogiam, tentando compreender a enigmática natureza de suas vidas. Ao compartilharmos nossas características mais humanas, começamos a nos sentir menos estranhos, menos solitários e menos pessimistas. E, para nossa surpresa, no curso de cada história – cada mito pessoal – descobrimos um tesouro esplêndido, uma fonte eterna de poder e de doçura: a alma cintilante de cada caminhante.

Ofereço este livro àqueles que estão à procura da alma cintilante – aqueles dispostos a entrar no bosque do exame de si mesmo para recuperar o que nunca foi realmente perdido. Tive muita ajuda ao longo de minha jornada, e, se eu puder estar ao seu lado na sua, me sentirei como se estivesse pagando os guias e os amigos que encontrei no caminho. Quer você esteja num mar revolto ou descendo as cachoeiras menores da vida de todo dia, quero que saiba que não está sozinho, nem agora nem em nenhum estágio da jornada. Joseph Campbell, o grande mitólogo do século XX, escreveu: "Nem precisamos nos arriscar sozinhos na grande aventura, pois os heróis de todos os tempos foram antes de nós. O labirinto é perfeitamente conhecido. Temos apenas de seguir a trilha de um herói e, onde pensávamos que encontraríamos uma abominação, encontraremos um deus. E onde pensávamos que mataríamos outro, mataremos a nós mesmos. Onde pensávamos em viajar para fora, chegaremos ao centro da nossa existência. E onde pensávamos que estaríamos sozinhos, estaremos com o mundo."

A experiência de mudança e transformação nunca é completa. Alguma coisa maior e mais clara precisa nos atravessar com sua luz. Somos continuamente desafiados a mudar e crescer, a nos quebrar e superar a quebra. A primeira grande mudança feita em nome do despertar pode ser destrutiva e traumática. No meio do meu divórcio, os riscos que eu corria e os golpes que recebia eram uma agonia para mim, e me perguntei se tanta dor poderia levar a algo bom. Porém, agora, há anos na estrada e muitas mudanças mais tarde, confio nos desvios e nas curvas que Joseph Campbell chama de "trilha do herói". Alguns de nós, para encontrar o caminho que leva ao "centro de nossa existência", precisam de um evento cataclísmico. Alguns de nós reúnem todas as pequenas mudanças em uma grande lição, e encontramos também nosso caminho para casa.

UMA NOTA SOBRE CONTAR HISTÓRIAS SOBRE POESIA E PARÁBOLAS

Neste livro uso vários modos de contar histórias. Uso a narrativa na primeira pessoa para contar minha história. Mas, porque essa história lança apenas um pequeno raio de luz no assunto, incluo também histórias de pessoas que enfrentaram desafios maiores do que o meu e, mesmo assim, fizeram uso das dificuldades para crescer. Conto essas histórias principalmente na Segunda Parte, o Processo Fênix, onde compartilho da coragem de pessoas que enfrentaram situações aparentemente insuportáveis, doenças graves, a perda de um filho, a tragédia da guerra. Na Terceira Parte, o amante Xamã é a história do meu Processo Fênix. As histórias na Quarta, Quinta e Sexta Partes são sobre dramas atuais de todo dia – meus e de outras pessoas. São sobre criar filhos, sobre relacionamentos, adquirir sabedoria com a idade, fazer amizade com a morte. Todas as histórias estão ligadas. As grandes nos ensinam como viver as pequenas de todos os dias.

Algumas partes do livro não são realmente histórias no sentido literário, porém representam um ensinamento sobre as tradições antigas. Essas pequenas parábolas estão espalhadas por todo o livro como pequenas luzes distribuídas pelo caminho. No começo de muitas histórias e parábolas, há citações ou poemas. Sei que um verso de abertura é muitas vezes considerado ornamentação, mas na verdade esses pequenos trechos de prosa e poesia são para ser lidos. Alguns são as chaves da porta de entrada das histórias, outros são veículos que podem conduzi-lo por todas as histórias e de volta à sua vida.

Há anos venho colecionando citações e poemas. Alguns colecionam bonecas antigas ou cartões de beisebol. Eu coleciono palavras de outras pessoas. Eu as prego na parede ou as envio aos meus filhos, minhas irmãs, meus amigos, ou as utilizo em exercícios, na oficina, no que chamo de Bazar de Poesia. O exercício é uma espécie de jogo de salão espiritual, é um poderoso quebrador de gelo. No começo do exercício, espalho mais de cem pedaços de papel no chão. Em cada um está impresso um curto poema ou a citação de um sábio pensador – diversos tipos, como o poeta Rumi e o comediante americano George Carlin. Peço aos participantes do exercício para andar pela sala, em busca de um poema, alguma coisa que conte a história secreta dos seus corações. Eu os encorajo a fazer comparações, a escolher mais de uma citação ou poema, de estilos, conteúdo e tamanhos diferentes. Então, feitas as escolhas, nos sentamos em círculo e cada pessoa lê em voz alta o que escolheu. Alguns nos contam o que a citação ou o poema representa para eles. Contam uma história e nos admitem em suas vidas. Outros deixam que os poemas falem por si mesmos, uma coisa que um bom poema pode fazer. Aprendi a confiar no poder de algumas palavras bem escolhidas para revelar ao mundo algo que não posso, não quero, ou nem sabia que precisava dizer, até vê-las na frente dos meus olhos, escritas pela mão profética de um poeta.

Cada história deste livro é na realidade a sua história, contada por outra pessoa de modo que você possa se conhecer um pouco melhor. E, antes da história, há o poema ou a citação. Leia cada um deles como uma tabuleta na estrada, um conjunto de palavras, um punhado de migalhas que através dos tempos marcaram o caminho nos bosques. Comece com esta, do poeta Rumi, como um convite para viajar comigo e com aqueles cujas histórias são contadas neste livro, às profundezas da alma da sua vida.

Quando você faz algo vindo da alma,
Sente um rio movendo-se em você,
Uma alegria...

PARTE I

O Chamado da Alma

Muitos de nós não nos sentimos à vontade para revelar aos outros – e até a nós mesmos – o que há sob a superfície da nossa consciência diária. Levantamos de manhã e recomeçamos de onde paramos na véspera, atacando a vida como se estivéssemos em uma campanha de controle e sobrevivência. O tempo todo, bem no nosso íntimo, corre um rio de pura energia com uma canção rica e profunda que fala de alegria, de libertação e de paz. Bem em cima, enquanto seguimos pela vida, podemos sentir a presença do rio. Podemos sentir um vago desejo de nos comunicarmos com ele. Geralmente, contudo, nos movemos de forma muito rápida ou distraída, ou tememos perturbar o *status quo* dos pensamentos e dos sentimentos da superfície. Pode ser perturbador mergulhar abaixo do que nos é familiar, nos mais misteriosos reinos da alma.

Uso a palavra *alma* porque não encontrei nenhuma outra que descreva tão bem o rio de energia que anima quem somos. Já ouvi o rio ser chamado de força vital, consciência ou Deus. Porém, prefiro *alma* por seu som e por seu sabor quando a pronuncio. Essa razão, no entanto, pode não ser suficiente para alguns.

Procurando os dados que pudessem ser respeitados por um cientista, li livros e ouvi palestras de pesquisadores que tentam explicar e quantificar a alma – físicos como David Bohm e Fritjof Capra, médicos como Deepak Chopra e Larry Dossey, e biólogos como Candace Pert e Rupert Sheldrake. Todos esses pensadores e escritores são fascinantes, e recomendo a pesquisa de suas obras para quem queira garantir um sentido espiritual da alma com algum material científico.

A obra de Rupert Sheldrake é a minha favorita, embora eu mal compreenda o que ele diz na maior parte dos seus livros. Antes bioquímico e biólogo celular da Universidade de Cambridge, é autor de alguns livros inovativos como *A New Science of Life* [Uma nova teoria da vida] e *The Sense of Being Stared At and Others Aspects of the Extended Mind* [A sensação de estar sendo observado e outros aspectos da mente ampliada]. Sheldrake descreve a alma como um "campo mórfico", ou um campo formativo invisível que sustenta as atividades da vida. Em uma palestra no Omega certa vez o ouvi dizer: "Se compararmos o cadáver de uma pessoa, de um animal ou uma planta com o estado de vida que precedeu a morte, notamos que a quantidade de matéria no corpo morto é a mesma do corpo vivo. A forma do corpo também é a mesma, bem como as substâncias químicas que ele contém, pelo menos imediatamente logo depois da morte. Porém, alguma coisa mudou. A conclusão mais óbvia é a de que algo deixou o corpo e, uma vez que não há mudança no peso, o que saiu é essencialmente imaterial. Esse algo imaterial pode ser chamado de alma."

Não podemos tocá-la, mas a alma é real. Podemos não saber que forma ela toma quando nosso corpo morre, mas acredito que a alma continue viva. Se você costuma negar os desejos da alma, ou se a idéia de ter uma alma o deixa nervoso, ou, ainda, se considera o assunto duvidoso, talvez deva pensar no conselho de Rumi: *quando você faz algo que vem da alma, sente um rio movendo-se em você, uma alegria.*

Se você sabe do que Rumi está falando, eu diria que está em contato com sua alma. E se essas palavras provocarem tristeza, cinismo ou ansiedade, eu diria então que você também possui uma alma viva – que está enviando uma mensagem para o bem de sua vida.

As histórias nesta parte do livro são sobre o que é preciso para ouvir e responder ao chamado da alma. Sua alma está sempre enviando mensagens. Se você pinta, canta, escreve poesia ou ouve boa música regularmente; ou se medita e ora; ou se caminha na natureza ou movimenta seu corpo em esportes ou dança, sabe o que é estar em contato com sua alma. *Sente um rio movendo-se em você, uma alegria.*

Contudo, tantas vezes resistimos à atração do rio. Ignoramos o chamado da alma. Talvez temendo o que a alma tem a dizer sobre as escolhas que temos feito, hábitos que formamos, as decisões que estamos evitando. Talvez se nos aquietássemos e pedíssemos orientação à alma, fôssemos levados a fazer uma grande mudança. Talvez esse rio de energia selvagem, com seu desejo de alegria e de liberdade, faça capotar nossos planos mais prudentes, nossas ambições, nossa sobrevivência. Por que devemos confiar em uma coisa tão indeterminada como a alma? Então, nos fechamos ao seu chamado. Eu me fechei muitas vezes, por isso sei o que significa ignorar o rio. Conheço a sensação de apatia; sei como é quando o rio se desvia e surge de outros modos – como um desejo de culpa, como um sentimento de raiva, uma enfermidade, uma inquietação, cansaço ou autodestruição. A alma também fala, e às vezes em tom mais alto, quando bloqueamos seu caminho, quando levamos uma meia-vida, quando ficamos na superfície.

Se não ouvirmos a voz da alma, ela canta uma canção estranha. Se não procurarmos o que há sob a superfície de nossas vidas, a alma começa a nos procurar.

O QUE EINSTEIN SABIA

Nenhum problema pode ser resolvido
a partir da mesma consciência que o criou.

– ALBERT EINSTEIN

Quando a rodovia 25 deixa as montanhas no norte do Novo México, a cidade de Albuquerque aparece de repente, como uma miragem – uma fatia da América tremulando em uma plataforma de antigo deserto. Em todos os anos em que visitei amigos no Novo México, nunca me aventurei a ir até Albuquerque. Passei pela cidade muitas vezes, na ida e na volta do aeroporto, mas nunca tive motivo para sair da estrada, até a tarde em que saí à procura de uma vidente cujo cartão me fora dado por uma amiga em Santa Fé. Isso foi durante os primeiros dias difíceis de minha separação, depois de catorze anos casada, uma época em que as pessoas que tentavam me ajudar acabavam desistindo, frustradas com o labirinto sem saída em que eu estava vivendo. Um dia, antes de deixar a casa de minha amiga, ela me deu o cartão de um médium e disse: "Não pergunte. Apenas vá."

O cartão dizia:

Nome: Porta-voz do espírito.
Local: A estrada da verdade.

Encontrei informação mais útil no verso do cartão, onde havia três regras impressas:

1. Pagamento: só em dinheiro.
2. Traga uma fita virgem.
3. Não me responsabilize por sua vida.

E então o endereço, que me levou por ruas empoeiradas e sem árvores, passando por alguns armazéns e estacionamentos de caminhões, por um parque de trailers em uma estrada lastimável a alguns quilômetros do aeroporto. O lugar parecia o cenário de um filme – vários trailers velhos e anexos dilapidados, automóveis abandonados e um cachorro amarrado a um varal de roupas. Num beco, cheguei ao último trailer do parque, sob uma árvore nodosa, cheia de luzinhas de Natal. Verifiquei de novo o endereço e constatei, com espanto, que aquela era mesmo a Estrada da Verdade, o lar do Porta-voz do Espírito.

Nos degraus do trailer, as coisas ficaram mais esquisitas ainda. A vidente me recebeu na porta. Eu nunca tinha visto tanto cabelo – pilhas de mechas douradas tingidas, arrumadas numa colméia no alto da cabeça. Vestia uma camisa vermelha e branca de caubói, calça de malha branca e calçava sandálias de salto alto. Os olhos eram azul-claros e as unhas pintadas com esmalte muito vermelho combinavam com os brincos de pingente. Pareceu surpresa em me ver, como se eu não tivesse telefonado de manhã, para confirmar a hora marcada, como se ela não fosse vidente. Uma vez determinado o que eu estava fazendo nos degraus do seu trailer, ela me convidou a entrar, pedindo desculpas pela desordem. Pulamos por cima de caixas, livros, revistas, sacos de ração de cachorro e de batatas fritas. No sofá, assistindo à TV, estava um homem – talvez o marido da vidente – e um grande poodle branco com fivelas de plástico na cabeça. Nenhum dos dois pareceu notar minha presença, e a vidente me levou para seu quarto.

Sentou-se na gigantesca cama que ocupava quase todo o espaço do quarto e fez sinal para eu me sentar em uma cadeira dobrável, num canto. Eu ainda podia sair daquilo, pensei, me espremendo na pequena abertura entre a cama e a parede para chegar à cadeira. Porém, antes que eu pudesse dizer qualquer coisa, a vidente anunciou em tom decidido:

– Você tem uma coisa para mim na sua bolsa. Uma coisa do seu marido. Uma carta.

Sua voz era rouca – voz de fumante – mas tinha também uma estridência regional, como a voz de uma Mae West texana.

– Então, tem ou não tem uma carta na bolsa? – perguntou a vidente.

– Não, não tenho – gaguejei defensivamente. – Não costumo andar com cartas na bolsa.

– Tenho certeza de que tem alguma coisa na bolsa, uma coisa do seu marido. – Ela disse com um pouco mais de suavidade na voz, e então me dei conta de que *tinha* uma carta do meu marido na bolsa – uma carta que falava claramente da triste confusão do nosso casamento e me revelava todas as razões para continuar nele, bem como as razões para sair. Eu tinha a intenção de mostrar a carta à minha amiga, esperando que ela pudesse interpretá-la de modo mais definitivo, mas esqueci completamente, e não mostrei. Em vez disso, eu tinha passado o tempo em Santa Fé fazendo exatamente o que Albert Einstein diz que pessoas com problemas não devem fazer. *Nenhum problema pode ser resolvido pela mente que o criou*, Einstein escreveu. Em outras palavras, não tente resolver um problema usando o mesmo pensamento confuso que o levou a gerar essa situação angustiosa. Você ficará apenas nadando em pequenos círculos de indecisão e de medo.

Fazia tanto tempo que eu me sentia totalmente indecisa sobre meu casamento que minha capacidade de movimento em qualquer direção estava atrofiada. Eu havia calculado várias vezes os motivos para continuar e os motivos para sair, como Einstein lutando com uma equação que nunca dava certo. Algo me dizia que eu não ia encontrar a solução do dilema usando os mesmos argumentos antigos, mas não sabia onde procurar uma nova perspectiva. Era como se eu estivesse debaixo d'água, nadando em círculos, no escuro. Bem acima, além do peso de um oceano de preocupações, um raio de luz apontava para uma nova e luminosa direção, mas eu estava muito angustiada para ver. Estava cercada de questões conflitantes. O divórcio arriscaria a vida dos meus filhos? Ou seria pior para eles viver com pais infelizes? Seria eu uma sonhadora, à procura de uma felicidade ilusória que a vida real jamais poderia me dar? Ou o certo para nós é experimentar a maravilha de estarmos vivos, mesmo ao preço de quebrar as regras? Essas perguntas iam e vinham, constantemente, em uma interrogação infindável, sem respostas, sem ganhadores, apenas com um nadador exausto.

Como eu ia escapar do meu estreito círculo de medo e sair para uma nova consciência? Como Einstein fez isso? Como aquietou as vozes repreensivas e céticas dentro da sua cabeça – as vozes estridentes da má orientação – o tempo suficiente para ouvir os murmúrios regulares do universo? Como conseguiu ver além dele mesmo e seguir a luz até as respostas mais lúcidas?

Abri a bolsa, e lá estava a carta. Inclinei-me sobre a cama e a entreguei à vidente. Ela a segurou com os olhos fechados, sem abrir o envelope. Depois de alguns momentos, perguntou:

– Quer gravar a sessão, querida? – não mais soando como Mae West, mas como uma garçonete servindo o jantar. Tirei a fita do bolso do casaco, me inclinei outra vez sobre a cama e entreguei-a à vidente. Ela a inseriu num gravador usado, apertou o botão para gravar, e a sessão começou – uma hora de conversa maluca, filosofia astuta e informações inexplicavelmente exatas a meu respeito, a respeito do meu marido, dos meus filhos, de toda minha vida confusa. Ela saltava de época para época: o passado, com meu marido, na China; o destino do meu filho mais novo; o homem com quem eu ia me casar e os "dias finais" do meu tempo na Terra.

Sentada no canto, eu tinha a impressão de ter deixado meu corpo, dando lugar à Porta-voz do Espírito. Era o único modo que eu podia explicar seu repentino conhecimento da minha vida. Do contrário, como a vidente podia saber que eu tinha na bolsa uma carta do meu marido? Como, apenas segurando a carta, ela soube que meu casamento estava desmoronando? Ela sentou na cama com as pernas cruzadas, os olhos fechados, apertados, segurando a carta, e resmungou para si mesma: "Ele queria sair do casamento, mas agora mudou de idéia. Uumm." – Abriu tremulamente as pálpebras e as fechou outra vez. "Ele está desesperado para voltar, mas agora ela quer sair. Ela sente-se culpada, ele está zangado. Tudo bem, tudo bem", ela murmurou, abrindo os olhos e examinando o endereço do remetente.

– Rick-shaw, Rick-shaw – ela murmurou, pronunciando o sobrenome do meu marido com seu sotaque texano. Fechou os olhos outra vez e disse: – Vejo você empurrando um jinriquixá. Vejo você servindo seu marido na China. Ele é um nobre, você é sua criada. Você o serviu em muitas vidas. Você o serviu então e se escondeu. Você o serve agora e continua se escondendo. Não reivindica seu poder. Está compreendendo?

Fiz que sim com a cabeça. Apesar da sua metodologia duvidosa de determinar vidas passadas, compreendi como dei todo o poder ao meu marido, como eu me ressentia do fato de ele dirigir nosso casamento, como eu tinha tão pouca confiança em minha voz.

– Muito bem, está na hora de quebrar o ciclo. Para você e para ele. Mas é você quem deve fazer isso. Deve recuperar seu poder. Compreende?

– É complexo – eu me queixei. – Não é culpa dele que eu tenha tanta falta de confiança e ele seja tão seguro de si.

Com um olhar severo ela disse: – Escreva isto – e jogou para mim uma caneta e um bloco enfeitado com pássaros e flores. – Quem tem o poder nunca abre mão do controle voluntariamente. Compreende? Seu marido jamais será capaz de deixar você se desenvolver para ser o que deve. Não está no seu contrato cármico. Não é uma questão de culpa. A verdade é que, para se encontrar, você deve deixá-lo. Este é seu objetivo. E, para que seu marido se encontre, ele deve perder você. Vocês precisam aprender algumas lições – lições mais importantes do que o casamento. A alma vem à Terra para aprender, não para casar ou para ficar casada. Não se trata de continuar ou não casados. *A questão* – ela disse, inclinando-se para mais perto de mim – *é que lição sua alma quer aprender?* Você sabe?

Qual a lição que minha alma quer aprender? Gostei da pergunta. Era nova. Naquele instante, senti que minha alma apontava para uma direção diferente. Senti que me conduzia para a luz.

– Muito bem, pois então eu vou dizer – a vidente disse, quando não respondi. – Sua lição nesta vida é encontrar e confiar na sua preciosa voz. Seu marido também tem de aprender uma lição. Vocês não podem mais ajudar um ao outro nessa procura, como marido e mulher. Escreva isso. A dor que ele sente por você ir embora é também o medo de perder o poder que teve durante muitas vidas. Esses dias acabaram para ele, e ele está num turbilhão. Mas, para ajudá-lo na procura da sua alma, você deve deixá-lo. É sua tarefa – seu contrato sagrado – libertá-lo e se libertar. Escreva isso também.

Ela esperou pacientemente que eu anotasse no pequeno bloco aquele discurso surpreendente. Quando terminei, ela explicou que os "últimos dias" estavam chegando para os seres humanos.

Esse período na Terra pode se estender por uma década, por um século, ou mais. Ela não sabia, mas as coisas estavam se apressando e as pessoas começavam finalmente a aprender que só quem ama a si mesmo pode amar os outros, que apenas quem reclama a própria voz pode ouvir a verdadeira canção de outra.

– Está na hora de você responder ao chamado da sua alma – a vidente disse, com ênfase. – Ela está chamando, mas você está assustada demais para ouvir. Você pensa que sabe o que é importante, mas não sabe. Você pensa que é importante manter as coisas seguras, mas isso não tem nenhum sentido. O importante nesta vida é aprender as lições da alma. Minha querida – ela disse com muita ternura –, o que parece uma perda tão dolorosa agora será algo bonito mais tarde. Você não pode escapar do seu destino. Certamente pode tentar. As pessoas estão sempre fazendo isso. Elas se agarram ao que têm, e o rio seca.

– Agora – ela continuou, devolvendo a carta do meu marido – tenho mais coisas para dizer.

– Mas, espere – eu disse. – Posso fazer mais uma pergunta?

– Só uma – ela respondeu, olhando para o relógio de pulso.

– E os meus filhos? Não quero arruinar a vida deles. As crianças não precisam de uma família estável e segura...

A vidente me interrompeu sacudindo a mão no ar.

– Bobagem. Você não está ouvindo. Seus filhos estão bem. Estão me dizendo que você é forte, então, estão *seguros*. Se você está firme, eles ficam estáveis. Isso é tudo. Vamos em frente agora.

Eu queria perguntar mais sobre meu marido, meu medo, minha dor, mas ela já encerrara o assunto.

– Veja suas notas – ela disse –, é tudo de que precisa saber. Você casou com seu marido por razões da alma, e agora o está deixando por razões da alma. Você está na Estrada da Verdade. Está seguindo em frente, mas olhando pelo retrovisor. É um modo perigoso de dirigir, você sabe. Se resolver ficar com seu marido, vai viver em tempo morto, ponto morto. Se o deixar, nascerá outra vez. Como minha mãe dizia: "As coisas podem piorar antes de melhorar, mas só melhorarão se permitirmos que piorem." – Ela riu baixinho e fechou os olhos.

De repente, ela endireitou o corpo e balançou a cabeça fazendo tilintar os brincos de pingentes.

– Agora estou tendo a vibração de um nome – ela anunciou. – Sim, estou recebendo alguma vibração, e é T-O-M – ela soletrou. – O nome da vibração é Tom. Você tem algum Tom em sua vida?

Quase caí da cadeira. Certamente eu tenho um T-O-M em minha vida. Na verdade, eu tinha três Tom na minha vida. Naquele ano, eu tinha passado de esposa e mãe séria e de bons princípios para o tipo de mulher que tinha três homens em sua vida, todos chamados Tom! O primeiro era um homem com quem eu estava tendo um caso sem futuro. O segundo era um escritor que eu não conhecia pessoalmente, mas cujas cartas e telefonemas eram fontes de humor e doçura em uma vida desesperada. E o terceiro era um homem que eu tinha conhecido recentemente. Embora tivéssemos conversado poucas vezes, esse novo Tom parecia me conhecer, me enxergar completamente – a parte que era uma grande desordem e a parte que começava a sair da sombra. A parte desordenada não o assustava, nem a parte liberada. Eu nunca tinha conhecido alguém como ele. Sua personalidade era menos densa do que a da maioria das pessoas que eu conhecia. Isso talvez por ele ter nascido em uma pequena cidade em West Texas, onde o céu nos limita muito menos do que o de Nova York, ou talvez pelo fato de estar vários passos à minha frente no caminho do divórcio. A mulher o deixara havia alguns anos, levando seu dinheiro e o filho pequeno. Ele perdeu tudo. Agora emergia como uma fênix das cinzas, com novas asas e o coração aberto.

Eu não sabia o que pensar desse novo T-O-M. Não sabia o que nos esperava.

– Você tem um Tom em sua vida? – a vidente tornou a perguntar.

– Tenho três – eu ri pela primeira vez desde o começo da nossa conversa. – Mas na verdade não tinha notado que os três se chamavam Tom. – Descrevi meu relacionamento com cada um deles, e ela assentiu balançando a cabeça, como se os conhecesse muito bem, interrompendo-me com um aceno quando achou que ouvira o suficiente.

– Você acabou com o primeiro T-O-M, seu amante, mas continuará devendo a ele por todas as suas vidas – ela disse. – Ele lhe devolveu seu corpo, seu coração, sua voz. Compreende? Quando você o encontrou, encontrou sua preciosa voz. Esse é o contrato que você teve com ele; ele fez esse contrato com muitas outras antes. Ele libertou a canção da sua alma. Ele chega com um fogo capaz de acordar os mortos. Contudo, se queima com o próprio calor. Você não pode ficar com ele, para não se queimar também. Sei que ama este homem, portanto escreva isto: Tom, por toda a eternidade serei grata a você pela dádiva da voz de minha alma.

Eu escrevi e depois perguntei: – Mas ele não...

Ela sacudiu a mão no ar outra vez e disse: – Não se preocupe com este homem. Ele encontrará a paz que sua alma procura. Você deu a ele a chave para isso. Vocês dois cumpriram seus contratos – seus olhos se fecharam e os brincos tilintaram. – O próximo T-O-M não é seu – ela disse, sacudindo um dedo para mim. – Pertence a outra pessoa, e isso é tudo que você precisa saber. Pare de escrever cartas para ele. – Fez uma pausa e inclinou a cabeça para trás, como se estivesse tomando sol. – Mas este novo Tom, com a luz sobre a cabeça. Sim, é ele, a vibração é do seu nome. T-O-M. Você casará com esse homem. A luz dele a guiará. Vocês se ajudarão mutuamente a encontrar cada um seu Verdadeiro Eu, V maiúsculo, E maiúsculo. Esse é o contrato que vocês assinaram há muito tempo. Durante todas as suas vidas estiveram procurando um ao outro. A vibração do nome T-O-M o levou a você.

Então, a vidente se inclinou e segurou minha mão entre as dela.

– Minha querida, o carma com seu marido acabou. Você deve deixar esse casamento em harmonia porque continuará a trabalhar com o homem que foi seu marido. Você não perdeu nada por ter casado cedo. Foi sincera ao destino da sua alma quando encontrou seu primeiro companheiro de carma, e tem agora mais anos para dar ao segundo companheiro cármico, Tom. Então, está na Estrada da Verdade. Não saia dela. Que tudo seja liberado sem nenhum carma negativo. Que prevaleçam a amizade e o amor fraterno.

Aqui termina a gravação. Não me lembro de ter saído do trailer, de voltar de carro pela estrada empoeirada ou de tomar o avião para Nova York. É estranho como a mente pode esquecer tanto, mas lembrar-se de um poodle branco com fivelas na cabeça e de uma vidente de olhos azuis com unhas muito vermelhas que combinavam com os brincos em forma de coração.

Quase 20 anos depois, encontrei a fita e o cartão da vidente quando examinava uma caixa com velhas fotos e cartas. Agora que eu sabia como a história tinha acabado, as previsões da vidente são mais misteriosas ainda. Então enviei a ela uma nota, usando o endereço do cartão e o único nome que eu tinha: A Porta-voz do Espírito. Contei que tinha me divorciado do meu primeiro marido e continuávamos a trabalhar juntos. Contei que juntos criamos muito bem nossos filhos. E contei que eu tinha casado com o T-O-M com a luz sobre a cabeça e, quando prestava atenção, podia ver essa luz nos guiando para nossos Verdadeiros Eus, V maiúsculo, E maiúsculo.

Porém, minha carta jamais chegou à vidente. Foi devolvida pelo correio com uma mensagem no envelope: "A pessoa se mudou. Não deixou novo endereço."

Quem era a Porta-voz do Espírito? Uma coisa que a vidente me ensinou foi que pessoas e eventos raramente são o que pensamos ser. Elas têm mais significado, merecem mais nossa atenção – parte de uma dança eterna caprichosamente coreografada para a qual é prudente nos curvarmos com gratidão e humildade. Ao que sabemos, uma mulher excêntrica que mora em um trailer em uma estrada de terra perto do aeroporto de Albuquerque pode saber mais sobre o funcionamento do mundo do que um professor, um poeta ou um presidente.

O filósofo Friedrich Nietzsche escreveu: "Se nossos sentidos fossem perfeitos, perceberíamos o penhasco adormecido como um caos dançante." Ele fala literalmente: um penhasco rochoso é sem dúvida uma massa de partículas atômicas dançantes, girando e vibrando com velocidade enorme. Esse livro que você tem nas mãos, a cadeira em que está sentado, o corpo – todos giram em uma dança cósmica, mas os vemos como formas sólidas. Porém, se nossos sentidos fossem perfeitos, olharíamos em volta e, boquiabertos, veríamos a glória e a graça de tudo. Sentiríamos a presença do mistério em toda parte; os anjos nos protegendo quando voltamos de carro do trabalho para casa; os espíritos pairando em volta dos nossos filhos; o tênue raio de luz apontando na direção da Estrada da Verdade. Tudo que podemos fazer é tentar refinar nossos sentidos. Podemos tentar aquietar o barulho em nossas mentes, ouvir as instruções e saltar sem medo para além do que pensamos que elas sejam.

Nos seus diários publicados, Einstein escreve sobre sua vida em Princeton, New Jersey, onde – a despeito da crítica dos seus contemporâneos e dos anos de pesquisas bem-sucedidas – ele lutava para encontrar uma grande teoria unificadora da física. "Eu me tranquei dentro de difíceis problemas científicos", ele escreveu, "e desse modo, como um homem idoso, me afastei da sociedade daqui." Posso imaginar Einstein, perplexo e sozinho, percorrendo os bairros elegantes de Princeton, empenhado em diálogos impossíveis e circulares consigo mesmo. Talvez ao chegar a determinado ponto, quando viu que jamais resolveria seus problemas científicos, tenha confidenciado a um jovem estudante. Talvez o estudante tenha sugerido ao velho professor a visita a uma cartomante que morava em algum lugar da rodovia New Jersey, além da órbita fechada da universidade. E Einstein disse então: "Que diabo! Preciso mesmo de uma mudança de cenário."

Eu o imagino saindo de carro de Princeton em um dia tempestuoso, o cabelo despenteado pelo vento e seguindo rapidamente para o sul, passando pelas florestas de pinheiros e pelos campos cultivados. Posso vê-lo consultando o endereço, saindo da estrada para uma cidadezinha e parando na entrada de uma decrépita casa de fazenda. Não há ninguém à vista. O vento açoita as árvores e canta uma canção estranha e melancólica. Einstein se pergunta o que está fazendo no meio do mato. O que uma cartomante sabe sobre as leis da física? Sente, porém, que não tem nada a perder, nenhum outro lugar para procurar ajuda. Sua mente está cheia das vozes de outras pessoas. Ele ouve a voz de sua mãe dizendo para evitar encrencas, a voz do pai duvidando da sua capacidade prática, as vozes dos seus colegas questionando seu julgamento, o resto do mundo dizendo para ele pensar como todas as outras pessoas. Sente que em algum lugar além do barulho encontrará a voz da sua alma, que o levará a descobrir os mistérios do universo. Talvez as cartas do tarô indiquem o caminho.

Ele entra na pequena casa e passa uma hora com uma cigana estranha, descalça, com uma echarpe de lantejoulas amarrada na cabeça. Ela espalha as cartas em cima da cama, estuda todas cuidadosamente e diz para Einstein tudo sobre ele mesmo – sobre seus pais, sua primeira namorada, os nazistas, a teoria da relatividade, seu casamento fracassado, seus filhos, seu sentimento de culpa pela bomba atômica. Ela faz perguntas que ultrapassam sua mente conturbada e alivia a rigidez que ele sente no coração. Ele baixa as defesas e mais uma vez lembra que os problemas científicos sempre foram decifrados por sua alma. Sente o vento fresco do universo excitando sua criatividade. Reza para viver o bastante para descobrir o que a cigana diz que está pairando muito perto dele.

Antes de Einstein ir embora, a cigana serve chá com açúcar e depois lê as folhas no fundo da xícara rachada. Olhando diretamente nos olhos dele ela diz: "Nenhum problema pode ser resolvido pela mesma consciência que o criou." Compreendeu? Escreva isso.

O QUE DANTE SABIA

No meio da jornada da nossa vida
Encontrei-me dentro do bosque escuro
Onde o caminho reto fora perdido.

– DANTE ALIGHIERI

A história da minha viagem a Jerusalém, onde encontrei o homem de cabelos longos, tem um sabor mítico. Bem como a da vidente loura – a Porta-voz do Espírito. As histórias de nossas vidas são mitos em formação, histórias tão profundas quanto as mais conhecidas: o mito da ave Fênix, o "Inferno" de Dante, a *Odisséia* de Homero, o mito grego de Perséfone, a história sumeriana de Inanna, as lendas do Cálice Sagrado, o Gral de Artur. Podemos nos encontrar no Velho e no Novo Testamento da Bíblia, nas parábolas dos budistas, nas tradições dos hindus e nas histórias xamânicas dos nativos das Américas e da África. Podemos remoldurar eventos passados e experiências da nossa vida presente como se também fôssemos deuses e deusas, heróis e heroínas, guerreiros e aventureiros.

Uma mulher que chegou à minha oficina, depois de alguns anos difíceis, comparou suas experiências à jornada descrita por Dante no seu "Inferno". "Entrei nas florestas negras citadas por Dante", disse. "Em um breve espaço de tempo, meu marido me deixou, meu filho foi para a universidade e meu pai morreu. Perdi todos os papéis que me definiam, o de esposa, de mãe, de filha e, simultaneamente, minha fertilidade. Não tinha nada mais a perder. Naquele lugar escuro, descobri em mim qualidades já esquecidas. Recuperei a minha alma. Reinventei a mim mesma. Chamo a isso minha experiência com as 'asas de cinza'. Tudo foi como se eu tivesse renascido."

O filósofo William James escreveu que neste mundo há dois tipos de pessoas – as que Nasceram Uma Vez e as que Nasceram Duas Vezes. As que Nasceram Uma Vez não se afastam do território familiar a que pensam pertencer, e do que pensam que esperam delas. Se o destino as empurra para a beirada da famosa floresta negra de Dante – *onde o caminho reto é perdido* –, elas voltam. Não querem aprender algo novo das lições mais tenebrosas da vida. Continuam com o que parece seguro e com o que é aceitável para sua família e para sua sociedade. Ficam com o que já conhecem, mas que não necessariamente desejam. As pessoas Nascidas Uma Vez podem passar pela vida sem jamais saberem o que há nos bosques escuros – ou até mesmo que eles existem.

Talvez os que Nascem Uma Vez acordem determinada manhã e vejam o dedo convidativo do destino e ouçam as perturbadoras perguntas: "Isto é tudo que a vida tem? Sempre me sentirei assim? Não tenho um objetivo para alcançar, uma grande bondade para realizar, uma liberdade interior para experimentar?" Então, levantam-se da cama e vão para o trabalho sem dar atenção às perguntas da alma. Na manhã seguinte e em todas as outras manhãs, vivem como se a alma fosse invenção de uma imaginação frívola. Essa desatenção os deixa confusos, insensíveis, tristes ou zangados.

Uma pessoa Nascida Duas Vezes presta atenção quando a alma atravessa as nuvens de sua meia-vida. Seja por escolha ou por calamidade, a pessoa Nascida Duas Vezes entra na floresta, perde o caminho certo, comete erros, sofre perdas e enfrenta o que precisa ser mudado dentro de si mesma para ter uma vida mais genuína e radiante.

Porém, sejamos cautelosos aqui. A diferença aleatória entre Nascidos Uma Vez e Nascidos Duas Vezes é muitas vezes enganosa. Pode nos fazer sentir fracassados se nos vemos atolados na lama dos Nascidos Uma Vez. Ou pode inflar o ego, se a pessoa se vê como um Cavaleiro Branco, abrindo caminho com sua espada na estrada tediosa da vida de todo dia. A jornada ao bosque da mudança e da transformação é uma jornada interior. O enredo da história exterior não precisa ser uma novela, uma vez que um drama real está se processando no coração do viajante. As vidas que parecem mais comuns são muitas vezes vividas pelos mais extraordinários guerreiros espirituais que escolheram o caminho menos comum, o caminho da auto-reflexão. As pessoas que Nasceram Duas Vezes usam as mudanças difíceis de sua vida externa para dificultar as mudanças interiores. Enquanto os Nascidos Uma Vez evitam, negam ou aceitam com amargura as imprevisíveis mudanças da vida real, os Nascidos Duas Vezes usam a adversidade para despertar. Traição, doença, divórcio, a morte de um sonho, a perda do emprego, a morte de um ente querido – tudo isso pode funcionar como iniciação para uma vida mais profunda.

A jornada de Nascido Uma Vez rumo a Nascido Duas Vezes nos leva a uma encruzilhada onde as formas antigas de fazer as coisas não estão mais funcionando, porém há um modo melhor na entrada da floresta. Temos medo de entrar nessas florestas, porém temos mais medo de voltar. Voltar é uma espécie de morte, ir em frente é outra. O primeiro tipo de morte termina nas cinzas, o segundo nos leva ao renascimento. Para alguns, chega o dia em que entram voluntariamente no bosque. Um desejo de acordar, de se sentir mais vivo, de sentir que algo nos impele para além do medo. Alguns de nós resistimos vigorosamente até as forças do destino provocarem uma crise. Outros ficam doentes, cansam de preencher um vazio interior com drogas, bebida ou comida, voltam e encaram a verdadeira fome: a fome da alma.

As pessoas Nascidas Duas Vezes trocam a segurança do conhecido pelo poder do desconhecido. Algo as chama para a floresta, onde o caminho certo desaparece e não é possível voltar, apenas atravessar o escuro. Isso não é fácil. Não é um conto de fadas. É real e muito difícil. Enfrentar as sombras – os dragões e as bruxas dos quais passamos uma vida inteira fugindo – é talvez a jornada mais difícil que um dia faremos. Porém, é ali, nas sombras, que recuperamos nossas partes ocultas, aprendemos nossa lição e damos à luz um eu sábio e maduro. Por minha experiência pessoal, e pelo trabalho que tenho feito com homens e mulheres nas oficinas, sei que a dificuldade da jornada escura só é igualada por sua recompensa. Sei também que a cada pessoa nesse vasto mundo é oferecida – muitas e muitas vezes – a chance de empreender a viagem da inocência do Nascido Uma Vez rumo à sabedoria do Nascido Duas Vezes.

Desde aquele dia fatídico em Jerusalém, quando o homem de cabelos longos me desafiou a abrir, desabrochar, tenho notado que as pessoas mais generosas e vitais são as que foram abertas pela mudança, pela perda ou pela adversidade. E não apenas abertas exteriormente. Na verdade, é a transformação interior que importa mais. Se houve algo que fez diferença em minha vida, foi a coragem de virar para trás e encarar o que queria ser mudado dentro de mim.

AS MÃOS QUE TRABALHAM EM NÓS

Na dificuldade estão as forças amigas,
as mãos que trabalham em nós.

– RAINER MARIA RILKE

Para uma jovem do meu tempo, eu me instalei na vida muito cedo. Aos 19 anos, conheci meu primeiro marido, casei poucos anos depois e tive um filho aos 23. Embora fosse uma orgulhosa filha dos anos 60 e uma hippie de carteirinha, provavelmente aos vinte e poucos anos eu fosse um dos mais moralizados membros da geração do pós-guerra. Em 1975, mudamos da Califórnia para a Costa Leste, com nosso professor espiritual e mais uns cem jovens. Vistos de fora, éramos apenas mais um punhado de garotos da classe média voltando para formar uma daquelas infelizes comunidades da contracultura. Tínhamos, contudo, grandes esperanças para nossa comunidade pacífica. Seríamos diferentes, viveríamos com harmonia e simplicidade. Uma surpresa nos esperava.

Depois de procurar um local, desde a Carolina do Norte até Vermont, nos instalamos no estado de Nova York, no lado norte de uma montanha, em um magnífico e abandonado vilarejo Shaker.* O amigo de um amigo tinha herdado a propriedade dos pais e não podia mais arcar com a manutenção e os impostos. Juntando nossos recursos, compramos o lugar – o vilarejo e várias centenas de acres

* Shaker – Igreja milenar, originada na Inglaterra em meados do século XVIII, hoje extinta, permanecendo apenas o costume do celibato, propriedade comum e um modo de vida simples e rigoroso. (N. da T.)

de bosques e de terra para plantio – e começamos a fazer tudo sozinhos, desde partos até a reforma dos prédios. O que não podíamos consertar, encontrar, cultivar ou obter por meios escusos, nos convencíamos de que não era necessário.

O vilarejo Shaker era um conjunto de dez estruturas enormes – maravilhas de arquitetura em vários estágios de ruína. Construída no fim do século XVIII, toda a propriedade – os prédios e subsolos, os pátios e os celeiros – era assombrada pelos fantasmas dos Shakers, um povo austero, devotado ao trabalho árduo, propriedade comum e experiências religiosas extracorporais. Encontrei mais afinidade com os fantasmas dos Shakers do que com vários dos meus contemporâneos em todo o país, que estavam muito ocupados, subindo degraus financeiros, adiando casamento e filhos, ou pior, injetando cocaína e trocando de parceiros.

Isolada em uma área rural esquecida, meditando e rezando três vezes por dia, estudando o artesanato e os remédios de ervas dos shakers e criando meus filhos com um grande grupo de outras crianças da comunidade, eu via com desdém a cultura yuppie que emergia no "mundo real". Na verdade, eu considerava nossa experiência na vida comunitária como um voto contra a cultura moderna e seus métodos destrutivos que chamavam de progresso. Ao contrário do resto do mundo, viveríamos harmoniosamente na terra, em sintonia com um ritmo natural. Minha sogra via de outro modo, tanto minha pessoa quanto toda a comunidade. Ela nos acusava de "fazer a higiene retroceder 50 anos".

Meu marido e eu concordávamos que jamais faríamos as escolhas indisciplinadas, cobiçosas e moralmente vazias de muitos dos nossos outros amigos. Jamais teríamos uma máquina de lavar pratos, jamais moraríamos em um bairro residencial e jamais nos divorciaríamos. Não trocaríamos o esclarecimento espiritual pela gratificação pessoal. Queríamos construir um mundo melhor. Mais tarde, porém, eu me sentiria humilhada com nossa ingênua arrogância. Mais tarde eu descobriria o caminho para um mundo melhor não em teorias espirituais ou nas alturas rarefeitas do meu idealismo, mas na fragilidade de um coração partido e no fogo da vida cotidiana.

A oportunidade chegou mais depressa do que eu jamais poderia ter imaginado, mas assim mesmo levou um longo tempo. Olhando para trás, para o fogo que me fez o que sou hoje, sei que a pessoa que se ergueu das cinzas dos meus tempos mais difíceis é muito mais interessante, mais alegre, mais corajosa e mais respeitável do que a jovem que pensava conhecer as necessidades do mundo. O poeta Rilke escreve: *Na dificuldade estão as forças amigas, as mãos que trabalham em nós.* As mãos dessas forças amigas trabalharam em mim durante os sete anos em que vivi na comunidade, quando casei, quando me tornei parteira, quando tive meus filhos e estudei, com o coração e com muita diligência, os ensinamentos do meu mentor espiritual. As mãos trabalharam em mim durante os tempos infelizes com meu marido, tempos frustrantes como jovem mãe e o tempo todo durante o confuso conflito da vida na comunidade. As forças amigas estavam se reunindo, mas eu apenas percebia vagamente os ruídos, ocupada como estava em criar uma cultura melhor, uma vida melhor, um eu melhor. Acreditava que bastava tentar arduamente para me erguer acima da sordidez e do sofrimento do mundo.

Então, as forças intervieram, como sempre intervirão. Meu coração ainda não testado foi partido. O que eu pensava ser uma certeza – meu casamento – tornou-se incerto. O que eu considerava acima de qualquer reprovação – meu professor – demonstrou sinais inegáveis de falta de humanidade. O que eu queria acreditar que era diferente do resto do mundo – a comunidade – não era. Então, começou minha descida. No caminho para baixo, voltei-me, encontrei as forças amigas e senti as mãos da transformação começando a trabalhar em mim.

Sem dúvida, sou grata à incomum intensidade da vida comunal, à orientação do meu professor espiritual e à profunda amizade daqueles com quem partilhei aquele período de minha vida. Eu não trocaria esses anos por coisa alguma. Mas, se eu nunca tivesse me aventurado a descer a montanha dos meus ideais, se meu ego não fosse humilhado pela perda e meu coração não tivesse sido partido e aberto pela dor, eu jamais teria descoberto o tesouro secreto que espera cada um de nós no fundo dos tempos mais difíceis.

Todas as modificações de nossa vida são cortesia das forças amigas. Cada catástrofe pode nos dar exatamente o que precisamos para o despertar de quem realmente somos. Porém, é difícil quando estamos no meio de uma dolorosa transição, obter a experiência para o crescimento interior. E quando sua vida desmorona, é muito mais fácil culpar alguém, lamentar a sorte ou fechar os ouvidos para as mensagens de esperança trazidas pelos ventos da mudança. Às vezes, quando amigos tentam ajudar dizendo "Há uma razão para tudo" ou "É uma benção disfarçada", sua vontade é fugir ou dizer: "Muito bem, se é uma benção, por que machuca tanto?"

Então, por favor me perdoe quando digo que tudo que acontece na vida é uma benção – quer venha como um presente embrulhado em tempos felizes, quer nos parta o coração, quer seja uma tragédia ou uma perda. É verdade: há um significado oculto nas pequenas mudanças na vida de cada dia, e podemos encontrar sabedoria nos momentos dolorosos. No fim de uma noite escura da alma está o começo de uma nova vida. É difícil aceitar isso, no entanto, quando se está sofrendo, e é perturbador ouvir alguém que não está.

Quando estou atravessando um trecho ruim da jornada, encontro consolo principalmente nas histórias de outros viajantes que passaram pelos solavancos e pelos buracos da estrada. Isso me ajuda a lembrar que todos ficam confusos quando as forças amigas batem à porta, que não existe ninguém vivo que não tenha desejado voltar a dormir, em vez de fazer uma grande mudança, e que a jornada da inocência dos Nascidos Uma Vez rumo à sabedoria dos Nascidos Duas Vezes nunca é fácil.

SEGREDO REVELADO

Aprenda a alquimia
que os verdadeiros seres humanos conhecem.
No momento em que você aceita
os problemas que lhe foram dados,
a porta se abrirá.

– RUMI

Como começar a jornada da inocência do Nascido Uma Vez rumo à sabedoria do Nascido Duas Vezes? Quando encontrar a coragem para fazer a grande mudança? Como usar as forças dos tempos difíceis para nos ajudar a crescer? Há muitos modos, porém o primeiro, a entrada, é saber que não estamos sozinhos nessa empreitada. Um dos grandes enigmas do comportamento humano é o modo pelo qual nos isolamos uns dos outros. Na nossa mal-orientada percepção de isolamento, supomos que os outros não compartilham uma experiência semelhante da vida. Nós nos imaginamos únicos em nossas excentricidades, nossos fracassos ou nossos desejos. Assim, tentamos parecer tão felizes e consistentes quanto imaginamos que os outros sejam, e sentimos vergonha cada vez que tropeçamos e caímos. Quando as dificuldades atravessam nosso caminho, não procuramos imediatamente ajuda e compaixão porque achamos que os outros podem não entender, podem nos julgar ou tirar vantagem de nossa fraqueza. Então nos escondemos e perdemos a oportunidade.

Lemos romances, vamos ao cinema e acompanhamos a vida das celebridades para absorver uma espécie de vida cheia que acreditamos estar fora do nosso alcance, ser muito arriscada ou apenas uma ilusão. Tornamo-nos *voyeurs* dos tipos de experiências que nossa alma deseja ardentemente ter. Eis a coisa mais estranha sobre levar a vida como um esporte a ser assistido. Enquanto as histórias nos livros, nos filmes e nas revistas como a *People* podem ser criadas com fumaça e espelhos, nossa vida não precisa disto. Temos a oportunidade verdadeira de viver inteiramente a vida, com paixão, sentido e profunda satisfação. Dentro de nós – cintilando com maior brilho do que qualquer estrela – está nossa estrela, nossa estrela Polar, nossa alma. Temos o direito inato de descobrir a alma – de remover as camadas de medo, de vergonha, de apatia ou de cinismo que a escondem. Um bom lugar para começar e um lugar ao qual voltamos constantemente é o que Rumi chama de Segredo Revelado.

Jelalluddin Rumi escreveu poemas tão cheios de vida e tão claros que até hoje – oito séculos depois – eles cintilam cheios de frescor. Sua sabedoria e seu humor são atemporais. Sempre que passo um momento com os poemas de Rumi, sinto-me ligada às pessoas que, através dos tempos, se livraram de confusões subindo os degraus dos seus poemas.

Em vários dos seus poemas e comentários, Rumi fala do Segredo Revelado. Ele diz que cada um de nós tenta esconder um segredo – não um grande e maldoso segredo, mas um segredo mais sutil e penetrante. É o tipo de segredo que as pessoas nas ruas de Istambul escondiam, no século XIII, quando Rumi escrevia poesia. É o que imagino que Einstein tentava esconder dos seus vizinhos em Princeton, e eles tentavam esconder dele. É o mesmo tipo de segredo que eu e você escondemos um do outro, todos os dias. Você encontra uma velha conhecida e ela pergunta: "Como vai?" Você diz: "Vou bem!" Ela pergunta: "Como vão as crianças?" Você diz: "Oh, estão ótimas." "O trabalho?" "Perfeito. Estou no mesmo emprego há cinco anos."

Então você pergunta: "Como vai?" Ela diz: "Bem!" Você pergunta: "Sua nova casa?" "Eu adoro." "A nova cidade?" "Nós todos estamos nos adaptando muito bem."

É uma perfeita e inocente troca de amabilidades. Nós todos fazemos isso várias vezes por dia. Talvez, contudo, não seja uma representação correta da nossa vida verdadeira. Não queremos dizer que um dos nossos filhos vai mal na escola, que nosso trabalho muitas vezes nos parece sem sentido ou que a mudança para outra cidade pode ter sido um erro colossal. É quase como se nos sentíssemos embaraçados por nossas características mais humanas. Dizemos a nós mesmos que não temos tempo para falar sobre os detalhes sinistros com todos que encontramos; não nos conhecemos o bastante para isso; não queremos parecer tristes, confusos, fracos ou absortos em nossos problemas. É melhor manter em segredo nosso lado neurótico e amalucado (para não mencionar nossas urgências mais escusas e nossos desejos mais vergonhosos). Por que chafurdar publicamente naquilo de que nos envergonhamos? Por que expor a roupa suja quando tudo que ela perguntou foi "Como vai?".

Rumi diz que quando escondemos de alguém um desejo vergonhoso nós e a outra pessoa imaginamos: "Como é possível que ela tenha tudo em ordem? Como seu casamento/emprego/cidade/família funcionam tão bem? O que há de errado comigo?" Sentimo-nos vagamente diminuídos por essa interação comum, bem como por centenas de interações semelhantes que temos de um mês a outro, de um ano a outro. Quando não partilhamos os segredos do nosso coração – a confusão normal do ser humano –, ele passa a ser algo diferente. Nossa dor, nosso medo e nossos desejos ardentes, na ausência de companhia, tornam-se alienações, inveja e competição.

A ironia de esconder o lado sombrio de nossa humanidade é que nosso segredo não é realmente um segredo. Como o poderia ser quando estamos todos salvaguardando a mesma história? Por isso, Rumi o chama de Segredo Revelado. É quase uma piada – uma admissão risível de que cada um de nós tem um ego sombrio, um gêmeo vaidoso e mal-humorado. Grande surpresa! Exatamente como você, também posso ser uma idiota às vezes, faço maldades, covardias, tenho pensamentos pouco misericordiosos e entrego-me ao ócio quando devia estar fazendo algo construtivo. Como você, eu me pergunto se a vida tem algum sentido, me preocupo e me irrito com as coisas que não posso controlar, e geralmente me sinto dominada por um desejo de algo cujo nome não sei. Apesar de todas as minhas forças e meus dons, sou também uma pessoa vulnerável e insegura que precisa de conexão e precisa ser tranqüilizada. Esse é o segredo que tento esconder de você e você tenta esconder de mim, e, ao agir assim, estamos nos prestando um grave desserviço.

Rumi diz que quando aceitarmos os problemas que nos foram dados *a porta se abrirá*. Parece fácil, parece atraente, mas é difícil, e a maioria de nós bate na porta da liberdade e da felicidade com todos os meios de manipulação que conhecemos, exceto com aquele que realmente funciona. Se você está interessado em abrir a porta do céu, comece abrindo a porta do seu eu secreto. Veja o que acontece quando permite que outra pessoa veja quem você realmente é. Comece devagar. Sem ser dramático, compartilhe a dignidade simples de você mesmo a cada momento – seus triunfos e seus fracassos, sua satisfação e seu sofrimento. Enfrente seu embaraço por ser humano, e descobrirá um poço profundo de paixão e compaixão. Seu Segredo Revelado tem um poder enorme. Quando seu coração está indefeso, você dá segurança a quem encontra para se livrar do peso de esconder um segredo, e vocês dois podem entrar pela porta aberta.

BOZOS NO ÔNIBUS

Somos todos Bozos no ônibus,
portanto o melhor é nos acomodar
e aproveitar o passeio.

– WAVY GRAVY

Um dos meus heróis é o palhaço ativista Wavy Gravy. É mais conhecido por um papel que desempenhou em 1969, quando foi mestre-de-cerimônia no festival de Woodstock. Desde então, tem sido um ativista social, um importante "levantador de fundos para boas causas", um leigo capelão de hospital e fundador de um acampamento para crianças do interior. De quatro em quatro anos, ele faz campanha para a presidência dos Estados Unidos, sob o pseudônimo de Ninguém, discursando por todo o país com slogans como "Ninguém para presidente", "Ninguém é perfeito" e "Ninguém deveria ter tanto poder". Ele é uma pessoa seriamente engraçada e que leva muito a sério a assistência prestada a outrem. "Como o melhor dos palhaços", escreveu um repórter no *Village Voice*, "Wavy Gravy faz papel de bobo o suficiente para fazer de você um homem mais sábio. Ele é um dos melhores homens da Terra."

Wavy (chamamo-nos pelos primeiros nomes desde que ele ofereceu uma oficina de palhaço no Instituto Omega) é um mestre de piadas de uma única linha, como a famosa que contou no palco de Woodstock: "O que temos em mente é um café da manhã na cama por quatrocentos mil dólares." Ou esta outra, sobre por que se tornou palhaço: "Você não ouve um punhado de valentões dizer: 'Ei. Vamos matar alguns palhaços.'"

Porém, meu Wavy-ismo favorito é a linha que abre este capítulo sobre Bozos no ônibus, que ele repete sempre que fala para grupos, seja em uma oficina de palhaço ou em um hospital infantil. Eu me apossei da frase, e costumo usá-la para começar minhas oficinas, porque acredito que *somos* todos Bozos no ônibus, ao contrário da imagem autoconfiante que nos esforçamos tanto para exibir na vida cotidiana. Somos todos experiências inconclusas – propensos a errar, nascidos sem um livro de instruções para um mundo complexo. Nenhum de nós é um modelo de comportamento perfeito. Nós todos traímos e fomos traídos. Fomos egoístas, irresponsáveis, letárgicos e mesquinhos, e cada um de nós, uma vez ou outra, acordou no meio da noite preocupado com tudo, desde dinheiro, filhos, terrorismo, até rugas e perda de cabelo. Em outras palavras, somos todos Bozos no ônibus.

Na minha opinião, isto é motivo para comemoração. Se somos todos Bozos, então, pelo amor de Deus, podemos nos livrar do peso das aparências, e ser Bozos. Podemos abordar os problemas que visitam os seres do tipo Bozo, sem o embaraço e a resistência comuns. É muito mais eficiente trabalhar nas nossas arestas ásperas com coração leve e disposto a perdoar. Imaginem como seria muito mais libertadora uma visão compassiva e cômica da condição humana – não como um meio de negar nossos defeitos, mas para recebê-los como parte do sistema humano de operação. Todos neste ônibus chamado Terra sofrem. Quando temos vergonha da nossa queda, a dor se transforma em sofrimento. Em nossa vergonha, sentimo-nos excluídos, como se houvesse outro ônibus em algum lugar, numa estrada sem solavancos. Seus passageiros são todos elegantes, saudáveis, ricos, felizes, bem vestidos e apreciados, pessoas que pertencem a famílias harmoniosas, têm empregos que não os entediam, não ofendem e nunca fazem coisas mesquinhas nem bobagens, como esquecer onde estacionaram o carro, perder a carteira ou dizer uma coisa totalmente inapropriada. Queremos estar neste ônibus com as outras pessoas normais.

Porém, estamos no ônibus com BOZO escrito na frente, e tememos ser o único passageiro a bordo. Essa é a ilusão de muitos – que somos únicos na nossa estranheza e nossa incerteza, que podemos ser a pessoa mais perdida na estrada. É claro que nem sempre nos sentimos assim. Às vezes somos inundados por uma onda de perdão por nossas faltas, e de repente estamos conectados com nossos companheiros humanos, de repente pertencemos ao resto da humanidade.

É maravilhoso tomar seu lugar no ônibus com outros Bozos. Pode ser o primeiro passo para o esclarecimento, para compreender com todas as células do cérebro que o outro ônibus – aquele elegante, com as pessoas sofisticadas que sabem para onde estão indo – também está cheio de Bozos disfarçados, Bozos com um segredo. Quando vemos claramente que todos os seres humanos, independentemente de fama, da sorte, da idade, da inteligência ou da beleza, compartilham as nossas fraquezas, acontece uma coisa estranha. Começamos a nos alegrar, a ficar mais à vontade e tão animados quanto as pessoas que imaginávamos estar no outro ônibus. Seguindo pela estrada cheia de buracos, mais perdidos do que nunca, através de vales e de montanhas, nos encontramos entre amigos. Acomodamo-nos e aproveitamos o passeio.

CIRURGIA DE PEITO ABERTO

No fim de uma oficina que conduzi recentemente, um participante ficou na sala para falar comigo. Era um belo homem, com fino senso de humor, que durante aquele fim de semana tivera uma cota igual de choro e de brincadeiras. As oficinas geralmente atraem pelo menos um membro de cada tipo de personalidade conhecida, e aquele homem fora oficialmente o "profissional estressado" do fim de semana (mas ele estava começando a aplainar as arestas). Cirurgião cardíaco em um importante hospital-escola de Nova York, ele oscilava entre os choques da morte recente do pai e do seu divórcio.

– Eu só queria agradecer – ele disse, apertando minha mão. – Eu abro o peito das pessoas todos os dias como meio de vida, mas você faz a verdadeira cirurgia de coração aberto – continuou dizendo que, antes da minha oficina, havia anos que não chorava, nem mesmo quando seu pai morreu ou quando sua mulher informou que ia deixá-lo. – Estou tão feliz por poder finalmente sentir alguma coisa – ele suspirou, tocando seu coração. – Nem que tenha de chorar todos os dias, durante alguns anos, é melhor do que ter o coração congelado.

Sempre pesquisadora, perguntei o que ele achava que fizera derreter o gelo durante aquela oficina. O médico pensou por um momento, procurando as palavras.

– Acho que foi ver que todos na sala estavam passando por algum problema. Versões do que estou passando. E ninguém sabia realmente o que fazer. Isso me fez sentir menos sozinho. E todos são pessoas com as quais posso me comparar. Pessoas como eu.

– E que tipo de pessoa é essa?

– Bem, pessoas inteligentes. De um modo geral, consideramos as pessoas que choram na frente dos outros, você sabe, sentimentais. O tipo de gente que chora nos casamentos e no cinema. Mas eram todas pessoas muito inteligentes – ele disse, intrigado com a aparente contradição. – Eram todos bem-informados, mas não necessariamente cínicos, se isso é possível. Eram inteligentes "Bozos no ônibus".

– Bem-vindo a bordo.

– Acho melhor que isso não chegue aos ouvidos dos meus colegas do hospital – o médico brincou. – Oficialmente nunca admiti que sou um Bozo. Supostamente, os cirurgiões são os mais inteligentes seres do mundo. Jamais erramos, nunca é nossa culpa. Meus colegas não aceitariam esse negócio de Segredo Revelado. Não se consideram Bozos no ônibus. Embora considerem que todas as outras pessoas são.

– Parece um meio de vida bastante exaustivo. – Eu ri.

– E é – ele disse, e seus olhos encheram-se de lágrimas. – Tenho de tentar fazer isso de outro modo. Está me matando. – Enxugou o rosto, me abraçou com força e desajeitadamente, e virou-se para sair, mas voltou e disse: – Tive uma idéia! Eu vi o seu trabalho. Não gostaria de ir ao hospital e me ver fazendo uma cirurgia cardíaca?

– Nossa, não é um convite que recebo todos os dias – eu disse. Lembrei da sensação quando vi a primeira cesariana, quando era parteira – ver o útero posicionado com tanta perfeição na pélvis, os ovários virados para cima como duas trepadeiras em flor. Depois de ver isso, jamais me aproximei do meu corpo ou de um parto do mesmo modo.

– Verei um coração batendo? – perguntei, imaginando como essa experiência mudaria a percepção que eu tinha do meu corpo e da minha vida.

– Sim, verá o coração batendo, os pulmões enchendo-se de ar e o sangue sendo bombeado para cima e para baixo entre os dois.

– Sim, definitivamente, quero ver isto – eu disse, sem a menor idéia de onde estava me metendo, sem parar para imaginar o que é preciso para abrir o peito de um ser humano, cortar além do esterno, expor o coração, estancar a hemorragia e realizar o trabalho meticuloso e miraculoso de um cirurgião cardíaco.

Um mês depois, me preparei para entrar em uma cirurgia de peito aberto às 7 horas da manhã, me perguntando o que estava pensando quando aceitei o convite. No centro da gelada sala de operação – que já zumbia com intensa atividade –, estava a paciente, nua, imóvel como um cadáver, e branca como giz. Já submetida à anestesia geral, estava sendo preparada para a cirurgia. Enfermeiras esterilizavam seu torso e a perna esquerda, que seria aberta por um membro da equipe cirúrgica para retirar uma veia. Essa veia seria costurada no coração aberto para substituir as artérias obstruídas e/ou corroídas. A sala de operação estava cheia de instrumentos de aço inoxidável, mesas e máquinas. Enormes lâmpadas iluminavam áreas diferentes com uma luz forte e incolor. Instalei-me num canto pouco iluminado, tremendo de frio, com o avental cirúrgico e a máscara, sentindo-me deslocada e atrapalhando o caminho dos que trabalhavam.

O médico meu amigo entrou na sala com outro cirurgião. Estudaram a ficha da paciente confabulando em voz baixa. "Mulher obesa, 60 anos, enviada pelo Brooklyn Hospital..." "Péssimos hábitos alimentares, fumou um maço de cigarros por dia durante 40 anos..." "Já teve enfarto do miocárdio." "Estenose valvular, aterosclerose..." Parei de ouvir e me concentrei na mulher sobre a mesa. Enquanto as enfermeiras a cobriam, tentei gravar na memória seu rosto, para não esquecer que a operação estava sendo feita em uma pessoa real – mãe, avó, mulher de alguém. Eu a imaginei sentada nos degraus, na frente de um prédio no Brooklyn. Eu a vi conversando com amigos, atenta aos netos, esperando o marido. Fiz uma oração rápida por ela e por sua família, enquanto as enfermeiras a cobriam com lençóis.

Agora outras duas enfermeiras entraram e começaram a preparar bandejas e mais bandejas de instrumentos, luvas e suturas. O segundo cirurgião já começara a abrir a perna da mulher; o anestesista, como um controlador de tráfego aéreo, vigiava o monitor, e a enfermeira, encarregada da máquina coração-pulmão, esperava alerta. Meu amigo cirurgião fez sinal para que eu ficasse ao lado dele, e, quando passei entre a mesa de operação e uma máquina enorme que vibrava e emitia bipes, ele fez o primeiro corte no peito da mulher, e disse jocosamente: "Muito bem, minha gente, vamos consertar esta velha senhora."

Durante seis horas, fiquei inclinada sobre a velha senhora do Brooklyn, olhando atentamente para o coração, como um pai ou uma mãe olharia para o filho recém-nascido. A emoção que me dominava era de respeito profundo e maravilhado – mesmo quando o cirurgião cortou a pele, serrou o esterno e usou as enormes pinças de metal para afastar as costelas. Naquelas seis horas, compreendi o que Albert Einstein queria dizer quando afirmou que a reação mais apropriada à vida é de "Sagrado respeito". Lá estava o coração! Parecia tão pequeno e frágil, pulsando com confiável e maravilhosa regularidade. E lá estavam os pulmões! Pareciam plantas submarinas pulsando graciosamente, enchendo-se e se esvaziando de ar. Vi os pulmões e o coração como parceiros em uma dança bem ensaiada, enriquecendo o sangue com oxigênio e bombeando para o resto do corpo.

O cirurgião – que aos meus olhos maravilhados parecia agora uma figura mítica, um cavaleiro com a roupa verde esterilizada – pacientemente me explicava cada passo dado por ele e por sua equipe. Desde cortar e afastar as camadas de músculo, gordura e tecido, até o pinçamento das veias e ao exame cuidadoso das condições do coração, a equipe trabalhava com uma espécie de rápida e escrupulosa precisão que eu nunca tinha visto. E o tempo todo, enquanto o cirurgião discutia quais as artérias que podiam ser poupadas, as que precisavam de restauração e as que precisavam ter a válvula substituída, o magnífico coração continuava com seu ritmo esponjoso, trabalhando em equipe com os igualmente extraordinários pulmões, cada órgão procurando valentemente manter a vida.

Depois de várias horas determinando a estratégia, os cirurgiões iniciaram a perigosa manobra de ligar a paciente à máquina pulmão-coração que, pelo resto do tempo da cirurgia, a manteria viva. Sem o fluxo de sangue, o coração passou do tamanho de um grapefruit para algo tão pequeno e insignificante que tive medo que as enfermeiras o perdessem enquanto o limpavam, esfregavam, mudavam os panos que envolviam a mulher. Mas os cirurgiões seguraram o coração pequenino, o puseram no gelo e, usando lentes de aumento e pequenos bisturis, cortaram as artérias danificadas e as substituíram por delicadas partes da veia tirada da perna da paciente. Finalmente, removeram a válvula avariada e suturaram em seu lugar uma nova válvula de metal que ficaria dentro dela pelo resto da vida.

Durante todo esse procedimento corajoso, os cirurgiões e as enfermeiras demonstraram que eram heróis e Bozos no ônibus. As enfermeiras eram santas em um momento, depois apenas mulheres mal-humoradas, sobrecarregadas de trabalho, cada uma com coração e pulmões em funcionamento. Os médicos eram hábeis profissionais bem como um punhado de caras descontentes, queixandose das mulheres e do trabalho, e referindo-se desdenhosa e jocosamente à condição da paciente – a obesidade, a dieta, o vício do fumo. "É isso, dentro de poucos dias estará em um McDonald's", um deles brincou, enquanto, inclinado sobre o peito dela, com grande sensibilidade e cuidado, dava centenas de pequenos pontos para firmar a nova válvula.

À uma hora da tarde, fazia seis horas que eu estava de pé no mesmo lugar. A operação não estava indo como os médicos haviam previsto, e levaria mais algumas horas para terminar. Meu amigo decidiu que um colega o substituiria por algum tempo, e eu saí da sala também, com um vago e confuso até logo, consegui encontrar meu carro no estacionamento do hospital e fui para casa com a imagem do coração aberto gravada na mente. Era uma tarde chuvosa de primavera, e à minha volta eu sentia o coração aberto da natureza, o pulsar da vida, a enorme vulnerabilidade – e também a dignidade e o significado – de tudo. Passei vários dias em um estado de alteração. Cada pessoa que eu via, desde meu marido e amigos até estranhos na rua, tinha um coração, tinha pulmões, estava respirando e pulsando e participando de uma dança rítmica. Depois de algum tempo, essa visão perdeu a clareza, e as pessoas perto de mim deram um suspiro de alívio. Eu estava ficando insuportável.

Às vezes, porém, ainda fecho os olhos e vejo aquela mulher do Brooklyn na mesa de operação, com o coração aberto para o mundo. Sinto seu espírito pairando entre seu corpo e outros mundos. Vejo meu amigo, o cirurgião, fazendo o melhor possível para ajudar uma estranha a viver. A cena me enche de ternura por todos os Bozos do ônibus. Lembro-me da nossa natureza dupla: nosso espírito que pulsa, acompanhando os sons do universo e nossa forma humana que depende da perseverança do coração e dos pulmões. Eu me apaixonei por corações e pulmões. Enquanto estiver aqui, contida dentro de ossos e músculos, pele e órgãos, quero ter cuidado com a dádiva do meu corpo. Quero alimentá-lo bem, fazer com que se mova graciosamente e que descanse profundamente. Sei que a força da vida continua, mesmo quando o coração pára, mas, enquanto eu tiver um coração e pulmões, quero tratá-los com respeito sagrado. E enquanto estiver entre outros iguais a mim, quero vê-los como realmente são, em toda sua fragilidade e majestade.

CORAÇÃO GUERREIRO

Li mais textos espirituais e livros de auto-ajuda do que provavelmente seja o ideal. Assim, quando digo que um parágrafo mudou minha vida para sempre, estou comparando com centenas de milhares de palavras, dispostas em todo tipo de poesia, filosofia e prosa. Lembro exatamente onde estava quando li o parágrafo pela primeira vez, o que sentia antes de ler e como aquelas palavras abriram um caminho que estou seguindo desde então.

Foi em 1981. Eu tinha 29 anos. Meu marido e eu havíamos deixado a comunidade recentemente e fazíamos algo que nunca tínhamos feito antes como família. Estávamos de férias em uma ilha perfeita do Caribe, com nossos dois filhos pequenos. Sentada na toalha, enquanto os meninos brincavam no mar cintilante, eu lia como todas as mães, com um olho nas crianças e outro nas palavras. O livro no meu colo, coberto com uma fina camada de areia, de protetor solar e do suco de maçã dos meninos era *Shambhala: The Sacred Path of the Warrior* [O caminho sagrado do guerreiro], do budista tibetano Chögyam Trungpa. Trungpa foi um dos meus primeiros professores de meditação. Eu o conheci na escola, aos 19 anos, na cidade de Nova York – no mesmo ano em que conheci meu namorado, que viria a ser meu marido e pai dos meus filhos, os mesmos que eu vigiava na praia enquanto lia.

Porém, antes disso, antes do meu casamento e dos filhos, quando eu ainda estava na universidade, meu futuro marido e eu gostávamos de ler os primeiros livros de Chögyam Trungpa em voz alta, um para o outro. Fazíamos isso quando tomávamos o ônibus no centro da cidade em Nova York, a caminho de um sótão no Village, onde meditávamos sob a orientação estranha e eletrizante do autor dos livros. Trungpa chegara recentemente aos Estados Unidos. Fora obrigado pelos chineses a fugir do Tibete quando tinha 20 anos. Escapando da tortura e da morte, levou seus monges numa perigosa viagem, transpondo os Himalaias no inverno. Depois de viver no exílio na Índia e de ter estudado em Oxford, o jovem Chögyam Trungpa foi escolhido pelo Dalai Lama para levar ao Ocidente os ensinamentos de Buda. Viria a ser um dos mais importantes professores budistas do século XX.

Eu sabia que Trungpa era um homem brilhante e um professor vigoroso. Mas havia nele uma certa falta de controle, que me assustava. Naquele ponto da minha juventude, eu procurava uma âncora. Queria uma prática que impedisse que eu me afogasse no oceano das minhas emoções. Eu me via como uma jovem ultra-sensível e romântica, que precisava de um pouco de bom senso na cabeça sonhadora. Pensei que talvez a meditação ou a ioga me guiaria seguramente para fora da neblina, para longe das tempestades, até a Terra Prometida, de paz e de claridade.

Trungpa, no entanto, tinha outras idéias sobre minha busca espiritual. Ele era um guia impetuoso. Sua orientação ia dar diretamente no oceano interior e bater em cheio nas ondas dos desejos ardentes, do medo, da ira, da inquietação, ou fosse o que fosse que pudesse ser encontrado na natureza revolta do coração. Ele ensinava meditação como um meio de nadar destemidamente em qualquer oceano. Não se interessava pela espiritualidade como uma forma de escape. Estava treinando as pessoas para se tornarem "guerreiros sagrados" – não para que lutassem com os outros, mas para que pudessem desenvolver o tipo de coragem necessária para serem boas, felizes e radicalmente vivas no meio do mundo. Não existe terra seca, ele dizia; tudo que há é destemor, que deve ser encontrado no coração. Este é o caminho para a liberdade.

Aos 19 anos, eu não estava pronta para seguir esse caminho e não fiquei o tempo suficiente para ver aonde ele levava. Parei de estudar com Chögyam Trungpa, mas continuei a ler cada livro que ele publicava. Foi só quando eu estava sentada na praia do Caribe, casada há vários anos e com dois filhos, que compreendi o que Trungpa estava dizendo. Eu tinha então quase 30 anos, e as coisas não iam bem em minha vida. Embora eu não soubesse, estava me afogando em um oceano de sentimentos inexplorados. Só sabia que muitas vezes tinha medo e me sentia confusa. Se eu parasse para examinar minha ansiedade, perceberia a corrente que me levava para o fundo, como se um monstro das profundezas estivesse me puxando para baixo. Mas eu me recusava a ver o que havia sob a superfície. E se encontrasse alguma coisa terrivelmente errada? Alguma coisa errada comigo, com o modo que eu tinha organizado minha vida? Se descobrisse que queria fazer algumas grandes mudanças? E se eu começasse a chorar sem conseguir parar? Esses eram meus pensamentos, mas eu nunca os acompanhava até uma conclusão. Estava muito ocupada com meus dois filhos pequenos, muito sobrecarregada de trabalho, muito acomodada ao casamento. Muita coisa estava acontecendo, e eu não tinha tempo para parar e sentir o impulso para baixo.

Com os pés enfiados na areia, vigiando meus meninos na água clara, cheguei ao parágrafo em que Chögyam Trungpa dizia:

> A viagem além do medo começa quando examinamos nossos receios, nossa ansiedade, nosso nervosismo, nossa preocupação e nossa impaciência. Se olharmos nosso medo, se olharmos embaixo do verniz, a primeira coisa que encontramos é tristeza, sob o nervosismo. O nervosismo é rabugento e vibra o tempo todo. Quando paramos para pensar, quando relaxamos com nosso medo, encontramos a tristeza, que é calma e gentil. A tristeza atinge seu coração e seu corpo, produz uma incisão. Antes de chorar, há uma sensação no seu peito e então, depois disto, as lágrimas sobem aos olhos. Seus olhos estão prestes a produzir chuva ou uma catarata, e você sente-se triste, sozinho e talvez romântico ao mesmo tempo. É a primeira insinuação de destemor e o primeiro sinal do verdadeiro espírito guerreiro. Você pode pensar que, quando sente destemor, vai ouvir a abertura da *Quinta sinfonia* de Beethoven ou ver uma grande explosão no céu, mas não é assim que acontece. A descoberta do destemor tem origem no trabalho com a ternura do coração.

Ali sentada na praia, essas palavras ressoaram em todo meu corpo. Era como olhar em um espelho, amando meu rosto pela primeira vez. "Você se sente triste, sozinho e talvez romântico ao mesmo tempo", Trungpa dizia. "É a primeira insinuação de destemor, o primeiro sinal do verdadeiro espírito guerreiro." Estaria ele dizendo que a paz e a clareza que eu procurava já existiam dentro de mim, esperando no ouro líquido do meu coração? Que eu estivera reprimindo as únicas partes de mim mesma que podiam me libertar? Isso era revolucionário, porém ao mesmo tempo completamente óbvio.

Tudo que eu sabia ser verdadeiro sobre a vida estava naquele parágrafo. Quantas vezes eu tinha sentido um elo misterioso entre meu pequeno e frágil coração e o vasto espírito do universo? Quantas vezes lágrimas genuínas de tristeza me fizeram sentir estranhamente ousada e viva? Quantas vezes eu tinha quase despertado da insensibilidade e da dúvida enquanto nas câmaras da beleza e do amor? Trungpa estava me dizendo para confiar no que eu já sabia, para dignificar os desejos do coração humano e respeitar sua natureza romântica e quixotesca. Estava dizendo que a vida de um ser humano aqui na Terra não pode ser sanitizada, racionalizada ou tranqüilizada em uma visão rígida do que "supostamente deve ser". A vida deve ser sempre estranha, dinâmica, variada e desordenada. O caminho do coração – aquele instinto interior que nos leva criativamente ao caos da vida – é ironicamente também o caminho para fora da confusão, da ansiedade e do sofrimento.

Certos momentos são como portas de vaivém que nos levam de um quarto de uma vida para outro. Naquele momento, sentada na praia do Caribe e absorvendo as palavras de Trungpa, dei os primeiros passos para fora da sala do tentar ser quem eu não era. A porta se abriu para o longo corredor do me tornar eu mesma. Os ensinamentos de Trungpa me convenceram a usar, na jornada, a bússola do meu coração. Talvez essa bússola me levasse ao desconhecido. Talvez eu tivesse de fazer grandes mudanças. Eu ainda tinha medo, mas agora sabia onde encontrar coragem.

Anos se passariam antes que eu integrasse à minha vida as palavras de Trungpa. Mas pelo menos agora eu compreendia as raízes da minha incapacidade de tomar grandes e poderosas decisões sobre minha vida e meu trabalho. Eu estivera pedindo apenas a um órgão – meu pobre cérebro – para arcar com todo o peso de minha vida. Estava na hora de transferir uma parte desse trabalho para meu coração. Por que eu tivera tanto medo de examinar as profundezas? Talvez porque a compreensão intelectual seja superestimada na sociedade ocidental e a inteligência emocional considerada um meio não confiável de sentir a realidade. Talvez porque tenha sido criada em uma cultura e em uma família que valorizavam o pensamento e a ação como superiores ao sentimento e ao amor. Mas ali estava Chögyam Trungpa, esse pensador brilhante, esse erudito avançado, esse bravo guerreiro, murmurando como um Cupido espiritual no meu ouvido: "Siga a jovem terna que deseja amor. Ela conhece o caminho. Não tenha medo."

"Para o guerreiro", diz Trungpa, "a experiência do coração triste e frágil é que dá origem ao destemor. Convencionalmente, ser destemido significa não ter medo ou que, se alguma coisa o atingir, você revidará o golpe. Porém, não estamos falando do nível de destemor de um lutador de rua. O verdadeiro destemor é produto da ternura."

SUBIR INCANDESCENTE E CAIR

Quando comecei a conduzir oficinas, minha auto-estima como professora era muito baixa. Não era preciso muita coisa para me fazer imaginar se eu tinha o que era necessário, ou se eu tinha realmente alguma coisa que valesse a pena ser compartilhada. Sempre havia uma ou duas pessoas em todas as oficinas que atacavam minha teoria do "Segredo Revelado", considerando-a muito depressiva. Essas mesmas pessoas rejeitavam a idéia de Trungpa da "tristeza do coração guerreiro" e não gostavam de ser identificadas como apenas outro Bozo no ônibus. Não que elas não aceitassem que todos nós temos fraquezas e falhas, mas por que, elas perguntavam, devemos focalizar isso? Que tal um pensamento positivo? Que tal nos elevarmos acima dos nossos problemas, em vez de chapinhar neles? Que tal ensinar ao grupo como ser mais alegre, em vez de levá-lo a abraçar a dor? Que modo melancólico de viver! Eu os ouvia e me perguntava se não estaria sendo profunda demais. Será que eu devia alegrá-los?

Olhando para trás, para mais de 20 anos ensinando em oficinas de crescimento pessoal e conduzindo retiros de meditação, vejo agora que parte do meu crescimento tem sido leve e alegre. Enquanto que algumas pessoas vêm a este mundo precisando aprender a domar sua parte animal, tive de aprender a temperar com uma pitada de brincadeira, aqui e ali, um toque de alegria mais além. Durante os anos, fiquei muito melhor em brincadeiras de criança na água rasa.

Porém, aprendi também outra coisa nesses anos. Sei agora que muitas pessoas têm um medo terrível da sua mais profunda natureza. Já não tomo como pessoal se um aluno de repente deixa de prestar atenção quando falo da tristeza no coração do guerreiro, ou se ele rejeita a idéia de ser um Bozo. Agora, vejo ouro nos olhos esgazeados e ouço "Eureka!" nas queixas persistentes. Agora, sei que essas pessoas – mais do que as outras que balançam a cabeça afirmativamente, concordando – estão ansiosas para entrar em contato com seu coração guerreiro e com os corações dos seus companheiros humanos.

Tenho mantido contato com alguns dos meus alunos das oficinas – cartões de Natal, convites de casamentos, saudações por e-mail. Alguns me procuraram quando precisaram de apoio em tempos difíceis. Surpreendentemente, os alunos que mais se apoiaram em mim foram aqueles que, inicialmente, resistiram à idéia de que mágoa e sofrimento são aspectos naturais da condição humana. Foram os antibozos que acabaram me procurando no meio de uma crise, demonstrando um comportamento inegavelmente Bozo. A alguns deles, não pude ajudar, a alguns outros ajudei.

Quando a conheci, Karen tinha quase 30 anos e estava terminando o curso de pós-graduação. Era uma pessoa alegre e decidida – uma atleta com energia invejável e um sorriso cativante. Tinha vencido várias competições de alpinismo, e agora ensinava a dançar *swing*. Só de ficar perto dela eu me sentia malvestida.

Alguma coisa a atraiu para minha oficina, embora ela fosse uma daquelas alunas cujos olhos ficavam vidrados quando eu falava em *passar pela dor* para encontrar alegria duradoura. "Tenho dançado para longe da dor até agora", ela disse em uma das aulas, "e pretendo continuar dançando." Contudo, Karen dançava de volta às minhas aulas, onde tudo que eu podia fazer era assistir à sua resistência e observar gentilmente que o fracasso dos seus relacionamentos, seus sentimentos complexos a respeito da própria família e sua infelicidade no trabalho persistiriam enquanto ela não parasse de tentar fugir do sofrimento dançando.

Então, ouvi de uma amiga comum que Karen estava sofrendo de uma doença potencialmente terminal da tiróide, perfeitamente curável quando diagnosticada e tratada a tempo. A amiga temia que a vergonha de Karen por estar doente a matasse. Pediu-me que telefonasse para Karen. Fazia alguns anos que eu não a via, e, quando telefonei, ela insistiu em dizer que sua atitude positiva e seus passos de dança poderiam tirá-la daquela crise. Porém, sua situação se transformou em risco de vida. Certo dia, ela me telefonou em pânico. Quando desligamos, temi por sua vida e chamei uma ambulância, contra sua vontade. Mais tarde, o médico me disse que ela estivera apenas a algumas horas da morte. E nunca tinha visto uma pessoa chegar àquele extremo para esconder do mundo o suposto segredo da sua condição humana. Foi preciso quase morrer para que Karen finalmente desistisse do seu objetivo de perfeição. Ela ainda manda cartões de Natal agradecendo por eu ter salvado sua vida e por ter ficado ao seu lado até ela poder se juntar aos outros Bozos no ônibus.

Também tive de aceitar que não posso ajudar algumas pessoas. No ano passado, tive a triste notícia de que uma aluna havia cometido suicídio. Superficialmente, Amy era um dínamo – uma brilhante e ardorosa força da natureza, sempre sorrindo. Ela compareceu a uma das primeiras oficinas que ministrei. Quando demos a volta no círculo e nos apresentamos, Amy disse que era dançarina e perita em artes marciais, e que estava ali para aprender a conduzir oficinas. Durante uma semana, ela sentou-se na primeira fila, fez várias anotações e saiu-se muito bem nos exercícios de meditação. Porém, se retirava quando chegava o momento de interação entre os participantes, organizados em pequenos grupos. Nos intervalos, enquanto os outros relaxavam e trocavam idéias, ela vagava solitária pela sala como se estivesse dançando. Suas partes favoritas da oficina eram a meditação silenciosa e os exercícios de movimento. Confidenciou-me que não tinha nada interessante para partilhar com o grupo, que por meio da prática espiritual tinha superado todas suas frustrações e insatisfações. Quando Amy ficou mais velha, as coisas começaram a se complicar – finanças, carreira, casamento. Eu a via uma vez ou outra, quando ela vinha ao Omega para ensinar artes marciais ao nosso pessoal. Notei que seu sorriso agora parecia sofrido, como se um tipo de máscara desconfortável começasse a se desgastar. Embora nunca mais tenha participado de nenhuma de minhas oficinas, veio me visitar há alguns anos, quando estava tendo dificuldades com o marido. Foi extremamente difícil para ela admitir que as coisas não iam tão bem quanto antes. Nenhum dos meus argumentos no sentido de convencê-la de que seus problemas eram semelhantes aos de 99 por cento dos seres humanos pareceu tranqüilizá-la. Quando lhe perguntei o que estava fazendo a respeito de sua depressão, afirmou que não estava deprimida, mas aborrecida consigo mesma e envergonhada por ter se esquecido de como agir para ser feliz. "Todo o mundo parece lembrar", disse com um sorriso tenso. "Eu sou muito fraca."

Com o passar do tempo, Amy desenvolveu um quadro de agorafobia, sem coragem de sair de casa e revelar ao mundo quem tinha se tornado. Escrevia-me cartas nas quais se comparava negativamente aos outros, e pedia desculpas por ter me desapontado. Aconselhei-a a procurar auxílio psiquiátrico, e por algum tempo ela pareceu responder à medicação. Então recebi a notícia de que Amy cometera suicídio. Mantive sua lembrança viva com uma fotografia pregada na parede da minha sala de trabalho. Lá está ela, com seu uniforme branco de artes marciais, dançando perto da beira do abismo, com o sol se pondo no Grand Canyon. É uma metáfora mais forte do que eu imaginava.

No passado, quando conhecia alguém como Amy ou Karen, me perguntava se eu não tinha entendido errado. Talvez fosse possível desafiar as probabilidades e passar alegremente pela vida, sem sofrer uma grande queda. Quando via alguém muito perto da beirada, rezava para que seguisse em volta do abismo. Agora rezo por algo diferente. Peço que cada um de nós permaneça acordado quando cairmos. Rezo para que possamos cair no abismo voluntariamente, e que nossa queda seja amortecida pela fé – a crença de que no fundo seremos apanhados e ensinados e trazidos de volta para a luz. Rezo para que não desperdicemos nossa preciosa energia nos envergonhando dos nossos erros ou ficando embaraçados com nossos fracassos. Depois de anos ensinando, de algumas poucas coisas tenho certeza. Uma delas é esta: somos pedaços de matéria que precisam ser quebrados e abertos. Nossos erros e fracassos são rachaduras na armadura do coração através das quais nossas verdadeiras cores podem brilhar.

QUANDO ELES REVOLUCIONAM AS FESTAS

Fomos feitos para cometer enganos,
codificados para errar.

– LEWIS THOMAS

Fui convidada para falar em uma conferência que tratava da intersecção da ciência com a religião. Muitos dos participantes do evento eram cientistas, bem como muitos dos outros oradores. Não sei exatamente o que os organizadores pretendiam quando me convidaram para um discurso programático, mas resolvi falar sobre a raiz do gênio na exploração científica e no esclarecimento espiritual.

Comecei falando sobre a citação acima de Lewis Thomas, um dos grandes físicos e escritores científicos do nosso tempo. Thomas costumava pesquisar a biologia da célula para mostrar como as espécies evoluem e se desenvolvem errando e aprendendo com seus erros. Seus erros, ele escreveu, eram os melhores professores. "Por que então", perguntei aos cientistas que lotavam o salão de festas de um hotel da cidade de Nova York, "se somos biologicamente codificados para errar, gastamos tanta energia tentando fazer com que pareça que nunca cometemos erros, fazer parecer que sabemos tudo?" Os cientistas se ajeitaram nervosamente nas desconfortáveis cadeiras de armar. Dei prosseguimento. Disse que o mestre zen Shunryu Suzuki ensinava os seus alunos a começar todas as sessões de meditação – mesmo as que vinham praticando havia 20 anos – com A Mente do Iniciante. Ele dizia que "na mente do iniciante há muitas possibilidades, na do conhecedor há poucas". Aqueles que contribuíam com maior sabedoria, tanto para a ciência quanto para a espiritualidade, iniciam suas disciplinas com a Mente do Iniciante. Começam como as crianças, sem medo de admitir para si mesmos e para o mundo, que não sabem – e que são iniciantes. São o contrário dos sabichões. Não têm medo de parecer ignorantes ou cometer erros. Por isso, vão a lugares aonde os outros não vão e tentam coisas que outros não tentam. É aí que as novas descobertas esperam para serem reveladas.

"Então", perguntei outra vez, "se os erros dão as melhores oportunidades de descoberta e evolução, por que continuar tentando parecer tão seguros de nós mesmos o tempo todo?" Convidei os pensantes da parte esquerda do cérebro a pôr de lado seus cadernos de notas e seus papéis e juntarem-se a nós em um exercício. Houve uma palpável sensação de pânico na sala. "Não se preocupem", eu disse, "isto não vai doer." E, para deixá-los à vontade, perguntei: "Quantos de vocês conhecem cinco pessoas nesta sala?" Alguns olharam em volta e levantaram a mão. "Quantos de vocês conhecem duas pessoas nesta sala?" Mais umas duas se levantaram. "Quantos de vocês vieram sozinhos e não conhecem ninguém?" Dessa vez quase todos levantaram a mão. "Estão vendo?", eu os tranqüilizei. "Uma vez que provavelmente nunca mais vão se encontrar, não precisam se preocupar em fazer alguma bobagem. Vão em frente, façam-se de tolos."

"Agora, voltem-se para alguém que não conhecem. Apresentem-se e digam um ao outro por que vieram a esta conferência." Aliviados com a natureza benigna do exercício, os participantes formaram pares, e um zumbido de conversa e risadas encheu a sala. Depois de alguns momentos, interrompi dizendo: "Agora voltem ao seu parceiro e respondam a esta pergunta: Por que você está aqui realmente? Esta é uma conferência sobre espiritualidade. O que na realidade o atraiu para ela? O que no fundo do seu coração o fez arranjar tempo para se juntar a este grupo de pessoas, nesta sala, neste dia? Lembrem-se, podem dizer qualquer coisa – qualquer coisa que sempre quiseram dizer a um estranho mas tinham medo de admitir." "E mais uma coisa", eu disse aos cientistas, "este exercício não prejudicará seu trabalho. Podem amaciar o coração sem amaciar a cabeça."

Outra vez eles formaram pares. Agora se aproximaram um pouco mais e a conversa foi mais quieta. Dei a eles mais tempo para atingir mais algumas camadas sob a superfície do reino da alma. Então, reuni outra vez o grupo. Terminando, sugeri que o ponto em que a religião e a ciência se encontram pode ser chamado de alma.

– O que é a alma? – um homem perguntou.

– A alma – eu disse – é aquilo que acaba de responder à pergunta "por que você está aqui realmente?". – É a parte sensata, completa e corajosa do ego. A alma é o desejo eterno de conhecer a verdade que leva os cientistas ao laboratório e os que a procuram ao caminho espiritual.

E esse foi o fim da minha palestra.

Algumas semanas depois, recebi a carta de uma mulher que tinha estado na conferência. Ela dizia:

"Fiquei verdadeiramente atônita com a conversa que você inspirou ao grande grupo presente. Quando falei por alguns minutos com a mulher sentada ao meu lado, senti que a conhecia melhor do que conheço alguns dos meus amigos. Quem dera pudéssemos fazer o que você fez para encorajar essa sinceridade na nossa vida cotidiana. O mundo não seria muito melhor? Aqui está um poema que escrevi estimulada por aquela conversa:

Quando eles revolucionam as festas

Por Marilyn Sandberg

Olá, do que você tem medo?
Da morte.
Eu também.
Quando você ouve uma sinfonia de Mahler?
Não, quando acordo no meio da noite.
Eu também.
Foi um prazer conhecer você.
O prazer foi meu."

GIGANTES ADORMECIDOS E ANJOS ESTRANHOS

O que é a batida na porta à noite?
Alguém que quer nos fazer mal.
Não, não, são os três anjos estranhos.
Deixe que entrem, deixe que entrem.

– D. H. LAWRENCE

Se você passou um longo tempo na superfície da sua vida, vai começar a ouvir uma batida na porta, à noite. Pode já conhecer o som dessa batida. Soa como se alguém que você não quer ver tenha vindo fazer uma visita. Soa – como diz o escritor D. H. Lawrence – como a batida de alguém *que deseja nos fazer mal.* Porém, Lawrence pede que você preste mais atenção. Talvez você esteja expulsando anjos da sua porta. Talvez os desejos perigosos – os Gigantes Adormecidos no subsolo da sua vida – sejam realmente anjos que vêm livrá-lo dos seus sonhos reprimidos e de suas ansiosas dúvidas sobre você mesmo.

A batida da alma durante a noite pode ter muitas formas. Você pode senti-la como uma sensação de desejo. Não o tipo de desejo que leva ao shopping ou à geladeira, mas do tipo que o leva mais para baixo, até uma suave dor no coração. É o tipo de desejo que o faz perguntar: “Isto é tudo que há na minha vida? É isto que devo fazer, sentir, dar, receber?” Esse tipo de desejo pode parecer ameaçador. Assim, você silencia o rumor inúmeras vezes, até ele exigir ser ouvido – até ele tomar outra forma qualquer: uma crise, uma doença, um vício ou outro Anjo Estranho.

A batida na porta pode ser um sonho inquietante ou um plano secreto que você reza para nunca ter de concretizar: deixar um emprego ou um casamento, finalmente censurar sua mãe, revelar ao mundo uma verdade secreta. Serão más idéias ou Gigantes Adormecidos e Anjos Estranhos? Talvez seja melhor deixar sem resposta esse tipo de pergunta. Talvez seja melhor ficar longe do mundo subterrâneo onde Gigantes dormem e Anjos batem na porta.

A alma, contudo, quer que você desça até lá. Ela o leva para baixo. A alma diz: "Não ignore os sinais. Siga seu desejo até o fundo. Vá abaixo da superfície da sua mente conturbada, dos seus péssimos estados de espírito, seus erros repetidos. Desça abaixo das perguntas da superfície, até perguntas mais profundas." A alma faz perguntas como esta: "O que é esse peso que o impede de prosseguir? O que, dentro de você, está dizendo *não*?! Está disposto a olhar para você mesmo? A assumir responsabilidade por sua vida? Está disposto a deixar que alguma coisa morra para que algo novo apareça? O que deve morrer? O que quer viver?" A alma lhe diz para vasculhar o material escuro à procura de perguntas mais profundas, e deixar que essas perguntas o levem da escuridão à luz.

Quando você se sente cronicamente confuso, ou atolado, raivoso ou com medo, pode ter certeza de que Gigantes Adormecidos estão ressonando sob a superfície da sua vida. Eles querem despertar. Logo estarão batendo à porta. Você é livre para expulsá-los. Pode passar uma vida inteira expulsando-os e voltar a dormir. Ou pode abrir a porta e deixá-los entrar. Os Gigantes Adormecidos e os Anjos Estranhos podem trazer conselhos arriscados. Se você ouvir, sua vida pode mudar; você certamente mudará. Se não quiser ouvir, ficará na mesma. Depende de você.

Os Gigantes têm estado adormecidos dentro de nós durante toda nossa vida. Algumas pessoas fazem o que têm de fazer durante anos, antes de prestar atenção ao que está abaixo da superfície. Cinqüenta ou sessenta anos podem passar antes que os Gigantes comecem a acordar. Outras pessoas ouvem o chamado mais cedo. O que é isto? Não sei. Não importa. Não é uma corrida. O importante é que, quando ouvir o chamado da alma – os Gigantes Adormecidos, a batida no meio da noite, os Anjos Estranhos –, você dê atenção.

O poeta e escritor Robert Bly escreve: "Durante todo o tempo em que estivemos ocupados, cursando uma faculdade, construindo uma carreira ou desejando pureza, uma força misteriosa invadia o reino. Quantas vezes homens e mulheres, com vinte e poucos anos, de repente se sentem em perigo? Uma voz secreta diz: 'Você deve fazer logo uma mudança. Do contrário, será tarde demais...' Observadores vêm notando há séculos que quando o esforço para a mudança aquece o espírito, o próprio calor atrai demônios, ou complexos adormecidos, ou inimigos figadais do espírito – um tipo de problema." Bly chama esse problema de "O tempo da Donzela Hedionda", o tempo em que conhecemos a feia bruxa no bosque e enfrentamos tudo que quer mudar dentro de nós. Ele diz: "Em nossa idade tranqüila, a opinião geral é de que a época da Donzela Hedionda deve ser evitada e tratada como uma doença a ser curada." Porém, ele avisa: "Banir a escuridão é esterilizar a chance de evolução que ela nos traz."

Donzelas Hediondas, Gigantes Adormecidos e Anjos Estranhos podem parecer coisas de contos de fadas, mas os contos de fadas são, na realidade, histórias sobre nossas vidas – histórias que mergulham abaixo da superfície e se aventuram nas paisagens mais profundas e mais escuras. Por isso as crianças gostam tanto delas. As crianças ainda estão em casa no reino da alma. Estão em contato tanto com a natureza assustadora quanto com a natureza fantástica da vida. Estão crescendo a cada dia – aprendendo, mudando e evoluindo. Volte para os contos de fadas e os mitos que você amava na infância e releia todos, a partir da perspectiva de um adulto. Anote os modos pelos quais as bruxas más e os duendes sempre aparecem e sempre conduzem as crianças de volta à vida, muito mais sábias por causa do confronto. Volte à Bíblia e leia a história de Daniel na cova dos leões, Jacó lutando com um anjo, ou de outros heróis do Velho e do Novo Testamentos, que enfrentam os lugares escuros para descobrir a luz.

Muitas das crises que nós mesmos provocamos são anjos tentando chamar nossa atenção. Uma doença ou uma mágoa são quase sempre Donzelas Hediondas, um Gigante Adormecido ou um Anjo Estranho que quer nos ajudar a evoluir. Em tempos de cataclismos, temos duas escolhas: podemos nos relacionar às circunstâncias como mensageiros das profundezas ou podemos nos fechar, defender nossa posição e acrescentar outra camada protetora aos muros do castelo. Se nos defendermos contra os Anjos Estranhos, nos tornamos cada vez mais insensíveis à vida. Continuaremos imutáveis. Se permitirmos a entrada dos anjos, abriremos a porta para a mudança e a evolução. Como em um conto de fadas, a moral pode ser simples, mas a história mostra o mapa de uma jornada perigosa, fantástica e transformacional.

O DESLUMBRAMENTO DE ESTAR VIVO

Dizem que todos nós procuramos um significado para a vida.
Não acho que seja isso o que realmente procuramos.
Acho que estamos buscando
a experiência de estar vivo...
para sentir realmente o deslumbramento de estar vivo.

– JOSEPH CAMPBELL

Joseph Campbell passou mais de meio século procurando os repositórios de sabedoria da religião, do mito e da arte. No fim de sua longa carreira, quando Bill Moyers perguntou a ele o que era o sentido da vida, Campbell o surpreendeu, dizendo que não é o *sentido* da vida que as pessoas procuram há séculos, mas algo que ele chamou de "deslumbramento de estar vivo". Depois de anos de não apenas pesquisar, mas também participar, de tradições religiosas organizadas e de ritos indígenas de passagem, Campbell afirmou que cada ser humano – da Grécia antiga, da África tribal ou da América moderna – não está realmente procurando ansiosamente uma vocação especial, uma missão para salvar a Terra, uma compreensão erudita ou esclarecimento. Na verdade, o que desejamos são experiências vibrantes e plenas de estar vivo. E, se um desejo de servir à humanidade ou de encontrar Deus nasce de uma deslumbrada união com a vida, então nosso serviço e nossa procura frutificarão. Mas, se tentarmos amar ou conduzir, trabalhar ou orar, de um poço seco, então serviremos uma poção amarga para os que nos rodeiam e jamais viveremos realmente a vida que nos foi dada.

Quando vejo na televisão os rostos contraídos dos evangelistas ou os grupos rígidos de ativistas marchando furiosos, tenho vontade de chamá-los para um lado e massagear seus ombros, alisar as linhas profundas das suas testas, servir uma comida saborosa e fazê-los rir. Quero dizer: "Não precisam ser tão ferozes, tão intensos, tão amargos. Podem trabalhar para aliviar os males da sociedade e ao mesmo tempo amar o mundo com todo o seu sofrimento e a sua beleza. Podem servir seu Deus sem tanta rigidez. Podem sentir o simples deslumbramento de estarem vivos e deixar que esse deslumbramento seja sua Estrela Guia. Deixem-se conduzir por uma alegria tranqüila."

Pode parecer que viver para o deslumbramento seja um ato egoísta, reservado à elite, ou um nome elegante para hedonismo. Mas não é. Deslumbramento não é uma emoção egoísta. É pura gratidão fluindo livremente no corpo, no coração e na alma. Gratidão pelo quê? Pela respiração, pelas cores, pela música, amizade, humor, pelo tempo, pelo sono e pela percepção. É um engajamento voluntário com todo o desordenado milagre da vida. O mundo sofre mais por causa de pessoas infelizes, rígidas, que tentam agir direito, do que por causa daquelas que simplesmente estão contentes com elas mesmas.

No fim, são as pessoas em casa, dentro da própria pele humana – pessoas que amam o mundo ferido e sua família desfeita –, que podem mover montanhas quando chamadas para fora delas mesmas, para realizar um trabalho no mundo. Os fundadores das grandes religiões eram pessoas desse tipo. Sua capacidade para curar e despertar as massas nasceu primeiro, e principalmente do fato de suas experiências pessoais terem sido abertas. Todo grande herói – do passado e do presente – empreendeu uma jornada de autoconhecimento antes de encontrar seu deslumbramento. Buda passou vários anos sozinho na floresta, enfrentando o sofrimento. Suas revelações iluminaram o caminho para milhões de outros. Jesus quebrou a tradição, abandonou a família e a comunidade e passou 40 dias e 40 noites no deserto, assim como os profetas hebreus antes dele. Na floresta, no deserto, enfrentaram seus demônios interiores e se encontraram. O que queriam endireitar no mundo, endireitaram primeiro nos seus corações e, fazendo isto, ganharam humildade e autenticidade. Penetraram profundamente nas trevas – em uma aceitação e transformação da própria capacidade de pecar – e emergiram com um deslumbramento que jamais os abandonou.

É estranho que, ao rejeitarmos o que é doloroso, só encontremos mais dor, mas se abraçarmos o que há dentro de nós – se encararmos sem medo as sombras – tropeçamos na luz. Certa vez, quando discutíamos o sofrimento, Bill Moyers disse que, nas suas conversas com Campbell, ele mencionou ao mesmo tempo James Joyce e Igjugarjuk. "Quem é Igjugarjuk?", perguntei, mal conseguindo pronunciar o nome. "Oh", respondeu Campbell, "ele era o xamã de uma tribo esquimó caribou, do norte do Canadá, que disse aos visitantes europeus que a única verdadeira sabedoria vive longe da humanidade, na grande solidão, e só pode ser alcançada pelo sofrimento."

A grande solidão – como a solidão de uma lagarta quando se enrola em uma mortalha sedosa e começa a longa transformação de crisálida em borboleta. Parece que nós também devemos passar por isso, quando a vida que conhecemos se acaba – quando ser uma lagarta parece de algum modo falso, mas não sabemos quem devemos nos tornar. Sabemos apenas que algo maior nos chama para a mudança. E, embora tenhamos de fazer a jornada sozinhos, mesmo que o sofrimento seja nosso único companheiro, logo nos transformaremos em borboleta, logo sentiremos o sabor do deslumbramento de estarmos vivos.

Tenho um cartão preso na porta da minha geladeira que mostra uma mulher em atitude reverente na frente da porta aberta do freezer, dizendo: "Incrível! Cubos de gelo perfeitos outra vez." Esse é o tipo de simples deslumbramento do qual estou falando. Sei que não fomos postos nessa Terra para ficar na frente de um freezer aberto, nos maravilhando com cubos de gelo idiotas. Mas uma boa pergunta para fazer a você mesmo é: se cubos de gelo perfeitos, um céu do começo de noite ou uma canção antiga no rádio não fazem seu coração disparar, por que não? O que está impedindo você de sentir o deslumbramento? Posso garantir que não encontrará a resposta em uma sala iluminada. O que está entre você e uma vida plena só pode ser encontrado no escuro. O que quer viver em você pode estar esperando – como me aconteceu – no fim de um longo isolamento.

PARTE II

O Processo Fênix

A jornada de transformação é uma viagem com centenas de nomes diferentes: Odisséia, a procura do Santo Gral, a grande iniciação, o processo de morte e renascimento, a batalha suprema, a noite escura da alma, a jornada do herói. Todos esses nomes descrevem o processo de se entregar a um tempo de grandes dificuldades, permitindo que a dor nos abra e que então possamos renascer – mais fortes, mais sábios e mais bondosos. Todas as religiões incluem nos seus textos histórias de descida e de renascimento. Desde Jonas dentro da baleia até Jesus na cruz, e desde o herói hindu Arjuna no campo de batalha ao príncipe Sidhartha perdendo tudo para se tornar Buda, os grandes fizeram essa jornada antes de nós. Quando Bill Moyers perguntou a Joseph Campbell sobre a jornada do herói, Campbell disse: "Um herói lendário é, geralmente, o fundador de alguma coisa – de uma nova era, de uma nova religião, de uma nova cidade, de um novo modo de vida."

Moyers então perguntou: "Mas isso não deixa o resto dos mortais comuns para trás, na praia?"

"Não acredito que exista essa coisa de mortal comum", Campbell respondeu. "Sempre me sinto pouco à vontade quando as pessoas falam de mortais comuns, porque nunca conheci nenhum homem, nenhuma mulher, nenhuma criança comum... Você pode dizer que o fundador de uma vida – a sua ou a minha, se vivemos nossas vidas em vez de imitar a vida dos outros – também nasce de uma procura."

Tenho um nome para a procura. Chamo de Processo Fênix – em honra ao pássaro mítico com plumagem de ouro, cuja história tem sido contada através dos tempos. Os egípcios o chamaram de Fênix, e acreditavam que a cada 500 anos ele retomava a busca pelo verdadeiro eu. Sabendo que um novo modo de vida só pode ser encontrado com a morte dos velhos hábitos de defesa e de crenças, a Fênix fez uma pira de canela e mirra, sentou-se nas chamas e queimou até a morte. Então, ressurgiu das cinzas como um novo ser –

uma fusão do que fora e do que tinha se tornado. Um novo pássaro, porém, mais ele mesmo do que nunca, mudado e ao mesmo tempo a Fênix eterna. Sobre o pássaro Fênix, o poeta Ovídio disse: "A maioria dos seres nasce de outros indivíduos, mas há uma certa espécie que se reproduz sozinha."

Você e eu somos a Fênix. Também podemos nos reproduzir dos pedaços quebrados dos tempos difíceis. Nossa vida nos pede para morrer e renascer toda vez que enfrentamos a mudança – mudança interior e mudança no nosso mundo.

Quando descemos até o fundo de uma perda e suportamos com paciência, com o coração aberto, sofrendo no escuro, podemos trazer de volta a doçura da vida e a euforia do crescimento íntimo. Quando não há nada mais a perder, encontramos nosso eu – o eu que é inteiro, o eu que é suficiente, o eu que não espera mais a definição de outras pessoas, ou a completude ou qualquer coisa que não seja companhia na viagem.

Este é o modo de viver uma vida com sentido e esperança – uma vida de verdadeira felicidade e paz interior. Esse é o Processo Fênix.

Para começar um incêndio, você precisa de uma centelha – uma brasa, um fósforo ou a fricção firme e contínua de um objeto com outro. Uma vez o fogo aceso, você precisa de uma forma diferente de calor para transformar as chamas da adversidade na sabedoria de um Processo Fênix. Todos nós experimentamos a mudança e a perda durante nossa vida – como grandes e dramáticos terremotos e abalos menores e mais habituais. É trabalhoso usar uma crise e o estresse como veículos da transformação. Todas as histórias desta parte do livro são sobre as centelhas que acenderam fogos nas vidas de outras pessoas e sobre o difícil trabalho que fizeram para transformar o fogo em um Processo Fênix. A parte seguinte do livro é a história do meu Processo Fênix. Embora minha história não seja tão traumática quanto as outras, a moral é a mesma. Mudei bastante depois do meu divórcio e, embora jamais recomende mágoas e famílias desfeitas como um caminho para a transformação, sou grata pelo que aprendi no processo.

O Processo Fênix é uma jornada diferente para cada pessoa, e, portanto, uma viagem difícil em território não mapeado. É errôneo e até mesmo inútil comparar a jornada de uma pessoa com a de outra – todas são diferentes e nenhuma mais importante ou mais profunda do que a outra. A situação mais séria – a perda de um filho, doença grave, uma tragédia nacional – tem o poder de transformar uma vida, mas eventos menos traumáticos também o têm. Tudo depende do modo que nos aproximamos da natureza natural de mudança da vida, tudo está na coragem de dizer sim a seja o que for que apareça no nosso caminho, está no modo que ouvimos as mensagens nas chamas e procuramos o tesouro no meio das cinzas.

Cada um de nós, independentemente da situação, procura o mesmo tesouro nas cinzas. Estamos à procura do nosso mais autêntico, vital, generoso e sábio eu. O que está entre esse eu e nós é aquilo que é queimado no fogo. Nossas ilusões, nossa rigidez, nosso medo, nossa culpa, nossa falta de fé e nosso senso de separação. Tudo isso – com força e combinação diferentes – é o que deve morrer para que surja um eu mais verdadeiro. Se quisermos transformar um evento doloroso em um Processo Fênix, devemos determinar o que deve ser queimado dentro de nós. Tenho visto pessoas nas oficinas lutando com uma rica variedade de problemas enquanto fazem a lista dos elementos específicos do seu Processo Fênix. Algumas concluem que o medo deve ser queimado no seu fogo – medo da própria força, medo da mudança, medo da perda, medo dos outros. Alguns determinam que devem queimar sua incapacidade de sentir, seu cinismo debilitante, uma sensação de vergonha, uma atitude de raiva.

Tenho notado que, para muitas mulheres, um Processo Fênix começa quando admitem para si mesmas que estão cansadas de fazer as coisas só para agradar os outros. Elas compreendem que têm pouco respeito pelas próprias necessidades e opiniões. Nas chamas de uma crise, de repente descobrem o que deve ser queimado. Quando a nova Fênix ressurge, elas tomam posse do seu poder positivo. Conhecem e confiam em si mesmas e, portanto, passam a ser mais confiáveis e seguras para os outros. Os homens geralmente entram nas chamas porque são insensíveis ou porque a incapacidade de sentir amor ou compaixão os prendeu a uma meia-vida. Há dentro deles uma caça ao tesouro de alegrias e sofrimentos não sentidos, esperando o calor do fogo. Eles ressurgem das cinzas com o dom do coração aberto, empatia e uma experiência mais poderosa de ser humano.

Obviamente, cada processo depende menos do gênero e mais da personalidade, do modo que foram criados, do momento certo e das necessidades. Cada uma das nossas descidas e renascimentos parece única. E durante nossa vida, enquanto mudamos e crescemos, levamos partes diferentes para o fogo e ressurgimos sempre com novos dons.

Embora compreendendo que o processo é diferente para cada pessoa, quando estou passando por uma transição difícil ou uma mudança dolorosa adquiro grande força e consolo nas histórias dos que sobreviveram e prosperaram nas chamas do Processo Fênix. Os que foram abertos pelos tipos de experiências que parecem impossíveis de suportar me inspiram. É nesse estado de espírito que ofereço essas histórias.

CHIMIDUNCHIK

A última das liberdades humanas
é mudar de atitude
em um dado conjunto de circunstâncias.

– VICTOR FRANKL

Os pais da minha melhor amiga sobreviveram ao Holocausto, escapando com suas vidas, e não muito mais. Ruth, a mãe, foi o único membro da família que sobreviveu. Tinha 19 anos quando chegou ao Canadá, onde conheceu Julius, que viria a ser seu marido e o pai de minha amiga. Julius era um homem alto, com um grande senso de humor, magnífica presença e bem mais velho do que Ruth. Perdera não só os pais e irmãos nos campos de concentração, como também sua primeira mulher e o filho de cinco anos, embora minha amiga só viesse a saber disso quando seu pai já estava velho e perto da morte.

Muitas das pessoas que fugiram dos nazistas e vieram para a América trouxeram também as lembranças e a dor. Elas as amarraram dentro de um saco e guardaram em algum lugar, qualquer lugar, para assimilar a era feliz dos anos 50. Julius pôs suas lembranças em uma prateleira, onde ninguém podia encontrá-las, e seguiu em frente, tratando de viver. Ganhou muito dinheiro, cercou-se de amigos e das coisas felizes da vida americana, e fez todo o possível para que sua família prosseguisse longe das sombras do passado.

Ruth tentou enterrar suas lembranças nas câmaras profundas do coração. Filha mais nova de uma família judia, culta e rica, da Polônia, era uma mulher pequena e bonita, de traços delicados e pele translúcida. Quando os nazistas começaram a reunir os judeus e levá-los para o gueto de Varsóvia, o pai de Ruth traçou um plano para a sobrevivência da família. Pagou um conhecido – um católico que tinha trabalhado para ele – para construir um quarto no porão da sua casa. Ruth, seus pais e irmãos, um a um escapariam do gueto e se esconderiam no quarto do porão, onde o homem católico e sua mulher cuidavam deles.

Ruth foi a primeira a ser mandada para o refúgio. Sua mãe costurou brilhantes na bainha do seu casaco. Deu a ela documentos falsos, com um novo nome e identidade católica. Seu pai a animou a ser corajosa, o resto da família, ele disse, iria em seguida. Levou-a à entrada do gueto, e um membro da resistência a levou embora.

Ruth ficou semanas no porão, esperando sua família. Ninguém chegou. Porém, o membro da resistência apareceu em uma manhã à procura dos brilhantes no seu casaco. Disse ao homem católico e à mulher que, se Ruth não entregasse os brilhantes, ele os denunciaria aos guardas da SS. Assustado, o casal pediu a Ruth para ir embora. Quando começou o bombardeio de Varsóvia, Ruth se escondeu nas ruas. Seus pais e irmãos tinham morrido no gueto ou em campos de concentração.

Finalmente, os nazistas localizaram Ruth e a mandaram para um campo de trabalho para órfãos católicos. Ela contou para minha amiga muito pouco sobre seus anos no campo – apenas que trabalhava em uma fazenda e que, quando a guerra acabou, mandaram-na para um campo de pessoas deslocadas, até um parente distante pagar sua passagem para o Canadá. Lá ela conheceu Julius, e casou com ele. Julius a levou para Nova York e a ajudou a deixar o passado para trás, "onde devia estar", como Ruth disse. Porém, seus olhos contavam outra história – mais brutal, que ela levou para o túmulo poucos anos atrás.

Havia uma história feliz do passado de Ruth que ela contou para a filha – uma piada sobre um homem e uma mala. Durante anos minha amiga e eu usamos tantas vezes a piada que não tínhamos mais certeza de que estava correta, ou se o que achávamos que Ruth queria dizer com ela era isso mesmo. Alguns anos antes da morte de Ruth, minha amiga e eu pedimos a ela para contar a piada outra vez.

– Não é uma boa piada – ela protestou. – Alguma coisa sobre um homem em um trem apinhado de gente que fica furioso com o passageiro ao seu lado porque ele não quer tirar a mala do banco. Não sei por que vocês gostam tanto dessa piada – Ruth disse, sacudindo a mão como para se livrar da história.

– Tem um significado mais profundo para nós – expliquei.

– Um significado mais profundo? Que significado pode ter uma piada?

– Conte e diremos o significado – minha amiga respondeu.

– Bem, o homem está no trem – Ruth começou. – O vagão está lotado e o homem pede ao passageiro ao seu lado para tirar a mala do banco. É uma piada polonesa... ou talvez seja russa... ou pode ser iídiche... não lembro, é tão velha. Muito bem, a palavra antiga para bagagem era *chimidunchik*. "Quer por favor tirar daí sua *chimidunchik?*", o homem diz para seu companheiro de banco. Mas o outro o ignora. Mais gente embarca no trem, e o vagão fica tão cheio que não há mais lugar para sentar. O homem pede outra vez, delicadamente, para seu companheiro de banco tirar a mala, mas é outra vez ignorado. Finalmente, ele começa a gritar: "Tire sua *chimidunchik* daí! Tire sua *chimidunchik* daí!" E nada de reação. O homem fica tão zangado que pega a *chimidunchik* e joga pela janela. Satisfeito, vira para o seu companheiro de banco e pergunta: "Agora o que você vai fazer?"

– Nada – o homem responde. – Não era a minha *chimidunchik*.

Ruth riu.

– Viram? A bagagem não era dele. Por isso ele não tirou. O homem jogou a bagagem de outra pessoa pela janela. É uma piadinha. É engraçada. Agora, qual pode ser o significado mais profundo?

Eu disse a Ruth que tínhamos dado um significado à palavra *chimidunchik* que ultrapassava o alcance da piada.

– Sabia que todos no mundo têm uma carga? Algo pesado trazido do passado?

– O quê, por exemplo? – Ruth perguntou. Não estava gostando do rumo da conversa.

– Por exemplo, bagagem da infância – eu disse. – Infortúnios que sofremos quando éramos crianças. Ou, se sua infância foi fácil, você junta bagagem à medida que avança na vida. Talvez tenha uma doença grave, talvez perca um filho ou talvez seu casamento desmorone. Isso se torna sua bagagem particular. Todos nós temos um peso para carregar, e ninguém mais pode carregar. É a nossa *chimidunchik*.

– Não é isso que a piada quer dizer – Ruth observou. – Vocês vêem coisas demais em tudo.

Porém, por mais que queiramos honrar a interpretação de Ruth, minha amiga e eu (e um número crescente de outras pessoas, incluindo nossos maridos e filhos) não conseguiram apagar do nosso vocabulário a palavra *chimidunchik*. Nenhuma outra palavra – pelo menos em inglês – descreve melhor a pesada bagagem repleta de potencial para nos ensinar as mais importantes lições da vida.

Alguns recebem uma bagagem pesada para carregar durante toda a vida. Vítimas de maus-tratos, pessoas que sobreviveram a acidentes terríveis, pais que perderam um filho – têm uma bagagem mais pesada do que os outros. É compreensível que muitos acabem sucumbindo sob o peso, ou se tornem amargos e sombrios. Outros, como Ruth, engolem o passado, seguem pela vida disfarçando o sofrimento e, sem querer, o passam para a geração seguinte, como uma mensagem dolorosa em uma garrafa. A dor reprimida nunca acaba. Está armazenada no coração, no corpo e até nos genes, como depósitos de petróleo nas profundezas da Terra. Lembranças inexploradas e não expressas são um combustível que pode ser usado por um filho ou até mesmo por um neto no Processo Fênix. Muitas pessoas cujos pais sobreviveram aos campos de concentração nazistas precisam fazer o trabalho interno que seus pais, vencidos pela dor, não puderam fazer.

E há ainda aquelas almas notáveis que não apenas sofreram o horror dos campos, mas conseguiram também levar sua carga com um senso de esperança para o espírito humano. Fazendo isso, elas nos mostram que nós também podemos superar o desespero. Victor Frankl era uma dessas pessoas. Um brilhante psiquiatra austríaco, ele sobreviveu aos campos da morte e escreveu *Man's Search for Meaning*, um dos livros mais transcendentes do século XX. Nele, Frankl desenvolve uma teoria revolucionária do pensamento humano chamada "logoterapia", que, resumindo, é sobre a procura do significado na bagagem de cada um, uma coisa que ele conhecia muito bem. Durante o Holocausto, Frankl perdeu sua amada esposa e toda a sua família para os nazistas. Passou três anos de inanição, tortura e sofrimento em quatro campos de concentração. Quando os campos foram liberados, ele voltou para a Áustria, casou outra vez e abriu sua *chimidunchik* para que o mundo visse.

Durante sua longa e extraordinária vida, Frankl foi chefe do departamento de neurologia de um hospital de Viena, professor em várias universidades americanas, incluindo Harvard e Stanford, o recipiente de vinte e nove doutorados honorários de universidades de todo o mundo e autor de 32 livros. Recebeu seu brevê de piloto quando tinha 67 anos, era um ávido alpinista e lecionou na Universidade de Viena até a velhice. Morreu aos 92 anos. Em seu obituário, no *New York Times*, o prefeito da sua cidade é citado dizendo: "Viena e o mundo perderam Victor Frankl, não só um dos mais importantes cientistas deste século como também um monumento ao espírito e ao coração."

Por que o mundo foi tão tocado por Victor Frankl? Por que *Man's Search for Meaning* vendeu mais de 9 milhões de exemplares? Aqui está a resposta. Frankl disse que escreveu o livro "para transmitir ao leitor, por meio de um exemplo concreto, a idéia de que a vida tem um significado em potencial em todas as condições, mesmo as mais miseráveis. E pensei que, se este ponto podia ser demonstrado em uma situação tão extrema como a de um campo de concentração, meu livro poderia ser ouvido. Portanto, sinto-me responsável por descrever o que passei, pois achei que podia ser útil a pessoas propensas ao desespero".

Pessoas propensas ao desespero – nós todos somos. Se Victor Frankl conseguiu transformar o desespero dos campos de concentração em uma busca pelo significado, então nós também podemos, mesmo nos momentos mais sombrios, quando estamos doentes, preocupados ou com medo. No meio do seu pesadelo, Frankl descobriu que "realmente não importa o que esperamos da vida, e sim o que a vida espera de nós. Precisamos parar de perguntar qual o sentido da vida e, em vez disso, começar a ver a nós mesmos como os que são questionados pela vida – todos os dias, todas as horas. Logo, o que importa não é o sentido da vida em geral, mas o sentido específico da vida de uma pessoa em um determinado momento".

Nesse momento determinado você tem exatamente o que Frankl tinha em Auschwitz. Você tem o que nenhum guarda nazista podia tirar dele. Você tem sua alma – o que Frankl chamava de "*a última das liberdades humanas, a liberdade de escolher a própria atitude num determinado conjunto de circunstâncias*". Quando você exercita a última das liberdades humanas – quando você escolhe aprender e crescer com o peso do mundo – está pondo sua alma, no posto de controle de sua vida. Está escolhendo não a atitude do seu menor e mais temeroso eu, mas a atitude da sua alma, que é esperançosa, expansiva e eterna. Você está vivendo para a profunda verdade escondida na dor da circunstância – as lições de sua alma guardadas na sua *chimidunchik*.

AQUI COMEÇAM OS TERRORES, AQUI COMEÇAM OS MILAGRES

Aqui está o livro da descida.
Aqui começa o Livro do Santo Gral.
Aqui começam os terrores.
Aqui começam os milagres.

– A LENDA DO GRAL

No curso de poucos anos, minha amiga Judi recebeu uma sacola cheia de mais trauma e sofrimento do que muita gente recebe durante toda a vida. Certa vez perguntei a Judi como agüentava o peso da sua *chimidunchik* com tanta coragem. "Não sei como", ela respondeu, "nem sei mesmo se existe um 'como'. Tudo que há é a confiança de que recebemos o que recebemos por uma boa razão. E não precisamos compreender a razão. Não precisamos perguntar: 'Por que eu?' O que me faz seguir em frente é a fé de que, com a dor, vem alguma coisa maior. Estou sempre procurando essa coisa maior. E sempre encontro."

Conheço Judi porque nossos filhos têm a mesma idade. Partilhamos uma das únicas conexões tribais que restam no mundo moderno. Estamos ligadas ao modo antigo, pelo lugar e pelos filhos. Costumávamos nos ver todas as manhãs no ponto do ônibus da escola, depois, quando nossos filhos eram adolescentes, no fim das férias de verão, quando íamos buscá-los no acampamento. Nesses dias, eventualmente, passamos uma pela outra, na cidade, e nos encontramos na nossa reunião anual do Ano-Novo, como fizemos no ano passado. Foi então que, pela primeira vez depois de 20 anos sendo vizinhas, Judi e eu tivemos uma dessas conversas que nos fazem passar do simples conhecimento para a amizade. Depois, estive mais tempo com Judi, ouvindo sua história notável, fazendo perguntas e tomando notas. Constatei, então, que alguém como uma santa, durante todos aqueles anos, vivia entre nós. Suponho que perto de você também viva alguém como uma santa. Se reservar algum tempo para olhar além das imagens superficiais que apresentamos uns aos outros, na corrida confusa da vida de todo dia, provavelmente encontrará um elenco de personagens notáveis.

Como a de qualquer pessoa, a história de Judi é uma tapeçaria de fios familiares, traços inatos, sofrimentos e dádivas da infância, tudo ligado. Contar apenas parte da história de uma vida pode parecer que estamos ignorando outras, mas elas estão lá, escondidas na fibra do caráter da pessoa. Sei pouca coisa do passado de Judi. Sei que o pai morreu em um acidente de carro 11 dias antes de Judi nascer; que ela era dançarina e música desde pequena e que conheceu Richard – seu futuro marido – na adolescência, e juntos se dedicaram à música, à dança e ao teatro. Mais tarde, ele veio a ser um bem-sucedido psicoterapeuta em nossa comunidade, construíram uma casa no bosque, com um celeiro cheio de animais, e tiveram o primeiro filho. Quando os conheci, eles pareciam ter tudo: um bom casamento, uma bela casa, um trabalho importante.

Então, a vida fez sua intervenção. Outros fios entraram no tecido da vida de Judi. Fios milagrosos e fios terríveis. *Aqui começam os terrores, aqui começam os milagres* é como começa uma das traduções da Lenda medieval do Santo Gral. A Lenda do Gral conta a história do jovem príncipe Parsifal, cujo desejo ardente por conhecimento o faz abandonar a vida protegida e enfrentar vários testes, até se tornar o homem que devia ser. A história tem sido interpretada de centenas de modos, mas a maioria dos estudiosos do Gral concorda com Joseph Campbell, quando ele diz que o sentido central do mito do Gral é "a procura da fonte perene da vida, mesmo que essa busca nos faça passar pelo mais terrível sofrimento. Na verdade, como o Gral nos ensina, é o próprio sofrimento que nos prepara para receber milagres".

Aqui começam os terrores... Quando seu segundo filho nasceu, o mundo de Judi e Richard desmoronou. Sem oxigênio no canal do parto, o bebê, uma menina, quase morreu na primeira semana de vida. O diagnóstico não foi claro. Tudo que os médicos puderam dizer – além de confirmar que a pequena Marion sofrera dano cerebral e tinha epilepsia que podia ser fatal – foi que ela sofria de uma "condição crônica incurável".

Durante semanas, no hospital, Judi e Richard acompanharam a luta da filha contra a morte. Quando ficou claro que Marion viveria, eles a levaram para casa e tentaram retomar o ritmo que sua vida devia ter. Ao modo que *devia* ser. Judi ficou na cama como se o bebê tivesse acabado de nascer. Tentou descansar beatificamente como descansara depois do nascimento da primeira filha. Dessa vez, porém, não ia ser assim. Todos na família, incluindo a filha ciumenta e assustada de quatro anos e meio, podiam sentir o terror no ar.

Judi e Richard estavam resolvidos a voltar à vida normal. Ele voltou ao trabalho e ela tentou estabilizar a saúde de Marion e devolver à família a sensação de calma. Depois de alguns meses, estavam quase atingindo esse objetivo. Porém, mais uma vez a vida tinha outras propostas.

Aqui começam os terrores... Certa manhã, Judi acordou com uma insensibilidade na perna e uma sensação de exaustão geral. Havia semanas vinha se sentindo cansada, e marcara hora com um oftalmologista por ter tido visão de túnel durante alguns dias. A recepcionista concordou com Judi que provavelmente era apenas "fadiga de parto", mas, com o passar dos dias, ela começou a sentir dor na parte inferior das costas e a insensibilidade tomou mais sua perna. Talvez tivesse comprimido um nervo quando limpava as baias dos cavalos, com Marion nas costas. Então, a outra perna também começou a ficar insensível.

No fundo da mente, Judi guardava o fato de sua mãe ter tido esclerose múltipla, por isso ficou aliviada quando o primeiro profissional de medicina com quem conversou garantiu que ela estava simplesmente exausta. A insensibilidade nas pernas, no entanto, começou a piorar. Deitada na cama, com os olhos fechados, sua atenção parou na altura do umbigo. Finalmente acabou no consultório do neurologista de sua mãe. Depois de exames e testes, o médico deu a má notícia; "Esclerose múltipla", ele disse. "Você tem EM."

Concluído o diagnóstico, a insensibilidade e o medo se insinuaram cada vez mais profundamente no corpo de Judi, até suas pernas se tornarem duas toras de madeira, ligadas desajeitadamente ao resto do corpo. Ela mal podia subir uma escada, e não ousava carregar Marion. Dormia o maior tempo possível, e nunca acordava descansada. Era como se houvesse um buraco no seu corpo por onde a vida se esvaía aos poucos. Foi enorme a ajuda da família e dos amigos, mas eles tinham suas vidas, e, no fim do dia, Judi experimentava uma sensação de impotência, quase tão difícil quanto a própria doença. *O que* ia acontecer? *Quando* ia acontecer? Ela seria capaz de tomar conta da família e continuar seu trabalho? Ficaria completamente incapacitada, presa a uma cadeira de rodas? Ia morrer? Os médicos não tinham respostas para ela. Tudo que podiam dizer era que a EM é uma doença imprevisível. Seu curso pode ser lento e sutil ou rápido e severo. Um ataque inicial pode desaparecer misteriosamente, e misteriosamente voltar. Cada novo ataque pode causar extenso dano aos nervos.

Durante alguns anos, Judi lutou para lidar com os variados sintomas da doença. Geralmente tinha dificuldade para ficar de pé ou andar por mais de 15 minutos; não podia confiar no senso de equilíbrio, seu sistema imune estava danificado, o nível de energia oscilava, subindo e caindo irregularmente. Enquanto Judi aprendia a manejar sua doença e tentava manter uma atitude positiva, via a saúde da mãe deteriorar e levá-la quase à morte. Durante todo esse tempo, Marion, o bebê, cresceu e era agora uma menina. Com o crescimento, a epilepsia escalou para convulsões severas e freqüentes. Os médicos a puseram em um regime de medicamentos para controlar os ataques. Com os novos medicamentos, contudo, vieram os episódios psicóticos diários. As violentas explosões de Marion eram uma agonia para a família. Impotentes, presenciavam as crises, viam os olhos dela rolarem nas órbitas, o corpo contraindo e se torcendo no chão. Eventualmente, depois de um desses episódios, ela acordava com forte dor de cabeça, exausta e com uma comovente expressão de amor que se irradiava através das lágrimas.

Os médicos insistiam em dizer que a psicose de Marion não era causada pelos medicamentos. Disseram a Judi e Richard que estava na hora de aceitar que sua filha sofria de uma lesão cerebral. Quando um desses episódios ocorreu na sala de espera de um neurologista, o médico os mandou internar Marion em uma instituição. Porém, durante um período de hospitalização, uma equipe de psiquiatras constatou o que Judi e Richard suspeitavam. Marion não tinha uma doença mental. Os medicamentos estavam causando os episódios.

Desanimada e indignada com a falta de interesse da comunidade médica, Judi resolveu tomar as rédeas da situação. Suspendeu os medicamentos de Marion e a submeteu a um regime controvertido chamado "dieta cetogênica", experimentado, com sucesso, pelo Hospital John Hopkins e pela faculdade de medicina. A dieta rigorosa exigia que cada pedaço de alimento e cada gota d'água fosse medido e monitorado. Depois de alguns meses, a freqüência e intensidade dos ataques diminuíram, e, finalmente, Marion ficou curada da epilepsia.

Aqui começam os terrores, aqui começam os milagres... Quando Judi fala sobre os primeiros anos da vida de Marion, sobre sua descida na EM e sobre a morte de sua mãe, descreve tudo como um de nós descreveria tempos de imenso estresse e de escuridão, um longo pesadelo. Judi não é nenhuma Poliana. Ela afirma que passou por períodos de revolta contra o mundo, quando parecia que o terror, como um hóspede maléfico, tinha se mudado para sua casa e tomado conta de tudo. Por outro lado, descreve algo que transformou o hóspede malévolo em um milagre, e os pesadelos em um Processo Fênix. A maioria de nós não será testada em fogo tão impiedoso quanto Judi, mas podemos nos apoiar em sua fé e compreensão nos nossos momentos difíceis. Quando estou assustada, doente ou sinto enfraquecer a minha fé, penso na manhã em que visitei Judi e ela me contou o que chama de "procurando a alma entre as cinzas".

> Desde o seu nascimento e do começo da EM, Marion e eu percorremos o mesmo caminho. Estamos mutuamente ligadas, dizendo sim à vida, a despeito dos obstáculos das nossas doenças. O milagre da cura da epilepsia de Marion foi uma inspiração para mim, como espero ser uma inspiração para ela enquanto continuo a vagar nas ondas da minha "condição crônica incurável". Olhando para trás, para aqueles primeiros anos difíceis, vejo duas histórias igualmente verdadeiras. O sacrifício envolvendo todas as nossas partes e também o milagre que cada uma de nós se tornou por não fugir ao desafio.

Ainda processamos estilhaços perdidos que sobem à superfície de vez em quando, mas os contratempos da minha saúde agora parecem fracos, em comparação com a pior história de vida que eu poderia ter imaginado escrever. Nossas provações nos ensinaram lições que fizeram o resto de nossas vidas mais precioso. A lição final é antiga como o mundo: "Isto também vai passar". Tudo passa e muda, e se transforma em algo que você jamais teria imaginado, se você permitir. Aprendi como o sofrimento aumenta quando digo para a vida "isto não devia estar acontecendo comigo".

Essa é a segunda lição – não pensar se alguma coisa devia ou não estar acontecendo comigo. No processo de lutar com o fato de que eu teria uma doença debilitante pelo resto da vida – e que minha filha lutaria com sua situação também pelo resto da vida – compreendi que minha única esperança era desistir da vida que era, a fim de abrir espaço para a vida que é. Chamo isso de minha "escolha sem escolha". Fazer essa escolha, muitas e muitas vezes – aceitar o que é e libertar o que era –, tem sido o agente principal do meu trabalho espiritual. Minha prática espiritual se aprofundou porque minha vida e a vida da minha filha dependiam dela.

Quando digo "espiritual" não quero dizer uma prática completamente separada do resto de minha vida. Estou me referindo a um processo emocional, intelectual e físico, impiedosamente real e repleto de riscos de vida. Estou falando de um processo de paciência, aceitação e de abraçar abertamente o que me é apresentado a cada manhã quando acordo, para as mudanças do meu corpo e quando ajudo minha filha a lidar com o dela. Quero dizer, reconhecer os poderes do universo que são muito maiores do que tudo, inclusive do que minha jornada neste planeta.

A negação é a primeira reação mais comum à doença e ao desastre. Levei muito tempo para abandonar meu desejo desesperado de continuar minha vida "de sempre". Apesar dos protestos da família e dos amigos, no princípio recusei ceder e dizer: "Não posso mais fazer isso." Lutei com meu corpo, tentando manter meu consultório de terapia e tomando conta de tudo – de minha mãe, das crianças, dos animais, da casa – sozinha. Justificava minha insistência em ser "normal", dizendo que era uma atitude positiva, muito embora essa suposta atitude positiva estivesse demolindo meu corpo já combalido. Porém, gradualmente comecei a ver que minha necessidade de ser indispensável e minha incapacidade de pedir ajuda estavam prejudicando toda a família.

Finalmente, o fato de ter EM me permitia pedir ajuda. Embora fosse desagradável a princípio, no fim compreendi a força poderosa que é quando, não apenas eu, mas imagino todos os seres humanos, admitimos nossas fraquezas, assumimos que precisamos de ajuda.

Nos primeiros estágios de aceitação da minha doença, eu ia para o quarto descansar como se fosse enfrentar um pelotão de fuzilamento. Não queria sentir o nível de exaustão que me derrubava, dia após dia. Não queria enfrentar meu desespero. Então, inventei pequenos rituais para facilitar a transição de "preciso continuar em frente" para "preciso descansar e me curar". Dessa forma, estava pondo à prova minhas crenças e práticas espirituais.

A raiva é outra reação comum depois que a negação começa a desaparecer. Sozinha no meu quarto dia após dia, descansando, pensando e orando, senti minha revolta contra o nascimento de Marion, minha doença, a morte de minha mãe e toda a catástrofe que visitava nossa família. Eu não queria assumir a responsabilidade por minha cura. Não queria saber nada das aflições de Marion. Só queria voltar a ser como era antes. Procurei alguém para culpar, e certamente não seria eu. Desse modo, restava apenas Deus. Então, caiu a ficha – logo abaixo dos meus sentimentos infantis estava a antiga culpa secreta que eu guardava pela morte do meu pai. Compreendi que eu permaneceria presa à dor e à infelicidade enquanto mantivesse a antiga atitude de culpa que desde a infância dominava minha visão do mundo.

Então mergulhei cada vez mais profundamente em um período de auto-investigação, trabalhando com uma variedade de modalidades de tratamentos, professores e auxiliares – incluindo meu heróico marido – até minha doença se tornar naturalmente minha professora. Enquanto aprendia a enxergar minha doença sob a luz da verdade e com maior percepção, experimentei um novo fluxo de auto-estima e de amor a Deus. Descobri que Deus e eu podíamos conversar desde que ninguém fosse acusado ou culpado. Sozinha no meu quarto, descarreguei minhas mágoas, minhas confusões e minhas lutas diárias com a vida. Depois de gritar, chorar em silêncio ou orar pedindo clareza e coragem, com uma sensação de alívio, cedi à minha fadiga e ao sono que a acompanhou.

Assim, entreguei minha EM, a condição de Marion e todas as minhas perdas, temores e sentimentos de culpa às chamas da realidade, do que é. E, nas cinzas do passado, comecei a procurar minha alma. Descobri que a alma requer muito mais tempo interior do que normalmente damos às nossas agendas geralmente lotadas. Antes da EM eu sempre ignorava o convite murmurado para apenas "ser", por causa do excesso de trabalho. Comecei a notar quanto do que geralmente fazemos a cada dia é na verdade um meio de evitar a voz profunda e suave da alma. É claro que nem tudo que eu fazia no passado – meu trabalho, cuidar das minhas filhas, da vida da família, dançar e ir ao teatro – tinha sido um meio de evitar um exame interior. Ao contrário, foi o que fez minha jornada para a cura tão fascinante e tão detalhada. Durante meus períodos de força, presto muita atenção a quais aspectos de mim mesma resolvo conservar e quais resolvo abandonar para sempre.

Hoje valorizo cada nuance de desespero e cada sensação de alegria como jamais fiz antes. Ainda me perco e percorro diariamente os atalhos da ansiedade sobre dinheiro, conflitos pessoais, meus filhos ou minha saúde, mas a maior parte do tempo contento-me em desfazer os novelos da minha vida. Já enfrentei alguns dos piores temores que podia conjurar e, como resultado, agora sou mais bondosa, mais humilde, mais paciente e, espero, a mais amorosa das mulheres. Acordo cada manhã e, possa ou não chegar ao banheiro sem tropeçar nas pernas geladas e insensíveis, faço uma oração de agradecimento por tudo que tenho recebido. Não posso pensar em minha vida de modo diferente, como não posso imaginar a vida sem meu marido e meus filhos.

Estou aprendendo a manter a saúde e a doença, a fraqueza e a força, até a vida e a morte, lado a lado – dois lados da mesma moeda. Na verdade, foi a aceitação da morte que finalmente me fez escolher a vida. Estou aprendendo que nunca é uma ou outra, mas ambas e mais. Não vida *ou* morte, mas vida *e* morte, saúde *e* doença, bem *e* mal. Ambos e alguma coisa mais. Estou aprendendo a amar a condição humana, a dizer um sim total e animador a tudo, a trabalhar com isso, a escolher isso, exatamente como é, cada dia.

Recentemente Judi e Richard trouxeram Marion à nossa festa de Ano-Novo. Fazia vários anos que eu não a via, desde que ela entrou para um internato para crianças com necessidades especiais. Eu mal a reconheci. Com 16 anos, ela podia ser qualquer jovem esbelta e encantadora visitando a família nos feriados. Mas, quando a abracei, ela olhou diretamente para mim, com os mesmos olhos que eu admirava quando ela era pequena – olhos com o destemor de um gato selvagem. Sem trocar as amabilidades de costume, Marion segurou minha mão e me levou para a porta dos fundos.

– Você quer ver a lua? É lua cheia e vai haver um eclipse. Isso não é comum – ela disse, dramaticamente.

– Claro que quero – eu disse, acompanhando-a para fora da casa cheia de gente.

– Temos de ficar longe das luzes – Marion explicou, puxando-me para o alto da colina e para dentro da noite fria. O céu estava vivo com o vento e o luar. Nuvens esgarçadas, iluminadas pela luz da lua cheia passavam velozes acima dos galhos secos das árvores. Marion parecia à vontade, sem medo na luminosidade escura. Seus olhos de gato selvagem brilhavam tanto quanto a lua.

– Está vendo? – ela perguntou, apontando para o céu. Riu descontraidamente para a pequena sombra que começava a se formar na beirada da lua. Nós duas rimos. Dentro da casa, meus convidados estavam reunidos em volta da lareira, comendo e bebendo. Eu estava no alto da colina, congelando meu traseiro e rindo para a lua. Eu estava com uma jovem que tinha conhecido o terror da natureza no próprio corpo e agora estava em casa dentro da noite. Senti-me mais corajosa com sua presença. Rimos mais um pouco, então Marion segurou minha mão outra vez e voltamos correndo para o calor da casa.

GRAÇA FEROZ

Na década de 1960, um jovem professor psicólogo chamado Richard Alpert deixou sua posição em Harvard sob uma áurea de infâmia. Filho de um rico magnata da Estrada de Ferro Boston, professor e estudioso brilhante, foi o primeiro professor do século XX a ser demitido de Harvard. Sua pesquisa radical com Timothy Leary, sobre o uso do LSD para a cura do corpo e expansão da consciência, não agradou àquela formal comunidade acadêmica.

Alpert seguiu sua vida e se tornou Ram Dass, em honra de um guru da Índia, que viu nele uma pessoa que podia viver de acordo com o significado desse nome, "Servo de Deus". E ele viveu. Foi o guia de uma geração em busca do espírito. Em 1971, sua obra pioneira *Be Here Now* foi o livro mais vendido da língua inglesa, passando à frente até do *Baby and Child Care,* do Dr. Spock. Mais do que ninguém – mais do que os Beatles, mais do que o Dalai Lama –, Ram Dass merece o crédito da tradução da antiga sabedoria e da prática espiritual do Oriente para o vernáculo do Ocidente.

Conheço Ram Dass há muitos anos, primeiro como sua aluna, quando ele voltou da Índia, no começo dos anos 70, depois como colega, quando ele conduziu retiros no Instituto Omega e fez parte da nossa diretoria, e mais tarde como um amigo que me ajudou a enfrentar as tempestades do meu divórcio. Mais recentemente, Ram Dass precisou de ajuda. Era uma nova posição para ele – ser aquele que precisa de ajuda e não o que ajuda. Está no meio de um Processo Fênix, e é o primeiro a admitir que está aprendendo a ser indefeso.

Muitas pessoas conhecem apenas Ram Dass por terem lido sobre ele ou o terem visto a distância em uma conferência ou em um retiro. Todos o conhecem como um homem sábio, compassivo e brilhante. Conheço este homem e também um homem diferente: conheço o homem que detestava depender de qualquer pessoa, que desaparecia da cena quando o relacionamento se tornava muito íntimo, que estava acostumado a dirigir o espetáculo. Conheci dois Ram Dass. O primeiro dizia apenas poucas das suas bem escolhidas palavras, e os cantos escuros da minha mente enchiam-se de luz. Esse Ram Dass foi o fator principal do meu Processo Fênix. Quando entrei nas chamas, ele foi a pedra de toque para mim. Eu sabia que ele estaria lá se as coisas ficassem quentes demais, dolorosas demais. E quando ressurgi das cinzas, ele me ajudou a continuar no caminho certo, fez com que eu fosse sincera quando o que eu queria era culpar os outros, vezes sem conta ele me fez voltar para a verdade – a verdade do momento, e a verdade do cosmo.

O Outro Ram Dass me deixava furiosa. Com esse lutei nas reuniões da diretoria e levantei os braços exasperada durante retiros, quando ele resistia às minhas tentativas de organização. Ele me acusou de ser controladora. Eu disse que ele tinha problema com mulheres poderosas, que ele gostava de bancar o menino malcriado e me dar o papel de sua mãe dominadora. Durante anos, dançamos entre apreciarmo-nos mutuamente e mantermos distância. Certa vez o ouvi dizer a milhares de pessoas em uma conferência: "A interação humana reflete uma dança entre amor e medo." Isso, sem dúvida, descrevia nosso relacionamento.

Então aconteceu uma coisa que mudou Ram Dass e também meu relacionamento com ele. Começou em uma noite, em 1997, quando ele estava na cama, em sua casa, na Califórnia, pensando em como terminar um livro que estava escrevendo sobre envelhecer. "Deitado no escuro", ele diz no seu livro *Still Here*, "imaginei por que o que eu tinha escrito parecia tão incompleto, não perfeitamente concatenado, construído, ou inteiro. Tentei imaginar como seria a vida se eu fosse muito velho – não uma pessoa ativa de 65 anos, viajando incessantemente pelo mundo como professor e conferencista, preso ao meu papel público, mas um homem, digamos, de 90 anos, com a vista e os membros fracos... Eu tentava encontrar meu caminho na velhice." No meio dessa fantasia, o telefone tocou. Ele se levantou para atender, mas sua perna parecia morta, e ele caiu no chão. Estendeu o braço para o telefone, apanhou e percebeu que não podia falar. Seu amigo, no outro lado da linha, notou que alguma coisa estava terrivelmente errada. Perguntou a Ram Dass se ele precisava de ajuda, mas não teve resposta. "Bata no telefone uma vez para sim, se precisa de ajuda", o amigo disse, e "bata duas vezes para não." Ram Dass bateu "não" repetidamente. O amigo chamou o socorro.

Quando ele chegou, Ram Dass ainda estava no chão. "Lá estava eu", ele escreve: "Deitado de costas, ainda sonhando com o homem muito velho que agora tinha caído porque sua perna não agüentou o peso do corpo... Minha lembrança seguinte é de um grupo de bombeiros, vindo diretamente do elenco central, olhando para o rosto do velho, enquanto eu observava como se estivesse em uma porta ao lado." Durante as horas seguintes, enquanto ele era levado às pressas para o hospital, atendido por médicos e enfermeiros e tratado de uma hemorragia cerebral maciça, ficou fora de cena, assistindo seu derrame com perplexa fascinação.

Só mais tarde, quando começou a sentir a dor da sua condição, Ram Dass compreendeu a gravidade da situação. Apenas dez por cento das pessoas acometidas por esse tipo de derrame sobrevivem. Sendo quem era – prático na arte da oração e da espiritualidade, uma pessoa que durante anos dava palestras sobre aceitação do sofrimento como "parte da vida" – ele considerava como certa a própria sobrevivência. Essa é uma das razões pelas quais ainda estava vivo e decidido a descobrir do que se tratava.

"Três hospitais e centenas de horas de reabilitação depois", Ram Dass escreve:

> Gradualmente entrei na minha vida de pós-derrame, como alguém em uma cadeira de rodas, parcialmente paralisado, precisando de cuidados durante 24 horas e um grau de atenção pessoal que me embaraçava. Durante toda a vida, eu tinha sido "aquele que ajuda". Cheguei a colaborar em um livro intitulado *Como posso ajudar?*. Agora me vejo obrigado a aceitar ajuda dos outros... A doença esfacelou minha auto-imagem e abriu a porta para um novo capítulo da minha vida. O derrame foi como uma espada de samurai, cortando em duas a minha vida. Foi uma demarcação entre dois estágios. De certa forma, foi como ter duas encarnações. Este sou eu, aquele foi ele.

Fazia vários anos que eu não via ou falava com o antigo "ele". Minha última comunicação com Ram Dass tinha sido uma carta enviada depois de uma reunião da diretoria. Escrevi para reclamar de alguma coisa que ele disse na reunião, e que me magoou. Ele jamais respondeu. Na próxima vez que ele veio lecionar no Omega, eu estava fora da cidade. Então, ele saiu da diretoria do Omega e eu tinha menos razão para estar com ele. Então Ram Dass teve o derrame.

Durante sua convalescença, amigos me mantinham informada dos seus contratempos e seus progressos. No princípio, ele estava ligado ao oxigênio. Não podia falar, não podia ouvir. O lado direito de seu corpo estava completamente paralisado. Os médicos não sabiam se ele poderia falar ou andar outra vez. Os amigos se revezavam ao seu lado. Mas eu não compareci porque estava ocupada com outra coisa. Uma semana antes do derrame de Ram Dass, meu pai que, aos 85 anos estava em melhor forma do que eu jamais estarei – foi esquiar como sempre fazia, voltou para casa, jantou, foi dormir ao lado de minha mãe e nunca mais acordou. Assim, sem mais nem menos, meu pai morreu. Foi um dos 90 por cento que não sobreviveram a um derrame tão intenso.

Durante meses não houve lugar no meu coração para outra coisa que não fosse a dor da perda do meu pai. Eu não podia sequer pensar em Ram Dass preso a uma cadeira de rodas, aprendendo a falar outra vez, suportando dores físicas e o sofrimento da perda. Porém, chegou o momento em que eu quis desesperadamente ver meu velho amigo. E esperei que ele perdoasse minha ausência.

Um ano depois do seu derrame, fui à Califórnia conhecer o "novo" Ram Dass. Atravessando a ponte Golden Gate, voltei ao tempo em que morava em San Francisco e conheci Ram Dass. Pensei na experiência que fez de mim o que sou hoje, e compreendi que Ram Dass fora uma parte de quase toda ela. De muitos modos, ele lembrava meu pai – o homem na frente, na trilha da caminhada, afastando os arbustos e determinando o ritmo do passo, sem olhar para trás, certo de que os outros caminhantes podem seguir sozinhos, *devem* seguir sozinhos. Quando eu tinha quatro anos, meu pai me levou ao topo de uma pista de esqui, virou meus esquis para a descida e disse: "Siga-me!" E quando eu tinha 19 anos e li *Be Here Now*, lá estava eu outra vez, no topo de montanha, com meu guia dançando para longe de mim, dizendo para segui-lo, sem olhar para trás.

Agora meu pai estava morto, Ram Dass em uma cadeira de rodas e eu dançava sozinha. Segui pelo caminho que levava ao seu chalé em Marin County, o sol luminoso da Califórnia brilhando entre os carvalhos, e vi Ram Dass na varanda, afundado na cadeira de rodas, o braço direito trêmulo amarrado na cadeira, o cabelo branco numa desordem einsteiniana. Ele olhou para mim e acenou com a mão esquerda.

– Elizabeth! – exclamou, encantado.

Prendi a respiração e as lágrimas subiram aos meus olhos. Meu coração se abriu. Senti como se estivesse voltando para casa depois de um longo exílio.

– Querido, cheguei! – exclamei, brincando.

– Sim, você chegou – Ram Dass disse, com sinceridade. – Bem-vinda ao lar.

O que se seguiu ficará gravado no meu coração como uma dessas raras ocasiões na vida em que finalmente descansamos – quando nos livramos do peso da luta e uma sensação de bem-estar se espalha como mel por todos os cantos da nossa consciência. Eu não tinha mais nenhum lugar para ir, nada para fazer, ninguém para ser – apenas agora, somente esse dia precioso, essa respiração partilhada com um amigo. Naquela tarde aprendi uma coisa que me servirá pelo resto da vida. Durante todo o tempo do meu relacionamento com Ram Dass eu estava consciente dos dois lados do homem – Ram Dass, o professor brilhante, e Ram Dass, o amigo frustrante. Agora, porém, eu estava com um terceiro Ram Dass, que parecia ser mais simples e maior do que os outros dois combinados. Não era um outro lado do homem – era sua alma, seu âmago, seu verdadeiro eu. Os outros Ram Dass se afastaram respeitosamente, como se fossem meras aparições superficiais, como se o Ram Dass "bom" fosse um fantasma temporário, formado por dons genéticos e recompensas cármicas e o "mau" Ram Dass fosse feito de defesas aprendidas, mecanismos de sobrevivência e antigos ferimentos. Esse novo Ram Dass, essa versão da alma, continha os outros dois e os havia transformado em um ser completo e luminoso. É claro que o Ram Dass que eu cumprimentava agora estivera ali o tempo todo. Não somente alguma coisa mudara nele para que a alma pudesse aparecer. Alguma coisa também tinha mudado em mim, de modo que minha alma saudava a dele e nós dois voltávamos para casa.

Ram Dass e eu teríamos muitas outras oportunidades, nos anos seguintes, de conflitos de personalidades, mas, sentados ali na varanda, na luz quente do sol, filtrada entre as árvores, nos comunicamos, alma com alma. Não apenas por um momento, mas por algumas horas, ali sentados, de mãos dadas, como dois amigos na escola.

Era difícil para Ram Dass formar frases completas. As palavras vinham devagar, separadas – como pensamentos nus e solitários, sozinhos no palco, tremendo sob a luz dos holofotes, pensamentos nus, sem os trajes da linguagem. A maior parte do tempo, Ram Dass lutava para formar as palavras, para vestir os pensamentos, porém, uma vez ou outra, uma frase completa emergia com a perfeição pela qual ele era famoso. No começo da visita, quando Ram Dass procurava as palavras, comecei a preencher as lacunas para ele. Depois de algum tempo dessa conversa embaraçosa, ele se voltou para mim e disse, com sua antiga verve:

– Agora eu falo mais devagar. As pessoas terminam minhas frases e respondem às próprias perguntas.

Fiz perguntas sobre o derrame e o que veio depois. Ele respondeu algumas. Quando não podia encontrar as palavras, eu terminava a frase para ele e, fazendo isso, respondia à maioria das minhas perguntas. Era engraçado procurar palavras para um mestre da oratória. Eu me sentia como uma impostora, roubando seus pensamentos e os transformando em seu discurso. E ele fez algumas perguntas – sobre minha vida, meus filhos e meu marido. Cumprimentou-me por um livro que eu acabava de publicar. No passado, ele não teria feito isso. Quis ouvir tudo sobre as circunstâncias das fotos que eu havia mandado para ele, de minha família em uma viagem que fizemos à Irlanda.

– Vocês parecem macacos bêbados – ele riu. – Tão felizes.

Eu disse: – Ram Dass, acho que o derrame fez você mais humano. Um ser humano mais real e uma alma mais eterna – as duas coisas ao mesmo tempo.

Os olhos dele encheram-se de lágrimas. Apertou a minha mão.

– Graça – ele disse. – O derrame é uma graça pesada. Uma graça feroz.

Ficamos em silêncio por algum tempo, digerindo as palavras.

– Antes... antes do derrame – Ram Dass continuou com sua fala truncada. – Antes... graça feliz... graça de amor... boas coisas estavam sempre acontecendo para mim. Então, derrame... coisas perdidas... também graça... graça feroz.

– Compreendo – eu disse. – O que você perdeu? O que a graça feroz tirou de você?

– Ego – Ram Dass disse, imitando o movimento de uma lâmina cortando seu pescoço. – Ego se foi. Nada mais para perder. O ego se abre... então você vê quem é *realmente*.

Talvez eu estivesse completando seus pensamentos agora, não só suas palavras, mas olhei nos olhos dele e compreendi o que ele tentava me dizer. Estava dizendo: "Este é meu verdadeiro eu. Por favor, saiba sempre que por trás de todo o meu comportamento humano... atrás do melhor e do pior de mim, atrás do ego lutando para sobreviver... está a minha alma, tentando combinar com a sua." E estava me dizendo que por trás de todo comportamento humano aprendido e estranhas excentricidades está uma alma, pronta para fazer contato ao menor incentivo, através de uma abertura no ego. Bom seria se algo menos do que uma graça feroz pudesse abri-lo.

Mais tarde, li no livro de Ram Dass uma descrição menos confusa da graça feroz:

> Para que eu visse o derrame como uma graça, precisei mudar a percepção. A mudança de passar o ponto de vista do ego para o ponto de vista da alma. Eu costumava temer coisas como derrames, mas descobri que esse medo era pior do que o próprio derrame... Recebi agora a compreensão total da graça. O que o derrame mudou foi meu apego ao ego. O derrame foi insuportável para o ego, por isso me empurrou para o nível da alma, porque quando você "suporta o insuportável" algo dentro de você morre. Minha identidade saltou e disse: "Então é isto que sou – sou uma alma!" Acabei em um lugar onde olhar do nível da alma é meu estado comum de todos os dias. E isto é graça. É quase a definição da graça. Assim, é por isso que, embora da perspectiva do ego, o derrame não tenha sido muito di-

vertido, da perspectiva da alma foi uma grande oportunidade de aprender. Quando você está seguro na alma, o que pode temer? Desde o derrame, posso dizer, com uma segurança que jamais tive, que a fé e o amor são mais fortes do que qualquer mudança, mais fortes do que envelhecer e, tenho plena certeza, mais fortes do que a morte.

– O ego. O ego – Ram Dass disse. – É como esta cadeira de rodas. É uma... é uma bela cadeira de rodas. Faça uso dela. Aproveite! Só não pense que é você... Não se considere tão, tão... pessoalmente.

Rimos quando ele disse isso. E então ficamos em silêncio juntos na luz oblíqua, até eu ir embora.

– E agora? – perguntei a Ram Dass, pensando na nossa amizade, na vida dele. – O que vem agora?

– Agora chega – Ram Dass respondeu. – É isso que vem a seguir. Isto é suficiente. – Apertou minha mão outra vez. As lágrimas desceram pelo rosto, lágrimas que diziam mais do que ele poderia ter dito antes do derrame. Lágrimas que falavam de perdão, amor e espanto. Não havia mais nada a dizer. Eu me levantei. Beijei o rosto dele, o abracei e bati com a mão na cadeira de rodas.

– Boa cadeira de rodas – eu disse.

Quando já me afastava, Ram Dass me chamou. Virei para ele.

– Adeus, Elizabeth – ele disse, acenando como um tolo. – Volte logo para casa!

ANTES E DEPOIS

Em nosso sono, a dor, que não esquece,
goteja no coração,
até que, no nosso desespero, contra nossa vontade,
vem a sabedoria por meio da terrível graça de Deus.

– ÉSQUILO

No fim de uma palestra que fiz sobre a morte e o pesar, um homem e sua mulher ficaram na sala para falar comigo. Várias centenas de pessoas tinham me assistido, mas minha atenção se voltara o tempo todo para aquele casal. Ouviam atentamente, como se suas vidas dependessem disso.

Antes de dizermos qualquer coisa, o homem me deu um cartão plastificado. Na frente, havia o desenho de um jovem seguro por uma figura angélica, contra um fundo azul-celeste. No outro lado, havia a cópia do obituário do filho deles.

– Ele tinha 21 anos – o homem disse, enquanto eu lia o cartão. Prendi a respiração. Um dos meus filhos acabara de fazer 21 anos poucos dias antes. De repente, depois de passar a tarde toda falando, fiquei sem palavras. Com minhas mãos nos ombros deles, ficamos ali, olhando um para o outro, balançando a cabeça como se estivéssemos nos comunicando por meio de uma linguagem secreta e silenciosa.

Mantive contato com Glen e Connie. Quando Glen soube que eu estava escrevendo um livro que contava histórias de casos de coração aberto por uma mudança, perguntou se podia me mandar a sua história. Muitas pessoas fizeram isso, todas as histórias me comoveram, e introduzi parte de muitas delas neste livro. A história de Glen, no entanto, precisa ser compartilhada de modo mais completo. É a história de um homem que se ergueu das cinzas de um dos mais difíceis Processos Fênix que se pode pedir a uma pessoa. Glen divide o processo que ele e sua família enfrentaram, em duas partes, "Antes e depois". Estas são as suas palavras:

Antes...

Eric e seu irmão gêmeo idêntico, Ryan, nasceram na véspera de Ano-Novo. Minha mulher, Connie, e eu vivíamos muito ocupados e muito felizes. E quando Katie, nossa bela filha, a última, nasceu, cinco anos depois, nossa vida se completou. E era muito boa. Meu bom emprego permitia que Connie ficasse em casa com as crianças e cuidasse das infindáveis atividades de uma grande família: esporte e escotismo, escola e brincadeiras no quintal. Nossa vida era dinâmica e feliz.

Com o passar do tempo, nossos filhos começaram a sobressair. Eram Eagle Scouts, campeões estaduais em esportes. Ótimos nos estudos, músicos talentosos. Tantas bençãos, tão facilmente tidas como certas. Então, Eric e Ryan foram para a universidade, um para estudar engenharia mecânica, o outro, engenharia elétrica. Os verões eram passados trabalhando arduamente para ganhar a anuidade da universidade do ano seguinte, mas sempre encontrávamos tempo para o prazer da presença uns dos outros e o verão de Maine, no lago e na praia.

Eric, por suas boas notas e trabalho, teve a oportunidade de se inscrever para um semestre no estrangeiro, e foi aceito pela Universidade de Melbourne, na Austrália. Ele partiu de avião para a grande aventura em uma bela manhã de verão. Durante cinco meses nos comunicávamos constantemente e compartilhávamos da sua aventura. Foi recrutado para jogar rúgbi no time da universidade. Formou uma banda de jazz e tocava bateria e saxofone. Escalar rochedos em Brisbane, cuidar das ovelhas em Adelaide, rali de moto no interior da Austrália. Eric amava gente, e fez amigos maravilhosos no mundo todo. E tinha um diário que – mais tarde, na parte "depois" da história – foi uma benção agridoce para nossa família. O semestre escolar terminou em novembro, e Eric tirou três semanas para viajar pela Nova Zelândia. Viajava como estudante, com mochila, dormindo em albergues para jovens e aproveitando o prazer de ser jovem e estar em uma das mais belas naturezas desta terra de Deus. Suas cartas eram freqüentes e cheias de maravilhado respeito pela majestade dos Alpes Sulinos da Nova Zelândia e suas geleiras azuis.

Um pouco antes de voltar para casa, Eric e dois amigos fizeram o mais longo *bungee* do mundo. Encontramos um videoteipe do salto entre suas coisas duas semanas depois. Ele estava bronzeado, musculoso e sorria largamente de frente para a câmera, com os braços nos ombros dos amigos. Cheio de alegria de viver. No dia seguinte, montou na moto alugada para voltar a Christchurch e tomar um avião para os Estados Unidos, de volta para nós.

O policial que trabalhou na cena do acidente disse: "Ele viajava perto do monte Cook, em um trecho seco e reto da estrada, com uma vista incrível das montanhas com os picos cobertos de neve. Ao que pudemos determinar, ele devia estar apreciando a vista distante quando caiu na vala." Estava inconsciente quando um homem que viu o acidente correu em seu socorro. E morreu naquele belo lugar.

Depois...

A agonia dos dias seguintes me chocou profundamente. Eu jamais ousara sonhar com tanta escuridão. Apoiei-me nos amigos e na família enquanto mergulhávamos no desespero. A dor terrível de ter de dizer para minha mulher e meus filhos que Eric estava morto viverá no meu coração pelo resto da vida.

Os dias começavam e acabavam com sons de pesar. O tempo entre um e outro momento de sono perturbado era preenchido com tarefas nunca imaginadas, de tristeza – providenciar a volta do corpo de Eric do outro lado do mundo; comprar um caixão e um terreno no cemitério, preparar sua roupa e planejar um serviço religioso; receber telefonemas, visitas, flores, comida, livros e cartões. Andávamos como em um sonho terrível, rezando para acordar da realidade de tudo aquilo. Naquelas semanas e naqueles meses, nossas mentes cambaleavam e recuavam, fugindo ao horror.

E acordamos, cada um de nós na sua hora.

Olhando para trás, minha vida "antes" era sobre quantidade e velocidade. Melhores empregos, casas maiores, mais coisas... mais depressa, antes, agora. Eu justificava meu estilo de vida como um meio de ser o melhor provedor para minha família. O preço era alto, mas eu paguei. À medida que minha família crescia, abandonei minha antiga carreira em biologia ambiental e aceitei uma posição melhor em uma companhia fabricante de papel. Especialmente naquela década, a indústria do papel tinha muito que fazer para limpar suas operações, e eu pensei, com alguma verdade, que não estava "me vendendo: mas trabalhando para uma mudança de dentro para fora".

Chegou, então, a oportunidade de subir na escada competitiva. Dois anos na técnica, cinco anos na produção, dois anos em vendas e um diploma de mestre do MIT. Aos 38 anos, fui tão bem-sucedido que me indicaram para o próximo passo rumo ao topo. Embora detestasse meu trabalho, trabalhava longas e frenéticas horas, aceitando tarefas ingratas (bem como bom pagamento). O processo do meu pensamento era uma constante contagem regressiva. "Só mais dez anos e, se o mercado de ações cooperar, terei minha vida de volta." Conversei com a família sobre minha insatisfação, e todos disseram que me apoiariam se eu resolvesse mudar de rumo. Mas não mudei. Eu estava controlando o universo, mantendo minha família segura e próspera e, se sacrificar meus valores e minha felicidade era o preço que tinha de pagar, que fosse. No terrível verão da morte de Eric, tentavam me convencer a aceitar a presidência e a direção geral do escritório de uma fábrica recentemente adquirida em Chicago.

Minha ilusão de controle foi destruída exatamente no dia em que Eric morreu. Minha família se esfacelou. Nenhum de nós sabia que estávamos vivendo na superfície de uma bolha, até ela estourar. Katie, que era uma talentosa e feliz professora do segundo ano do ensino médio, achou impossível voltar à vida de antes. Ryan não voltou para a universidade. Connie, sempre ativa na escola, na igreja e na comunidade, não se afastava de casa. Minha maior agonia era não poder "consertar" o desespero da minha família.

Meus colegas de trabalho procuravam, desesperadamente, fazer com que eu esquecesse o passado e voltasse "a montar outra vez". Para a maioria deles tinha a ver com o extremo desconforto que minha dor causava. Outros estavam mais preocupados com minha produtividade e a renda da companhia. Fiquei furioso quando tentaram me fazer voltar à forma antiga. Senti-me ultrajado, vendo que o mundo não tinha mudado para outros como para mim. Fiquei atônito quando vi as pessoas pôr o lucro e o *status quo* do sistema acima da perda da minha família.

Comecei a devorar livros à procura de palavras sensatas para enfrentar cada dia. Descobri que há seções inteiras de livrarias e da biblioteca pública dedicadas à perda de um ente querido. Bastou estender o braço e começamos a entender que não estávamos sozinhos na nossa dor. Muitos outros tinham percorrido esse caminho terrível antes. Então, compreendi, de forma séria e sensata, uma coisa. Antes da morte de Eric, eu havia sofrido relativamente poucas perdas. Pensava que tinha o controle da minha vida. Agora sabia que certamente não tinha. Olhei em volta para os outros – os que viviam como eu vivera até então – e tive certeza de que eles também, cada um a seu tempo, cada um a seu modo, teriam de aprender o que eu estava aprendendo.

Tentamos aprender nos livros. Isso ajudou. Mas aprendemos que as lições de dor, assim como música, medicina, arte, ser pai, ou lições de casamento devem ser *vividas* para serem completamente compreendidas. E, assim, começou nossa jornada através da "terrível graça de Deus".

Em certa época da história, a humanidade acreditava que a Terra era chata e que os tolos que se arriscassem a chegar na borda cairiam em um mundo horrível de ferozes monstros marinhos e de destruição no meio de rochedos. Estavam certos. A morte de Eric nos lançou de cabeça do nosso plano de existência para as trevas, para sermos destruídos entre as rochas. Durante semanas e meses, nos agitamos e nos debatemos de dor, submersos em agonia, sem perceber a luz, sem saber que direção tomar. Lutamos para continuar unidos. Salva-vidas lançados de cima não eram reconhecidos ou deliberadamente ignorados. Cada um de nós às vezes orava para simplesmente se afogar e acabar com aquilo. Se não fosse pelos amigos e pela família – que mergulharam no nosso sofrimento para manter nossas cabeças acima da superfície –, certamente teríamos nos afogado na dor.

Esse lugar de desespero e medo é real, não uma alegoria bonitinha. Algumas pessoas jamais deixam esse lugar, e são destruídas nas rochas. Algumas pessoas param de lutar e deslizam para as profundezas. Compreendemos que, embora não possamos controlar, temos uma escolha. Deus, Espírito, Criador, ou dêem o nome que quiserem, quer que mergulhemos nas águas escuras, mas quer também que venhamos para cima, para a luz. Deus não nos obrigará a fazer isso. Somos livres. Fomos criados assim, e essa é a nossa grande dádiva. Podemos escolher as trevas, o medo, as drogas e o desespero. Podemos escolher luz, esperança, significado e alegria.

Pela graça de Deus, escolhi a vida. Escolhi encontrar o caminho de volta para cima. Isso me ajudou a visualizar a mim mesmo saindo do mar escuro e voltando para a mesa plana da vida cotidiana. Na verdade, comecei a desenhar mesas, tentando comunicar minhas emoções mais profundas para minha mulher, meu filho e minha filha. Dei às quatro pernas de cada mesa os nomes de Fé, Coragem, Crescimento e Amor. A perna da Fé era a parte mais fraca da minha mesa. E continua a ser o foco principal da minha caminhada para a frente. Meu mantra diário é "Entregue-se e relaxe no mistério". Antes da morte de Eric, meu conceito de realidade era o de que eu era responsável por tudo que acontecia, passado, presente e futuro. Depois, contudo, reconheci que isso não podia ser verdade. Embora tivesse dedicado toda a vida a garantir o bem-estar da minha família, não consegui. Assim, agora me dediquei a ter fé na vida, não importa o que aconteça. Minhas tentativas de subir outra vez na mesa geralmente eram recebidas com silêncio e às vezes com desprezo, especialmente por meu filho Ryan, cuja perda do irmão gêmeo idêntico era algo que nenhum de nós podia compreender realmente. Mas meus conceitos e desenhos me davam um lugar para guardar meus pensamentos.

Certo dia desenhei uma mesa em um guardanapo, no restaurante, enquanto falava com um amigo. Não notei que ele guardara o desenho no bolso quando saímos, mas, na semana seguinte, ele passou por minha casa e deixou uma aquarela da minha "mesa". Ao escrever estas palavras, olho para cima da tela do meu computador e vejo o quadro. Tem uma porção de coisas escritas e é rodeado por recortes de palavras e outros quadros, pedaços da minha alma partida, unidos como um quebra-cabeças incompleto. Pedaços faltando, amputados, para nunca mais serem recuperados, maltratados e rasgados, mas valiosos, não por sua beleza artística mas por aquilo que representam. É um modelo da nossa fé, nossa coragem. Nosso crescimento e nosso amor. Nossa sobrevivência.

Seis meses depois da morte de Eric, depois de 23 anos empregado na mesma companhia e longas conversas com minha família, deixei meu emprego. Não foi um grande ato de coragem. Minha família corria perigo. Preferi a família ao emprego. Parecia a coisa certa. Depois de tantos anos tomando decisões baseadas na lógica da minha mente cognitiva, senti uma incrível euforia por ter seguido minha intuição, meu coração.

Alugamos um chalé isolado no lago para o verão. Como Eric Clapton disse depois da morte do seu jovem filho: "Por algum tempo eu apenas despenquei da beirada do mundo." Às vezes eu temia que a dor nos deformasse de tal modo que jamais tivéssemos esperança de cura. Escolhemos caminhar nas trevas e confiar que seríamos conduzidos para fora delas. Lemos, velejamos, descansamos. Comemos bem, fizemos longas caminhadas, navegamos de canoa à luz da lua, choramos um milhão de lágrimas.

Em setembro, estávamos prontos para recomeçar. Katie voltou para o colégio e para uma nova temporada de futebol. Ryan se matriculou na Universidade de Maine para outro semestre de engenharia mecânica. Connie se matriculou em um programa intensivo para voluntárias em asilos, e lecionava na escola elementar em meio período. Compramos dois maravilhosos cachorrinhos. Pintei a casa.

Comecei a pensar no que eu queria fazer com o resto da minha vida. Quando estava pronto, aceitei a vice-presidência em uma companhia sem fins lucrativos a 25 quilômetros de casa. É um trabalho significante, e tenho verdadeira paixão pela missão da companhia. É tão bom esperar pela manhã de segunda-feira, depois de tantos anos temendo a chegada de uma nova semana de trabalho. Aceitei também posições na diretoria de duas organizações da comunidade local – uma para voluntários de asilos e a outra, uma agência que presta serviços sociais e oferece oportunidades de empregos temporários para doentes mentais. Parece que tenho qualidades valiosas para esses grupos, e sinto-me satisfeito por poder contribuir onde for possível.

Ryan está começando seu último ano na faculdade, e é treinador de um time da Little League. Ele toca seu saxofone sempre que tem oportunidade, e podemos sentir sua bela alma quando o ouvimos tocar. Katie esteve na Bolívia no último verão para trabalhar com as crianças sem-teto e os pobres. Depois disso, foi aceita na Faculdade de Boston para cursar enfermagem. Sua alegria é imensa.

Connie é agora instrutora de voluntárias em asilos e acabou um programa de 16 semanas, preparando novas voluntárias para tratar dos moribundos e dos abandonados. Ela é amada por seus alunos de cinco e seis anos, pelos professores e colegas, e adorada por seus filhos e pelo marido.

Eric está sempre por perto. Nós o vemos na natureza: pássaros, borboletas, arco-íris e pôr-do-sol. Porém, sobretudo o sentimos. Somos todos Guerreiros Espirituais. Estamos acordados, e nada pode quebrar nosso círculo. Nada jamais será como antes.

UM CORAÇÃO PARTIDO É UM CORAÇÃO ABERTO

Yehudah é um rabino e terapeuta familiar que mora perto de minha casa, e seu primeiro livro, *Times Square Rabbi: Finding Hope in Lost Kids' Lives*, veio a ser um clássico no campo da recuperação. Nele, o autor mostra aos jovens adultos que lutam contra o vício como usar o sofrimento como uma escada para ascender. Sua mensagem é que, mesmo nas escuras profundezas do desespero, a luta pode fazer surgir sua verdadeira natureza. Depois de escrever esse livro, viajar pelo país, fazer palestras nas escolas, universidades e instituições para doentes mentais, Yehudah se encontrou no lado receptor dos seus conselhos. Ele escreve:

> No ano passado, em um trecho isolado de uma rodovia rural nas montanhas Catskill, eu quase morri. Viajava a trabalho, de manhã bem cedo, quando um carro vindo da direção oposta passou para minha pista a 70 quilômetros por hora e nos chocamos de frente. Foi naquela estrada que a minha vida mudou para sempre. Foi naquela estrada que aprendi a lidar com a dor enorme, diária, e a recuperar minha vida dos vidros quebrados e do metal contorcido que ficaram espalhados no asfalto. Foi naquela estrada que tirei das estantes de livros a sabedoria espiritual e a transferi para minha vida. Se jamais houve um tempo para descobrir o que sustentava meu mais profundo eu, aquele foi o momento.
>
> Lembro-me vividamente de estar deitado na sala de emergência local, antes de ser transportado de helicóptero para um grande centro médico. Meu estado não era nada agradável de se ver. Os bombeiros me retiraram do carro com as ferramentas apropriadas. O sangue cobria-me o rosto, meus dentes e meus lábios, resultado do impacto com o airbag que salvou minha via. Uma das pernas da calça rasgada mostrava uma mistura de terra e sangue saindo de um

corte profundo no joelho. A força da colisão arrancou meu fêmur da junta. Minha pélvis estava quebrada em nove pedaços; eu estava partido ao meio. Não tinha recebido nenhum analgésico, e a dor era insuportável. Rezei para desmaiar, como os caras que levam um tiro nos faroestes a que assistia quando era pequeno. Mas aquilo não era um filme.

Antes de ser transportado para o hospital, o médico da emergência me disse que eu não podia ser removido antes que meu fêmur fosse reposicionado. Rilhei os dentes e disse: "Doutor, a dor não vai me matar? E se o osso não voltar para o lugar?" Ele disse, simplesmente: "Para sua sobrevivência, tenho de fazer a redução agora mesmo." Sem nenhum aviso, o médico subiu na maca, agarrou minha perna e a empurrou para o que restava da minha pélvis. A dor foi tão forte que gritei de horror. O fêmur não foi para o lugar. Gritando e gemendo, choraminguei: "Doutor, pensei que fosse me dar um analgésico antes de fazer uma coisa dessas."

O médico olhou para mim, atônito.

– Não tomou nada contra a dor?

Imediatamente me injetaram Valium e Demerol, e ele repetiu o procedimento. Dessa vez, a perna voltou para o lugar com um estalo ruidoso. Naquele momento, embora furioso com a insensibilidade do médico, eu também estava agradecido à sua ousadia de dar o primeiro passo para me consertar. Segurei a mão dele e disse:

– Quero que saiba o quanto sou grato por sua habilidade e coragem. Mas, que diabo, nunca mais faça isso com ninguém.

Naquele momento, na sala de emergência, resolvi que, fossem quais fossem as dificuldades que me esperavam, eu agradeceria cada pessoa que cuidasse do meu pobre corpo. Honraria cada ato de bondade com palavras vindas do coração. Antes de ser operado, eu disse à minha mulher e aos meus filhos o quanto os amava. Pedi também que perdoassem qualquer negligência minha. Quando nos despedimos, eu não sabia se ia sobreviver. O médico tinha dito: "Em todos os meus anos como médico-chefe da seção de traumatologia, nunca vi ninguém tão amassado e quebrado quanto você. Acho que vai conseguir, mas será por pouco."

Então eu disse para minha mulher o quanto a amava. Desde o momento que nos conhecemos, ela foi o que o Talmude chama de minha *zivug rishon,* minha alma gêmea. Se eu ia morrer, queria que minha última mensagem confirmasse nosso amor. O Talmude insinua que uma alma gêmea é algo além de identidades pessoais. Quando saí da cirurgia, nove horas depois, ela estava à minha espera, para segurar minha mão. Os sábios tinham acertado.

Nas semanas seguintes, eu estava completamente incapaz e com dores atrozes. Tinha perdido tanto sangue que parecia que o conde Drácula me visitara todas as noites. O corte suturado e com curativo estendia-se por 50 centímetros desde o quadril até a coxa. Na parte inferior, havia um grande orifício para drenagem, aberto e exsudando. Noventa e nove parafusos foram atarraxados nos meus ossos pélvicos. Chapas de metal me mantinham inteiro. Eu passaria os sete meses seguintes deitado de costas. A morfina pingava constantemente na veia e me mantinha em perpétuo atordoamento, ali deitado, cateterizado e incapaz de virar para qualquer lado. Não podia sentar ou me lavar sem ajuda. Eram necessárias quatro pessoas para me dar banho. Eu precisava que me ajudassem a fazer tudo. E o tempo todo lutava contra uma dor incrível. Pior de tudo, eu não sabia se voltaria a andar.

Minha incapacidade total me trouxe momentos de visão espiritual. Eu me consolava sabendo que outros que enfrentaram grandes desafios em todos os tempos tinham ficado firmes e não desistiram. Mas não vou enganar vocês. Freqüentemente, eu ouvia a voz do desespero. Ela murmurava que a dor era demais, que eu não podia e não queria continuar. Então decidi ouvir outros murmúrios. Antigos ensinamentos ganharam novo significado. Quanto mais eu vivia o momento, menos preocupado ficava e menos chorava. Eu saboreava especialmente as palavras de dois grandes sábios, o rabino Yochanan e o rabino Eleazer: "Mesmo que a espada esteja no seu pescoço, não deixe de orar por compaixão e misericórdia." Pedir compaixão e misericórdia na pior fase do meu sofrimento era muito reconfortante. Na minha prisão da dor, eu nunca estive sozinho.

Havia momentos, tarde da noite, em que me admirava de estar naquela situação. Durante anos, eu dera conselhos sobre coisas daquele tipo, e agora estava descobrindo se podia seguir meus próprios conselhos. Era uma maravilhosa mudança de papéis. Eu não era mais o que cuidava dos outros, mas o que recebia cuidados.

A reabilitação pós-cirúrgica é a primeira parada para os gravemente feridos. Isso se tornou meu novo mundo, e seus habitantes, minha nova comunidade. Alguns dos meus companheiros eram amputados. Outros tinham sido literalmente eviscerados e suturados de novo, com cicatrizes que superavam de longe a minha. Havia pessoas com trauma craniano e pessoas com os membros esmagados como eu. Meus novos professores eram a Dor e o Sofrimento. Deixem-me dizer que no auge de uma crise não existe nenhuma transcendência. Quem disser algo diferente está pregando uma peça em você. O sofrimento é muito real e o medo, seu companheiro. O medo é um ladrão sorrateiro, que rouba momentos preciosos da sua vida. Passava grande parte do meu tempo tentando descobrir um meio de lidar com ele de modo mais eficiente. Depois de semanas de trabalho, finalmente joguei o medo para um canto. O segredo era não lutar contra a dor, mas abraçá-la. Quando fiz isto, comecei a encontrar minha força.

Se eu pudesse destilar tudo o que tem sido escrito sobre a dor, simplesmente diria que o sofrimento e a crise nos transformam, nos deixam humildes e trazem à tona o que mais importa na vida. Acidentes nos abrem para um mundo de significados. Mesmo assim, é um modo diabólico de ser abençoado. Mas é por isso que essas coisas se chamam "acidentes", porque ninguém, em sã consciência, jamais pediria bençãos e significados desse tipo! O Talmude chama a atenção para o fato de que, assim como abençoamos o bem, devemos abençoar o mal. Sempre achei esse conceito muito profundo. Mas só agora compreendo realmente o quanto é importante ceder a todas as bençãos da vida – as "boas" e as "más". Nada do que acontece é para ser ignorado. Tudo exige atenção e cuidado. Jóias espirituais podem ser recuperadas de desafios difíceis. Ou, como disse certa vez o grande mestre hassídico Reb Dov Ber de Mezrich: "Às vezes precisamos filtrar as cinzas para encontrar uma única centelha."

Como foi estranho que uma coisa tão brutal trouxesse tantas mudanças profundas na minha vida. Evidentemente há um mistério aqui, que as palavras de Chesbon Hanefesh ajudam a esclarecer: "Deixando de aceitar seu sofrimento, a dor que você sente será muito mais aguda e severa." Desde o começo, tentei aceitar que onde eu estava era exatamente onde devia estar. Isso libertou minha mente para procurar a cura. Abriu novas portas para o reino espiritual, novas portas para a contemplação e a meditação. Há uma conexão profunda entre despedaçado e espírito.

Na cama do hospital, e depois na minha doméstica cama hospitalar, na nossa sala de estar, tudo a que eu estava acostumado desapareceu. Nada de planos, nada de sonhos, nada de visões do que eu ia fazer e ser em seguida. Acreditem, sou uma pessoa muito ativa, e me ver privado de tudo isso era assustador. Para me curar, eu sabia que precisava estar no presente e abandonar tudo que eu julgava ser, tudo que eu pensava fazer com minha vida. Abandonar tudo isso foi muito comovente. Mas não deprimente. O rabino Scnhuer Zalman deixa muito claro quando escreve: *"Um coração partido não é o mesmo que tristeza. Tristeza é quando o coração está frio como pedra e sem vida. Ao contrário, há uma vitalidade incrível em um coração partido."*

No meio do mistério da dor, colhi esta jóia preciosa. Colhi também o amor e a beleza aqui mesmo, neste mundo. Posso ter ficado com um corpo e um coração partidos, mas posso também afirmar que tive mais amor e compaixão por mim e à minha volta do que jamais imaginei existir.

O pessoal do hospital muitas vezes perguntava por que eu parecia tão feliz quase o tempo todo. Eles diziam: "Veja o que aconteceu com você. Como ainda consegue sorrir?" Na verdade, a pergunta era dirigida não a mim, mas a eles mesmos. Estavam perguntando: "Seria possível para mim estar feliz, se estivesse no lugar de Yehudah?" Acho que todos nós temos essa dúvida. Imaginamos como responderemos a uma grande crise. Imaginamos se nos deixaremos vencer. Como suportaremos a dor? E, além disso, imaginamos se seríamos realmente capazes de recondicionar e endireitar nossa vida se fôssemos apanhados por uma serra circular.

Há três obstáculos principais para superar uma crise: lidar com a dor, trabalhar com sua atitude e usar a crise como um chamado para acordar e fazer uma faxina.

Dor

O tratamento dor é um ponto importante no hospital para quem sofre de dor crônica e debilitante. Se a dor não for devidamente tratada, é extremamente difícil se curar ou se manter são de espírito. Porém, não quero dizer que se a dor for bem tratada, sua vida será refeita. Nada pode estar mais longe da verdade. Infelizmente, vivemos em um mundo onde temos tanto medo de ensinamentos para suportar o sofrimento que organizamos nossa vida anestesiando as mensagens de nossa ansiedade e nossa dor. Muitas das pessoas que conheci na enfermaria de trauma fugiam de volta para suas cavernas de negação logo que eram medicadas, e a dor desaparecia. Existe a dor física e a dor psíquica. Não confundam as duas, nem pensem que quando a dor física se vai você ficará bem psiquicamente. Quanto mais tempo evitarmos lidar com nossa vida, mais problemas encontraremos no fim. Os problemas não esperam para chegar rugindo como monstros devoradores.

Atitude

Onde está sua atitude, aí estará você. Onde está sua atitude, aí estará sua conscientização. Não importa o que tenha acontecido na vida, você pode escolher o que quer ser. Deixando-se guiar por seus valores mais íntimos, você abre a porta para uma profunda benção espiritual – a benção de viver o momento com graça, dignidade, calor, bondade e compaixão. Porém, não quero que pensem que atitude é igual a perfeição, transcendência ou qualquer outro sentimento que passa por espiritualidade. Saiba que em certos momentos da crise você literalmente se entrega. Isso certamente aconteceu comigo, e não me envergonho de dizer. Afinal, pertenço à escola da imperfeição.

Despertar e fazer faxina

Durante a minha crise, abandonei a prática espiritual e abracei a vida real. Minha prática espiritual se transformou nas mudanças reais que eu precisava fazer no meu coração. A idéia de uma mudança real é extremamente assustadora. Quando você é apanhado no ciclo massacrante de uma serra circular da vida, você se vê frente a frente com algumas questões importantes. O que é realmente importante para mim na vida? O que exatamente preciso aprender, mudar e transformar no meu interior? Com quem ou com o que obterei direção e motivação?

No meu caso, tomei a decisão consciente de ficar com minha essência, deixar que sua luz interior fosse meu guia. E, mais do que tudo, fui motivado por meus filhos. Eu queria que eles vissem o que é possível em tempos de crise. Queria que soubessem que seu pai achava que valia a pena, mesmo no meio do inferno, ser uma pessoa que não desiste do que é precioso na vida. Minha prática diária agora é limpar continuamente as câmaras do meu coração – dar e receber amor, estar presente comigo e com os outros, não mais fugir, me preocupar ou adiar. Posso agir imperfeitamente, mas tento agir de forma destemida a partir dos meus valores essenciais.

Não se enganem e pensem que o Espírito está em outro lugar, em outras experiências mundanas, em grandes acontecimentos ou visões extasiadas. A mais profunda experiência da vida é a alegria que enche nosso coração quando amamos e damos aos outros. Pergunte a qualquer pessoa que luta contra uma doença catastrófica. Ou a todos os meus amigos da enfermaria de trauma, e eles dirão que vivem para um abraço, ou para trocar uma palavra de graça um com o outro. A ironia não pode mais ser perdida em mim. Quando a crise explodiu em minha vida, nasceu o que havia de melhor em mim. Descobri do que sou realmente capaz. Descobri quem eu sou realmente.

11 DE SETEMBRO

Há um belo hotel perto de onde eu moro que se intitula "A mais antiga estalagem da América". George Washington foi um dos hóspedes e podemos imaginá-lo ao jantar com amigos na sala dos fundos, onde o teto é tão baixo que até as pessoas de pouca altura têm de se curvar para entrar. Jantei lá uma noite, em meados de setembro, poucos dias depois dos prédios do World Trade Center serem atingidos e destruídos por dois aviões seqüestrados. A cidade de Nova York fica a menos de 140 quilômetros ao sul da estalagem, seguindo diretamente o rio Hudson. Há uma boa chance de que um dos aviões que saiu de Boston naquele dia fatídico tenha sobrevoado uma das mais antigas estalagens da América onde George Washington se hospedou há mais de 250 anos.

Antes do jantar, passei a maior parte do dia sozinha, tomando o sol ironicamente suave de setembro. Ao observar os enxames de abelhas amarelas nas últimas flores da estação, não pude deixar de pensar naqueles aviões e nas pessoas que estavam dentro deles. Um estranho tipo de amor e dor entrou no meu coração partido e saiu dele, misturando-se com minhas lágrimas. Embora sozinha, senti a presença de milhões de outras pessoas em todo o continente. Era como se tivéssemos passado o dia juntos, bebendo no mesmo copo. Era como se tivéssemos comparecido ao funeral de três mil pessoas e da ingenuidade de nossa nação. No fim da tarde, quando o sol baixo e oblíquo iluminava as primeiras cores douradas das folhas de outono, eu tinha chorado até mergulhar em um silêncio de espanto.

Quando meu marido e eu chegamos na estalagem para nos encontrarmos com amigos e jantar, eu estava emocionalmente exausta, tão crua e aberta como nunca antes. Talvez depois do parto eu tenha ficado assim tão crua, ou quando meu pai morreu. Nessas ocasiões, também toquei naquele lugar misterioso onde o amor e a dor se cruzam e abrem o coração. Nesse estado, a última coisa que eu queria era sair para jantar, com um grande grupo de pessoas, mas isso estava planejado havia semanas, e esperávamos convidados de fora da cidade.

Nós nos reunimos em volta de uma mesa grande na sala de teto baixo. Sentei-me ao lado do meu marido que, desde o dia 11 de setembro, assumira o papel de meu anjo da guarda. Ou melhor, eu o tinha designado para esse papel. Ou, talvez, eu tivesse finalmente percebido quem ele era de fato. Na verdade, desde o 11 de setembro, eu percebia o quanto era fraca minha percepção da maior parte das pessoas, quão pouco de suas almas eu normalmente permitia que tocasse a minha, a rapidez do meu julgamento, desse modo diminuindo sua humanidade. Fosse meu marido, meus amigos ou o presidente dos Estados Unidos, eu estivera adormecida para a verdade de quem eles realmente são. Estivera sonambulando ao lado de outros sonâmbulos. Na vaidosa complacência da vida diária, estávamos todos adormecidos, quase dopados em um estupor, insensíveis aos melhores sonhos e à boa vontade de cada pessoa. Será que começávamos a acordar?

Na verdade, me surpreendi orando pelo presidente naquele dia, um homem pelo qual eu jamais rezava, a não ser para pedir a Deus que arranjasse outro emprego para ele. Agora, contudo, ele e a mulher estavam muito perto do meu coração. Eu os imaginei indo para a cama, à noite, abraçando-se no escuro, falando dos seus temores e dos seus planos. Em lugar de focalizar meu desprezo pelo presidente – e o que eu via como sua peculiar combinação de superconfiança e incompetência –, agora eu queria rezar para que ele crescesse em sabedoria e humildade. Rezei para que ele usasse aquela catástrofe para conduzir nossa nação a um processo de auto-exame. Mesmo que minhas preces não fizessem diferença na transformação do presidente, sem dúvida fariam diferença na minha. Eu estaria trocando amargura por esperança, e um coração fechado por um mais espaçoso.

Isso era novo para mim. Normalmente eu assistia ao noticiário da noite como se fosse um evento esportivo e eu uma torcedora agitada na arquibancada, torcendo para que um time jogasse mal e perdesse. Agora, porém, minha lealdade se ampliava. Eu não queria que ninguém deixasse cair a bola. Torcia por todos os times – por aquilo que Martin Luther King Jr. chamava de "vitória dupla". Eu não queria mais que meu ponto de vista míope prevalecesse. Onde havia lacunas na minha compreensão, eu queria ser convencida por aqueles que sabiam mais do que eu. E onde minha sabedoria pudesse ver a luz, eu queria encontrar um meio eficiente de comunicação. De repente, via o que um desperdício enorme de energia e de criatividade pode fazer no sentido de endurecer um coração, e o grande ato de coragem que era admitir a própria superconfiança e inaptidão.

Minha oração era assim:

Por favor, me ajude a abandonar minha aversão por aqueles com opiniões e sistemas de crenças diferentes – o presidente, por exemplo. Por favor, ajude o presidente e sua equipe a fazer o mesmo. Ajude todos nós a ter como objetivo uma vitória da qual possamos sair com nossas perspectivas ampliadas e como parte de uma solução duradoura. Por favor, ajude-nos a focalizar menos o objetivo de mudar um ao outro e mais em ver um ao outro e ajudar uns aos outros.

Olhei em volta da mesa, primeiro para meu marido, o anjo da guarda, cujo abrigo espiritual eu tantas vezes ignorava, enquanto desfiava minhas ladainhas de queixas e exigências. Ao lado dele estava uma escritora muito conhecida, conversando com as pessoas que a rodeavam, parecendo mais uma menina atônita do que a forte autoridade que tinha se tornado. À nossa frente, estavam dois velhos amigos confiáveis, com os quais eu podia contar para reforçar minhas opiniões sobre várias coisas: política, arte, cultura. Eram ambos escritores e autoridades culturais – pensadores profundos que tinham passado a vida toda trabalhando a favor de causas políticas. Ao lado deles, estavam colegas de trabalho, duas pessoas cuja atitude normal era de brincadeiras bem-humoradas. Naquela noite, entretanto, pareciam um par desanimado e triste. Tive a impressão de que estávamos apenas tentando compreender, todos procurando alguma espécie de âncora em um novo mar de impotência.

Enquanto esperava que o jantar fosse servido, fui dominada por imagens das pessoas no avião arremessado contra o Pentágono – como se um padrão emocional do tempo tivesse entrado na sala reservada da estalagem. Tive de pedir licença e fui ao banheiro, para sentar em um cubículo e chorar. Algumas pessoas naquele vôo deviam ter compreendido que eram parte de um golpe terrorista, quando o avião se dirigia ao alvo. Alguns tinham telefonado para seus familiares antes do choque. Teria sido como estar consciente não apenas da iminência da própria morte, como também do seu grave significado?

Sentada no cubículo do banheiro, pensei no mistério que separa as almas no tempo e no espaço, e agradeci àqueles passageiros. Não sei por que agradeci – talvez por sua dignidade, porque sentia que haviam morrido com coragem, e com compaixão uns pelos outros. Por alguma razão que nunca compreenderemos, aquelas pessoas estavam naquele avião. Tinham realizado seus destinos como realizaremos os nossos. Tudo que eu podia fazer agora era ser testemunha e acreditar que cada um de nós é parte da mesma história – um mito com uma trama complexa, sublinhada por um tema de nascimento e morte, redenção e evolução.

Quando voltei para a mesa, meus dois amigos escritores falavam de Barbara Olson, a conservadora comentarista da televisão cujo marido, Theodore Olson, defendeu o caso de George W. Bush na Suprema Corte durante a controvertida eleição presidencial de 2000. Barbara Olson estava no avião que se chocou contra o Pentágono. Ela telefonou do celular para o marido para perguntar o que devia fazer, para se despedir, para dizer que o amava. Seu destino me pareceu especialmente comovente. Ela foi uma das pessoas a quem agradeci, com quem eu acabava de falar.

– Você não acha que foi completamente impróprio o juiz Clarence Thomas da Suprema Corte fazer o panegírico no memorial de Olson hoje? – perguntou um dos meus amigos.

– Isso mesmo, fiquei furioso quando o vi lá – disse o outro. Como animal político que sou, eu sabia que o juiz Thomas era amigo íntimo dos Olson. Eu sabia disso porque durante a campanha eleitoral de 2000 fiquei grudada à televisão e lia dois jornais por dia. Eu queria saber tanto quanto possível sobre o "inimigo". O fato de Thomas estar no funeral devia ter sido uma prova amarga da cumplicidade da Suprema Corte na eleição do presidente. Porém, naquele momento, eu acreditava que Clarence Thomas era apenas amigo de Ted Olson, um homem em quem Ted precisava se apoiar. Erguendo os véus que cobriam os olhos do meu coração, eu havia também retirado as luvas de lutadora.

Porém, a conversa tomava outra direção. Os campos tinham sido estabelecidos, a acusação previsível, determinada. De repente, me senti perigosamente alerta. Eu estava como um fio elétrico cortado pela tempestade, exposto no chão, rezando para que ninguém me tocasse, certa de que seria capaz de dar choques elétricos no corpo do tolo que chegasse perto das minhas pontas cortadas. Esperando mudar de assunto, voltei-me para meu amigo e perguntei: – Não podemos deixar que Ted e Clarence sejam apenas duas pessoas hoje? Só por um dia? Talvez por uma semana? Não podemos conceder a eles sua humanidade, no seu momento de perda?

– Não, desculpe, mas não posso – disse meu amigo, parecendo traído por minha repentina demissão da política partidária. – Não depois dos seus golpes sujos. Não depois daquela eleição. Eles são hipócritas e criminosos. – Outros concordaram e, enquanto o jantar prosseguia, a conversa voltou aos meses e aos anos anteriores a 11 de setembro, quando eu desfrutava do luxo de ter opiniões obstinadas. Agora as convicções de mentes fechadas me perturbavam. Qual era a diferença daquela espécie de desafio provocador e daquela virtude inflexível dos terroristas? Para minha surpresa, levantei-me.

– Não sei mais o que pensar – eu disse. – Sei apenas que muita gente está sofrendo hoje. Muita gente está sempre sofrendo. Sejam republicanos ou democratas, muçulmanos ou cristãos, homens ou mulheres, não importa. Se não podemos sentir compaixão agora, quando vamos sentir? Não vêem como é importante ver uns aos outros primeiro como seres humanos? Não estão vendo o que acontece quando expulsamos uns aos outros dos nossos corações? Não vêem isso? – A essa altura, eu estava chorando e dando um espetáculo.

A garçonete se aproximou. Ela estivera ouvindo em silêncio, interrompendo seu trabalho em uma mesa próxima. Ela também chorava. Passou o braço em volta dos meus ombros.

– Eu trabalhava durante a semana no Janelas para o Mundo – ela disse, referindo-se ao restaurante no último andar do World Trade Center. – Perdi 50 amigos na terça-feira. Estavam servindo o café da manhã. – Um silêncio caiu sobre a mesa, como chuva em campo seco. – A única coisa sobre a qual deviam estar falando esta noite é o quanto a vida é preciosa. Como são felizes por estarem vivos. Como é importante amarmos uns aos outros. – Sempre com o braço em volta dos meus ombros, ela continuou: – Como são felizes – repetiu num murmúrio, com as lágrimas descendo-lhe pelo rosto. Então, enxugou os olhos no avental e começou a tirar a mesa.

Passamos nossos pratos para a garçonete como crianças no fim de uma refeição. Ninguém disse nada. Uma tristeza quieta – quase sagrada – envolveu todos sentados à grande mesa da mais antiga estalagem da América. Naquela mesma sala, americanos tinham comido, discutido e crescido durante dois séculos e meio de guerra e de paz. Nós éramos os seguintes na fila da grande experiência. Será que poderíamos ajudar nosso país e nosso mundo, transformar o terror em compreensão, o ódio em compaixão, a perda em mudança? Poderíamos trazer à tona o melhor de cada um, em vez de levar nossos compatriotas para cantos defensivos?

Ficamos em silêncio contemplativo até meu amigo dizer: – Considero-me corrigido. Corrigido por uma mulher valorosa e uma garçonete. – Todos riram, até a garçonete, mas o jantar tinha acabado e estávamos prontos para partir.

Retornando para casa, na noite morna de setembro, meu pensamento voltou às pessoas nos aviões e ao momento em que compreenderam que estavam cruzando o espaço a caminho da própria morte. Deixei solto meu apego à vida até chegar àquelas pessoas, compartilhando o espanto, finalmente compreendendo o segredo – o mesmo segredo que todos nós conheceremos quando a morte estiver apenas à distância de mais um suspiro. No fim, o que importa é quanto amamos – nossos filhos, nossos companheiros, nossas famílias, nossos amigos, todos que conhecemos, todos que viajaram conosco na breve visita a este lugar encantador e insuportável. O que importa é o bem que fizemos, não o bem que esperávamos que os outros fizessem.

Seiscentos anos antes do nascimento de Cristo, o sábio chinês Lao Tzu aconselhava: "Em tempos de adversidade, faça progressos enérgicos para o bem." Este ainda é o verdadeiro trabalho possível: cada um de nós opor à maldade que há no mundo a bondade que existe em nossos corações. Cada um se livrar energicamente dos hábitos cansados e das lealdades esgarçadas, substituindo-os por maiores e mais amplos círculos de inclusão. Para mim, estava na hora de admitir o maior número possível no círculo da família e da tribo: o presidente, os pobres do mundo, os enrijecidos pelos anos de guerra, os cruzados de visão curta dos grandes conglomerados, devorando os recursos do mundo, os intolerantes fanáticos religiosos, apegando-se a respostas simplistas em um universo misterioso. Alargando o círculo, eu ainda era capaz de manter minhas convicções. O que devia abandonar era a raiva e o julgamento. O que precisava adotar era visão e humildade.

No interior escuro do carro, deixando meu anjo guardião me conduzir na noite, senti a mão de Deus mudando meu pensamento a respeito de tudo, como se Deus fosse uma garçonete, tarde da noite, na luz fraca de um bar, e eu um copo de vinho que ela enxugava, segurando a haste do meu coração, virando-me para lá e para cá, retirando a camada fina da frente da minha visão, para que um dia eu possa ver o mundo do modo que ela vê.

CORAÇÕES IMPERFEITOS

Conheci Sharon em uma das minhas primeiras oficinas no Omega. Embora não falasse muito, alguma coisa nela me comoveu, e lembrei-me imediatamente dela quando recebi sua carta logo depois. Sharon era mais velha do que eu, e uma bem-sucedida terapeuta familiar. Mas, mesmo assim, confiou a mim seu coração. Começamos uma correspondência que dura há anos. Em uma carta recente, pedi que ela contasse sua jornada desde que nos conhecemos. Aqui está a resposta:

> Eu tinha 45 anos naquela época – 45 anos perdidos. Por fora, eu era mulher de um médico, mãe de dois filhos, uma profissional respeitada. Por dentro, contudo, meu casamento estava em péssimo estado, meu trabalho não tinha mais sentido, meus filhos estavam crescidos. Sentia-me como se estivesse andando na água de um pequeno lago estagnado. Eu realmente não sabia como continuar.
>
> Então recebi o telefonema. Meu filho de 20 anos, Geoff, que estudava na Itália, fora encontrado morto em Roma, na margem do Tibre. Ninguém sabia o que tinha acontecido. Para sempre um mistério. Ataque de asma, provavelmente, quando estava sentado no muro, à noite. Caiu e ninguém ouviu seu grito. Disseram que ele tinha um galho de árvore na mão. Eu não suportava pensar naquilo, mas durante o ano seguinte fui atormentada por imagens do meu filho caindo, agarrando o galho, caindo, sofrendo. Foi realmente um tempo de trevas inimagináveis. Eu queria morrer, porque viver era muito doloroso. Nunca me ocorreu que um dos meus adorados filhos pudesse morrer antes de mim. Eu amava Geoff mais do que posso dizer. Eu precisava dele. Mas não sabia disso então. Eu não sabia de nada. Esse foi o começo de uma nova vida.

A morte de Geoff foi o evento que abalou o mundo interior de Sharon. Foi o ponto a partir do qual ela fez as principais mudanças no casamento, no trabalho e no seu mais profundo senso de si mesma. Durante algum tempo, Sharon espiralou para baixo, na dor, e, uma vez ali, enfrentou a morte da sua sexualidade, a dor no casamento e o medo da vida. Para ela, era como se sua vida não pudesse sobreviver à morte de Geoff. "Sua morte trouxe o espelho de minha dor", Sharon escreve, "de um modo que nada poderia trazer. Um espelho de dor que refletia mais dor – como um espelho do parque de diversões distorcendo e aumentando as coisas, tornando-as mais assustadoras."

De certa forma, a morte de Geoff foi a morte de Sharon. Mas foi também seu renascimento. Levou-a para as sombras, onde ela recuperou parte de si mesma, necessárias para viver outra vez. Enquanto algumas pessoas se recuperam de um Processo Fênix em uma questão de meses ou em dois anos, outras levam mais tempo, um longo, longo tempo. Respeito as pessoas que continuam com o processo o tempo necessário para submergir curadas e completas. Admiro as que vão contra as expectativas culturais de que devemos nos mover rapidamente depois de uma perda enorme, como a morte de um filho, o fim de um casamento ou de uma carreira. Se não sofrermos uma perda totalmente, até o fim, ela esperará por nós. Não se dissipa e desaparece. Ao contrário, infecciona e experimentamos o sofrimento mais tarde, sob muitas formas.

Durante algum tempo, Sharon deixou o marido e experimentou uma vida sem ele. Sua corajosa jornada levou anos. Levou-a a lugares que jamais tinha explorado, e finalmente devolveu não só seu casamento, como também uma forte noção de quem ela é, do que ela ama e o que pode dar ao mundo. Hoje é uma poetisa premiada, professora de jovens mulheres presidiárias, uma esposa agradecida e avó orgulhosa e amorosa de dois filhos do seu outro filho. Ela escreve:

> Não se engane, eu ainda estou lutando. Mas as recompensas são claras: estou toda aqui, consciente do que acontece em mim, em minha vida. Não estou mais escondida, portanto tenho escolhas. Não preciso ser puxada para as sombras outra vez para renascer. Es-

colhi estar casada com meu marido agora. Estou com os dois pés firmes no relacionamento, algo que nunca estive antes. Amo tudo que meu marido é, de todo coração. Amanhã Geoff faria 32 anos e, depois de todo esse tempo, não mais desejo que ele estivesse vivo, como antes. Às vezes sinto uma tristeza enorme por todas as minhas perdas, pela perda dele, pela perda da minha juventude, pelas chances perdidas.

Porém, mais do que isso, sei que este é o meu caminho, e as dificuldades que aparecem são minhas professoras. Acho que estou dizendo que o resultado final de tudo isso é que posso lidar com a impermanência da vida de modo muito melhor do que lidava antes da minha morte "espiritual". Eu estou realmente aqui.

Lembro-me de outra mulher em uma das minhas oficinas, incapaz de consagrar uma grande perda a uma igualmente grande mudança interior. O marido tinha morrido recentemente, e ela ficara com os filhos dele já crescidos, de um casamento anterior. Durante a oficina, essa mulher chorou amargamente e confiou ao grupo que jamais se perdoaria por não ter sido tão bondosa para o marido quanto devia, em todos os anos do seu casamento. Ele sempre quis que ela aceitasse seus filhos, mas ela não conseguiu. Era difícil demais. Agora ele se fora, e era tarde demais. Ela o tinha desapontado. Eu lhe disse que ainda podia corrigir o erro, aceitando e amando seus enteados agora. Mas ela disse que não era possível – eles exigiam dinheiro dela e tornavam sua vida infeliz. Porém, na oficina, ela chorava toda vez que lembrava como havia tratado o marido e sua família.

Se não estivermos dispostos a enfrentar a verdade sobre nós mesmos, a verdade que uma perda revela, desperdiçaremos uma oportunidade rara e preciosa de transformação. Nossa dor, embora profundamente sentida, corre o risco de se tornar uma fuga sentimental da parte mais significante da jornada. Quando fazemos o trabalho difícil de um Processo Fênix, quando perdemos alguém que amamos, somos abençoados com mais amor do que jamais imaginamos existir. Em um belo poema intitulado "As I Walked Out One Evening", W. H. Auden expressa em poucas linhas o que, para mim, é a essência do Processo Fênix:

Oh, fique na janela
Enquanto as lágrimas escaldam e começam;
Você vai amar seu vizinho imperfeito
Com seu coração imperfeito.

Um coração imperfeito por causa de uma perda e uma mudança é um coração que pode amar o mundo e seu povo menos do que perfeito. Uma mulher que perdeu o irmão em 1995, quando o Edifício Federal Murrah foi bombardeado na cidade de Oklahoma, escreve: "O que aconteceu foi terrível, mas agora é diferente para mim. É uma vida mais profunda. Uma vida de conexão com pessoas em um nível mais real." Sharon concordaria com isso, bem como outras pessoas cujas histórias compartilhei nesta parte do livro. A parte seguinte é a história do meu Processo Fênix, que reformulou meu coração e me levou a uma vida mais profunda.

PARTE III

O Amante Xamã

Sobreviver ao Holocausto, suportar a perda de um filho, aprender a viver com uma doença incurável, testemunhar o terror, sofrer trauma – esses são Processos Fênix no seu auge. Passe por isso com o coração aberto, e estará iluminando o caminho do bosque para todos nós.

Meu Processo Fênix nem de longe foi tão grave. Contudo, até hoje, o fim do meu casamento e a dissolução da minha família são os eventos que provocaram em mim uma mudança que nada mais poderia provocar. Não creio que seja a única a considerar um relacionamento íntimo um poderoso catalisador do crescimento e da transformação pessoal. Embora meu coração tivesse sido partido e aberto por muitos eventos profissionais e do mundo em geral, nada o despertou tanto quanto a dor de uma família desfeita. Nada me deu tanta força quanto o tempo que passei sozinha, em conseqüência da ruína do meu casamento. E nada deu mais força à minha paixão pela vida do que o despertar da minha feminilidade. Nenhuma surpresa nisto: as maiores histórias já contadas traçam um caminho nas paisagens ardentes e exaltadas do amor romântico.

Para muitas, muitas pessoas, um relacionamento testado ou fracassado é o portão para o mais formativo Processo Fênix. Há algo de primitivo – até perigoso – nesse tipo de experiência. Paixão, sexo e o lado escuro de um caso de amor podem acender um coração ressequido e transformar uma vida em cinzas. Ao mesmo tempo, o despertar de Eros no corpo e no coração faz reviver a água da alma e nutre o renascimento. Este é o clássico processo da descida e da ressurreição – onde a vida ressurge da morte.

O resultado do meu Processo Fênix foi o fim do meu casamento e o começo de uma nova vida. Sei de vários casais, porém, cujo relacionamento sobreviveu ao processo e, juntos, os parceiros recomeçaram a vida. O que queima e morre no Processo Fênix não é necessariamente o relacionamento em si, mas os ideais não testados, as verdades não ditas e a energia reprimida dos amantes. O que ressurge das cinzas são indivíduos mais vitais e amadurecidos, que aprenderam a dar e receber a dádiva do amor.

Duvido que haja um modo claro e fácil de sair do meio da dor de um relacionamento desfeito. Dor de coração é algo confuso que geralmente arrasta uma família inteira para o drama. Por isso, muitas pessoas preferem a estabilidade de um relacionamento murcho, ao caos que pode acontecer se um dos amantes, ou ambos, enfrentar o que realmente deseja da vida. Às vezes as pessoas procuram em outros lugares – trabalho, filhos ou arte – a vitalidade que tanto anseiam. Não faço nenhum julgamento a respeito disso. Apenas conto minha história, a história de uma mulher cujo coração estava envolvido em si mesmo até ser partido, aberto e começasse a florescer.

DEIXANDO A CASA DE MEU PAI

Há alguns beijos
que queremos
com toda a nossa vida.

– RUMI

Tenho três irmãs e três filhos. Cresci em uma família de mulheres e criei uma família de homens. Agora minha casa e meu escritório são ocupados especialmente por homens. Quando eu era pequena, entretanto, meu mundo girava em torno de meninas e mulheres. Nossa casa era cheia delas – minha mãe, minhas irmãs, nossas amigas, minha avó e minha tia-avó. E um homem, meu pai. Superado em número, mas mesmo assim o sol em nossa galáxia, meu pai mantinha a distância. Sua vontade prevalecia, embora filtrada por uma atmosfera feminina e obedecida com uma combinação combustível de respeito e ressentimento.

Meu pai era um homem de paixões variadas. Adorava a natureza, gostava de ler, discutia política, colecionava coisas supérfluas, consertava coisas em casa, de modo imaginativo e descuidado. Pode-se dizer que era um lobo solitário. Porém, considerando a realidade (marido, pai, diretor criativo de uma agência de publicidade de Nova York), ele tolerava as inconveniências de uma família e reservava o charme para as ocasiões sociais. Manejava relacionamentos assumindo o controle.

Minha mãe nos explicava o comportamento agressivamente egocêntrico do meu pai dizendo que ele era filho único, como se isso justificasse seus modos autoritários. Quando ele estava em casa, tudo era exclusivamente ao seu modo. Nada de dormir tarde, nada de tardes ociosas, nada de tagarelar ao telefone e nada de "conversa de mulher" durante as refeições. Nos fins de semana, nos tornávamos membros do seu regimento e ele, o capitão. Se ele quisesse escalar uma montanha em New Hampshire, reunia a mulher e as três filhas, seguia de carro para o norte durante cinco horas e nos fazia marchar para cima e para baixo nas montanhas White durante alguns dias. A ninguém era perguntado se queria acompanhar meu pai; tínhamos de fazer o que ele fizesse, sem nos queixarmos. Para ele, não fazia diferença se alguém estava resfriada, precisava fazer o dever de casa ou comparecer a um evento social. Se ele ia, nós íamos.

Foi assim que passei a infância, embora algumas vezes, em vez de escalar, esquiar ou caminhar nas montanhas, ajudássemos nosso pai na sua horta e no seu jardim, ou percorrêssemos quilômetros nas dunas, à procura de um local na costa do Atlântico onde não houvesse ninguém. Nós, as meninas (como era chamado o resto da brigada), nos queixávamos com nossa mãe por termos de sair de casa quase todos os fins de semana, perdendo festas de aniversário, peças no teatro da escola e por sermos expostas ao mau tempo em todas as estações. Por outro lado, também admirávamos as excentricidades destemidas do nosso pai. Passamos a amar o ar livre, mas não tínhamos tanta certeza sobre o que sentíamos por nosso capitão.

Eu tinha mais certeza dos meus sentimentos pelos membros femininos da família. Minha mãe era uma mulher fora do comum para a época, com muitos interesses dentro e fora de casa. Ela criou um mundo rico e eclético para as filhas. Ensinou-nos como fazer de uma casa um lar, a cantar, desenhar e escrever e a criar uma família enquanto realizava um trabalho significante. Voltou a estudar e fez mestrado enquanto tomava conta de quatro filhas e lecionava inglês no curso médio. Era política e socialmente ativa na nossa cidade. Abriu nossas mentes para o mundo e nos estimulou a ser curiosas. Porém, as prioridades do meu pai vinham sempre em primeiro lugar. Minha mãe abandonava seus planos para facilitar os dele e ignorava suas necessidades para atender às dele.

Com minhas irmãs, aprendi a viver com mulheres – a rir e chorar e brigar com elas, brincar com elas, ajudá-las quando estavam abatidas e sentir prazer com sua felicidade. Com minha avó e minha tia-avó, aprendi algumas artes antigas: cozinhar, costurar, fofocar. Mas não havia ninguém para ensinar a estar com homens. Por causa da elevada posição do meu pai e distância emocional, eu não considerava os homens criaturas terrestres. Para mim, eram todos um misterioso sistema solar com o qual eu queria fazer um contato que fizesse sentido.

Quando deixei a influência da força gravitacional do meu pai, não sabia nada do sexo oposto. Olhando para trás, fico impressionada com a coreografia da minha dança desajeitada para sair da casa do meu pai e entrar no mundo dos homens. Vejo como os dolorosos tropeções eram compensados por enormes saltos para a frente. Mas nada parecia bem planejado quando eu estava dançando para longe de casa. Nada na minha jornada de menina inconsciente para a idade adulta parecia essencialmente gracioso. Na verdade, foi a falta de graça do meu relacionamento com os homens que me abriu, mudou e me transformou, mais do que qualquer outra experiência.

Há alguns beijos que queremos com toda a nossa vida, Rumi diz. Procurei esse beijo depois de deixar a casa do meu pai. Como eu sabia que ele existia, é um mistério para mim. Minha mãe nos dizia que se apaixonar era uma fantasia romântica, e que devíamos confiar na vida da mente. Meu pai não tocava no assunto do amor, assim como em tudo que ele considerava "conversa de mulher". Mas eu nasci com um desejo ardente dentro de mim. Queria aquele beijo – a sensação de fundir corpo e alma com outro ser, fosse companheiro, amigo ou Deus. Eu queria, mas tinha vergonha de querer com *toda a minha vida*. Persegui esse desejo acidental e desanimadamente, e me sentia tola fazendo isso. Escrevia poesia, lia romances e orava fervorosamente aos deuses proibidos na minha família. Para meus pais, a religião era uma forma inferior de inteligência humana. Embora minha mãe nos lesse passagens da Bíblia, ela fazia questão que compreendêssemos que aquelas histórias eram mitos que deviam ser pesquisados para encontrar algumas poucas jóias relevantes de sabedoria. Mas não era assim que eu as ouvia. Eu estava encantada com Jesus. Eu queria ir à igreja.

Por algum tempo, assisti à missa católica com a família da minha melhor amiga. Fui à procura do beijo. Talvez estivesse no vinho e na hóstia do altar, talvez atrás da tela negra do confessionário. Sonhei ser freira, casar com Jesus, devotar minha vida a Deus. Quando voltei para casa na Quarta-Feira de Cinzas, com uma mancha negra na testa, minhas irmãs quase morreram de rir.

Certo dia eu estava no ônibus escolar ao lado da minha amiga, e ela disse num murmúrio que mesmo que eu fosse à missa todos os domingos pelo resto da vida, ainda assim iria para o inferno, se não fosse católica. Depois disso, deixei de ir à igreja. Passei a rezar sozinha para um retrato de John F. Kennedy que estava na parede do meu quarto desde o seu assassinato.

Há um beijo que queremos com toda a nossa vida. Quando não encontrei o beijo na igreja, passei a procurar nos livros, depois nas festas, na política e na maconha. Quando fui para o colegial, marchava em passeatas antibélicas e passava noites acordada nos concertos de rock. Durante algum tempo, o entusiasmo de estar sozinha na universidade em Nova York foi um canal para meu desejo. Atirei-me à rebeldia da época em todos os campos, exceto um. Algumas meninas do andar do meu dormitório inventaram uma lista em que devíamos assinar cada vez que transássemos. Meu nome nunca estava na lista. Embora eu tivesse tido um ou dois namorados, era tímida demais para admitir. E, embora tenha perdido minha virgindade, nunca perdi meu coração. O sexo nunca me parecia o beijo que eu desejava com toda a minha vida.

Quando comecei a jornada com o homem que seria meu primeiro marido, levei como bagagem uma sacola cheia de desejos. Não levei nada mais – nem experiência, nenhum treinamento, nenhum sábio conselho, nenhum instinto afiado. Eu desconhecia completamente o que era intimidade. Assim também era o brilhante jovem que entrou em minha vida exatamente quando eu precisava dele e quando ele precisava de mim. Fomos entregues um ao outro pelo destino, como dois refugiados que acabavam de sair do barco da infância. Nenhum dos dois tinha amadurecido o conceito da própria sensualidade. Nenhum dos dois sabia muito sobre o sexo oposto. Não sabíamos transformar em paixão a tensão entre homem e mulher, nem transpor a lacuna das diferenças com a comunicação. Em vez disso, demos atenção às nossas similaridades – nossos espíritos questionadores, nossas mentes abertas, nossos caminhos desordenados. Éramos como irmãos, saindo juntos para o mundo. Enormes partes de nós foram para o subterrâneo. E lá ficaram por muitos anos, até que nós dois, cada um ao seu modo, começasse a desejar o beijo com toda a nossa vida.

A MATEMÁTICA DO CASAMENTO

O que não é trazido para o consciente
chega até nós como destino.

– CARL JUNG

Meu primeiro marido e eu fizemos o que fazem todos os casais jovens. Inconscientemente, recriamos os casamentos dos nossos pais. Encontramos um no outro qualidades que pareciam seguras porque nos eram familiares, e adotamos padrões aprendidos por osmose na presença dos relacionamentos dos nossos pais. Embora, como minha mãe, eu percebesse que a mulher é tão *capaz* quanto o homem, fui também igual a ela de outro modo. Sem saber, eu havia absorvido a silenciosa mensagem da nossa cultura de que a mulher não vale tanto quanto o homem. Eu não respeitava minha voz, mal podia ouvi-la. Eu só sabia que às vezes meus *valores* eram diferentes dos valores do meu marido, e que eu acreditava que eram menos dignos de crédito do que os dele. O que eu queria para nós, como um casal, e mais tarde como uma família, era considerado de menor importância, menos impressionante, menos *real.* Os valores do meu marido pareciam eminentemente reais e valiosos, exatamente como os do pai dele e do meu.

No começo do nosso relacionamento, nos raros momentos de autoconfidência, eu sentia um confuso misto de zanga e tristeza no coração quando cedia ao meu marido sempre que discordávamos em alguma coisa, desde política até assuntos pessoais. O movimento feminino não tinha me ensinado que homens e mulheres são igualmente inteligentes, igualmente merecedores e igualmente legítimos? Então, por que eu duvidava tão facilmente de mim mesma? Quando eu queria falar e ele queria ficar calado, eu achava que alguma coisa estava errada comigo. Se eu gostava de um lugar, de uma pessoa, de um filme ou de uma comida e ele não gostava, eu achava que *ele* estava certo.

Apesar de toda minha inteligência, eu não era capaz de articular o que eu achava que tinha valor para nosso relacionamento e nossos planos de vida. Eu cedia, não só porque ele era uma pessoa poderosa e persuasiva, mas também porque não confiava nos meus instintos, no meu coração. Meu coração feminino dormia profundamente dentro de mim. A parte de mim natural, sensória, feroz, erótica e terna, que alguns chamam de "princípio feminino", estava presa sob camadas de cultura e de infância. Eu precisava dessa parte. Meu casamento precisava dessa parte. Mas eu não sabia disso, e tampouco meu marido o sabia. Algum dia nossa falta de conscientização viria à tona, como diz Jung, e *chegaria a nós como destino.*

Com o passar dos anos, abafei minha revolta e minha tristeza pela perda dos meus valores femininos. Voltei a atenção para a tarefa de construir nossa vida. Desde o começo, meu marido e eu tínhamos altos ideais e grandes planos. Depois de alguns anos juntos, nos tornamos estudantes sérios de um professor espiritual e líderes da sua comunidade, os co-fundadores do Instituto Omega, meu marido médico e eu parteira, com uma boa clientela. Metaforicamente, sempre havia alguém mais na cama conosco – nosso professor, nosso trabalho, nossos colegas, e, mais tarde, nossos filhos. Fizemos questão disso. Estarmos só os dois seria expor nosso mal-estar com uma intimidade que nenhum de nós sabia manter. Assim, continuamos nossa vida ocupada, como se fôssemos o pão e o resto da vida fosse o recheio do sanduíche. À medida que adicionávamos algo ao recheio do sanduíche, mais nos separávamos.

Quando completei 30 anos, estava casada há dez. Tinha dois filhos pequenos, uma bela casa, um trabalho importante e um buraco no coração, cheio de desejos inconscientes e proféticos. Adorava meus filhos com o amor materno que existe separado de todos os outros sentimentos. É como se as mães tivessem dois corações e dois corpos – um coração ama os filhos, o outro se ocupa do mundo; um corpo alimenta os filhos, o outro movimenta-se no tempo e no espaço. Eu tinha esses dois corações e dois corpos. No mundo do amor materno, eu estava viva e bem. Esse corpo construiu um bom lar para nós, cozinhava, limpava narizes e dava conforto. O coração inventava histórias para a hora de dormir, ria das graças do filho de cinco anos e era dominado pela doçura dos meninos pequenos. No outro mundo, entretanto, meu coração estava pesado e meu corpo ainda por nascer.

Eu acordava todas as manhãs imaginando se era assim que seria toda a minha vida. Fazia repetidamente a matemática emocional, e acabava sempre encontrando a mesma resposta. Criei uma equação onde A representava meus filhos, o trabalho, os amigos, B era meu casamento e C era a minha vida. Sobre a parte da equação que chamei de A, eu me sentia bem, às vezes até alegremente viva. Mas quando fazia a matemática – o A+B=C – a equação desmoronava. Se eu deixasse B fora da equação, podia levantar de manhã e continuar com minha vida. Tirar o casamento da minha vida era algo em que eu pensava abstratamente. Na verdade, eu não era o tipo de pessoa – pelo menos pensava assim – capaz de desmanchar uma família.

Certamente havia razões para que meu casamento fosse tão pesado a ponto de poder afundar minha vida. Ele se dedicava totalmente ao trabalho, eu me dedicava totalmente ao papel de mãe. Ele era distante, eu era crítica. Logo no começo do nosso relacionamento, ele abusou da minha confiança. Eu nunca o perdoei – na verdade, passei um longo tempo culpando meu marido por tudo que parecia errado em minha vida. Fazendo analogia com as fábulas, ele era Peter Pan e eu a bruxa clássica. Nosso casamento tornou-se um stand de tiro. Eu atirava queixas e ele se desviava delas.

Eis, porém, uma coisa sobre casamentos: cada um deles tem uma história que pode terminar em divórcio. Isso não quer dizer que todos deveriam terminar assim, nem que o divórcio vá automaticamente retirar do fundo do mar os restos do naufrágio da alma. O renascimento da alma é uma tarefa muito mais árdua do que simplesmente se divorciar, mudar de emprego ou do que o impacto de uma crise na tênue estrutura da vida.

O importante é levar a sério o entorpecimento da alma, prestar atenção ao conteúdo do coração, fazer as perguntas difíceis e enfrentar destemidamente as partes ocultas de nós mesmos. O que importa, Jung diz, é voltar a luz do consciente para os cantos escuros de nossa vida. *O que não é trazido ao consciente,* ele diz, *chega a nós como destino.*

Nos últimos dois anos do nosso casamento, o destino nos mandou várias mensagens sobre o estado da nossa união. Comecei a sentir uma exaustão que ninguém sabia diagnosticar. Ele começou a ficar inquieto no trabalho. Mudamos da comunidade, deixamos nosso professor espiritual, fomos morar em outro lugar. Nada disso ajudou a "matemática do casamento". Estudei repetidamente a equação, tentando transformar B tão animado quando A para poder somar os dois e flutuar feliz pela vida. Mas flutuar não era mais uma opção. Eu sentia que algo lá de baixo me puxava. Então o destino se encarregou de tudo.

O AMANTE XAMÃ

As grandes épocas da vida chegam
quando ganhamos coragem
para rebatizar nosso mal
como o que há de melhor em nós.

– FRIEDRICH NIETZSCHE

Em algumas culturas, uma pessoa no meio de uma crise emocional consulta um xamã – um curandeiro ou uma feiticeira que ocupa lugar importante na sociedade. O dicionário define xamã como "membro de certas sociedades tribais que age como intermediário entre o mundo visível e o mundo invisível do espírito, e que pratica magia ou feitiçaria com o objetivo de curar e adivinhar". Os xamãs conversam com todos os espíritos – os bons e amistosos como os furiosos também. O xamã pode conduzir uma alma perdida através das trevas para a luz, porque ele conhece a escuridão, passa grande parte do tempo lá embaixo, fazendo a alquimia da poção da transformação. Ele sabe que o sofrimento de uma pessoa é curado pela combinação mágica de luz e trevas.

Há xamãs entre nós. Podem não parecer curandeiros ou mulheres sábias – podem trabalhar em hospitais ou em escritórios –, mas têm os mesmos poderes. Alguns médicos e terapeutas têm o toque do xamã. Conhecem perfeitamente os reinos escuros da mente e do coração, não se esquivam de problemas, doenças nem do processo de morrer. Conheci enfermeiras e parteiras com estranhos poderes nascidos nos anos passados, no mundo subterrâneo do nascimento, da doença e da morte.

E há outro tipo de xamã, ao qual me refiro como "Amante Xamã". O Amante Xamã é um homem ou uma mulher cujo destino é curar a doença do coração com a doçura do amor, e dar a dádiva do fogo àqueles cuja paixão está congelada. Alguns se referem ao Amante Xamã como tentador ou malvado, uma sereia ou uma cobra. Às vezes, isso é verdade. Às vezes, o Amante Xamã só tem remédios danosos para oferecer. Às vezes, a resposta mais inteligente à tentação é fugir. Eventualmente, porém, o Amante Xamã é enviado pelo destino para abrir nosso coração, para despertar as partes mortas do nosso corpo, para nos dar o beijo da vida. E, se sucumbimos, somos transformados para sempre.

Tenho meus xamãs nativos das montanhas e das florestas tropicais da Índia e da América do Sul. Em sua presença, testemunhei curas. Tomei ervas terapêuticas sob a orientação de um curandeiro Hopi e tive sonhos poderosos e visitações do mundo dos espíritos. Durante alguns anos, tive sessões semanais com um psicoterapeuta que praticava uma forma moderna de cura, tão potente quanto qualquer uma da antiga tradição. Ele era uma espécie de xamã. E tive a honra de trabalhar com uma parteira veterana, que em outras eras seria chamada de feiticeira, tão poderosa era sua capacidade de dominar a força da vida e trazer bebês de um mundo para outro com toda segurança.

Mas foi o Amante Xamã quem mudou a minha vida. Foi o Amante Xamã que me iniciou na feminilidade, com o poder de cura do sexo, do amor e da paixão. O Amante Xamã me levou até o fundo do submundo e me deixou lá para encontrar o caminho de volta à casa. A jornada para baixo foi tão importante quanto a jornada para cima. Ele me guiou para baixo e, buscando meu caminho de volta, eu me encontrei.

Alguns chamarão minha dança com o Amante Xamã apenas por um nome elegante para um caso de amor extraconjugal. Antes de me lançar na aventura com ele, eu teria pensado a mesma coisa. Julgaria rigorosamente quem fosse tão insincero, tão moralmente descuidado. Imaginaria se sabiam a diferença entre certo e errado. Agora sei que "certo", sem seu parceiro escuro, "errado", é um ideal quebradiço e não testado. Agora sei que quando mostramos ao mundo somente o nosso lado iluminado nossas sombras ficam inquietas, absorvendo grande parte de nossa energia e nossa paixão. Para libertar minha energia prisioneira e despertar minhas melhores qualidades, eu precisava lidar com meu lado sombrio. Tinha de ver que tudo aquilo que condenava e julgava nos outros existia em mim também. Tive de me abrir tão completamente que todo meu eu ficasse exposto aos meus olhos para admitir, perdoar e para amar. Tive de provar o fruto proibido e deixar o jardim da minha inocência.

Pessoas sábias através dos tempos têm falado sobre energia das sombras, dando a ela nomes e personalidades de deuses e deusas das trevas, demônios e forças da natureza. Das lendas gregas ao Novo Testamento, nos dizem para não fugir das forças do mal que perturbam nossos sonhos ou visitam nossa vida. Se fugirmos, o ego das forças exiladas ou desonradas triunfará. Jung disse que as pessoas tendem a se tornar aquilo que ignoram ou a que se opõem. Ele convencia seus pacientes a não resistir ao mal e a procurar transformá-lo e redimir, ou, como ele escreve, "pôr a luz das funções superiores a serviço das trevas".

O filósofo Friedrich Nietzsche chamaria minha dança com o Amante Xamã de "grande época". Ele diz que *as grandes épocas da vida chegam quando temos coragem de re-batizar nosso mal com o nome do que há de melhor em nós.* Sua grande época pode envolver uma força xamânica diferente da minha. Você pode ser levado a ver seu lado sombrio quando é traído por um mentor, um líder religioso ou um conselheiro que abusa do poder que possui. Você pode ser atraído por um amigo rebelde e acompanhá-lo a um modo de vida que jamais imaginou levar. Algumas pessoas deixam-se atrair pelas drogas ou pelo álcool. Podemos chamar a droga ou a bebida de substância xamânica – um elixir que ensina tudo sobre sua parte sombria e, espero, nos devolve à luz com o dom arduamente conquistado do que há de melhor em nós.

Se você aprende depressa, seu tempo no mundo das trevas será breve: umas férias, uma viagem de negócios, um desvio exótico da vida cotidiana. Pode, no entanto, precisar de um compromisso mais profundo, como eu. Pode precisar de uma mudança em sua vida. Pode ficar irreconhecível para você mesmo e para todos à sua volta. Pode ter de entrar em uma grande época o tempo suficiente para conseguir o tipo de coragem ao qual Nietzsche se refere – a coragem de virar para trás, encarar e admitir todas as partes exiladas do eu, até poder firmar os pés em local mais elevado.

Todas as pessoas com quem falei sobre suas experiências no mundo subterrâneo pagaram caro pela jornada para baixo, mas foram ricamente recompensadas com o que aprenderam e com o muito que cresceram. Muitos chegaram às minhas oficinas lutando com graves decisões, com a confiança abalada que acompanha os casos do coração. Se fizerem uso apropriado da energia das trevas, terminarão a experiência como pessoas melhores, como melhores companheiros, melhores pais. Fui com amigos a sessões do AA, e chorei ao ver a coragem dos que tentam usar a volta ao normal como um caminho para o autoconhecimento. Passei tempo com mulheres que viveram com homens violentos. Mulheres que encontraram força para mudar e enfrentar os próprios demônios interiores, recuperaram suas vidas com nova força e nova personalidade.

Vícios, casos amorosos secretos, jornadas ao mundo escuro da paixão e da sexualidade – esse é o material dos mitos. Perséfone deixou o mundo florido de sua mãe (uns dizem que voluntariamente, outros que foi abduzida) para ficar com Hades, o rei do mundo subterrâneo. Lá encontrou partes perdidas de si mesma e se tornou uma mulher. Dizem que Inanna, a deusa sumeriana do amor, ganhou "a verdade e a arte de fazer amor" por sua jornada ao submundo. Antes de partir, muitas traduções do mito chamam Inanna de "a pura Inanna". A pura Inanna desceu para as sombras, perdeu a inocência e emergiu como Deusa do Amor. O peregrino de Dante desce ao inferno à procura do verdadeiro amor e da verdadeira vida. Mark Musa, tradutor e intérprete do "Inferno", de Dante, escreve: "O único modo de escapar do bosque escuro é descer ao Inferno, o único caminho para escalar a montanha da salvação iluminada pelos raios do sol é descer. O homem tem de primeiro descer em humildade antes de se erguer para Deus. Antes que o homem possa esperar escalar a montanha da salvação, precisa saber o que é o pecado. O objetivo da jornada do Peregrino ao inferno é exatamente este: aprender tudo que se sabe sobre o pecado como uma preparação necessária para a subida até Deus."

Não desejo a ninguém a descida ao inferno. Mas, se a sua vida tem de ser virada do avesso para que você se conheça – se a sombra de um xamã atravessa seu caminho e você a segue para baixo –, rezo para que você use essa força sabiamente. Espero que você assuma a responsabilidade por suas ações e dedique qualquer fator destrutivo à reconstrução do seu eu mais elevado e a uma vida mais radiante.

Continuei minha procura do beijo no inferno. Eu não sabia o que encontraria lá. Não sabia que meu coração feminino abandonado estava lá. Não sabia que as peças que faltavam em mim, minha paixão, meu corpo, minha humildade, minha alegria, estavam lá. E não sabia que teria de enfrentar minha insensibilidade, minha vaidade, minha raiva e meu sofrimento também. Eu não sabia coisa alguma. Apenas segui meu desejo pelo beijo.

A descida custou meu casamento, minha estabilidade financeira, o modo que eu era vista pela família e pelos amigos, e minha reputação no trabalho – um alto preço para pagar pelo Processo Fênix. Porém, o que comprei por esse preço valeu isso tudo. Comprei a mim mesma, e, com essa compra, cheguei finalmente à paisagem do amor. Tornei-me uma amante. Aprendi a receber e dar amor. Ainda estou aprendendo, mas foi lá que começou, no mundo subterrâneo, com meu Amante Xamã.

INICIAÇÃO

Antes de começar esta história, quero fazer justiça ao verdadeiro homem que foi meu Amante Xamã. Sou *eu* quem está dando a ele esse nome, e fui eu que escolhi fazer a jornada para baixo no auge do nosso caso de amor. Embora tenha sido meu guia, ele não me levou. Eu voluntariamente mergulhei na minha paixão por ele. Paguei minha passagem com a moeda de segredos e mentiras. Eu o segui porque alguma coisa dentro de mim sentiu uma urgência que nunca antes eu tinha sentido. Senti que morreria se não fosse com ele para o mar escuro que me chamava.

O que encontrei nesse mar foi a coragem de rebatizar meu pecado, como diz Nietzsche, como o nome do que há de melhor em mim. Mas isso não quer dizer que meu Amante Xamã tenha sido o meu mal. Não foi. Sua experiência da vida – como criança e como homem jovem – o tinha fortalecido. Havia nele uma agressividade que podia eclodir tanto como paixão quanto como raiva. Aprendi a amar as duas, e aprendi com elas.

O que eu fazia quando estava com ele – os segredos que guardava, as mentiras que contava, o coração que traí, a família que alterei –, na verdade, nada tinha a ver com ele. E o que bebemos juntos no mundo das trevas – tanto os medicamentos danosos quanto as poções mágicas – não vinha do meu Amante Xamã, mas do poço da sabedoria encontrado lá embaixo e rebatizado quando termina a jornada.

Até hoje não sei o que significou para meu Amante Xamã nosso relacionamento. Mas sei o que significou para mim. Seu amor foi uma das maiores dádivas da minha vida. Despertou minha paixão, deu-me meu corpo e enterneceu meu coração. Antes da minha dança com o Amante Xamã, eu vagava timidamente pelos meus dias, apenas com metade de mim mesma envolvida. Depois da nossa dança, passei a viver mais completamente, com mais ternura, humildade e alegria. Mas não começou assim. No princípio, eu estava consciente apenas de uma atração esmagadora.

Quando o vi pela primeira vez, senti que estava na presença de algo além do meu controle. Vi isso no seu olhar e na roupa que ele vestia (um poncho e uma boina), e na ousadia com que meu coração se abriu para ele. Uma parte de mim – meu eu razoável – achou divertida a trivialidade da coisa toda. Um poncho e uma boina? Amor à primeira vista? Ora, vamos! Eu era casada, tinha dois filhos, dirigia uma grande organização. Isso não era uma boa idéia. A outra parte de mim – a parte faminta, a parte que estava disposta a morrer para viver – já começara sua jornada para baixo. Meu eu razoável me dizia para ficar longe daquele homem. Fiz justamente o contrário.

Fui atraída para ele por uma força mais poderosa do que qualquer vontade de fugir – como se sua atração gravitacional fosse a de um planeta. Pesquisei o Amante Xamã – não em livros nem no Amazonas, ou no Himalaia, mas nas histórias de homens e mulheres comuns. Essa pesquisa confirmou que a força de um Amante Xamã tem realmente proporções planetárias. Já ouvi falar de encontro casual em avião, em uma voz ao telefone, um olhar no escritório. E, como aquelas experiências de quase-morte, nas quais todos os pacientes notam as mesmas marcas (a longa sensação de estar flutuando, o longo túnel, a luz), a experiência de encontrar o Amante Xamã tem seus marcos comuns. Você saberá que está em uma jornada com o Amante Xamã quando sentir uma repentina perda de controle, uma alarmante sensação de abandono e, especialmente, um ar de exotismo. O Amante Xamã não é aquele que você julga capaz de fazer o grande navio de sua vida mudar de rota. Se você pensou que seria atraído por alguém com muito dinheiro, ele não tem nada; se queria respeitabilidade, ele é um cigano; se desejava um doce romance, ele é intratável; se você queria paz profunda, ele é problema.

Conheci meu Amante Xamã no meu trabalho. Ele era engraçado, selvagem e fluido como uma cobra-d'água. Sempre que eu estava perto dele era dominada por uma força primitiva. Sempre me orgulhei do meu bom senso. Mas passei a tomar uma série de estranhas decisões irracionais. A primeira foi começar um caso de amor secreto. Se você nunca viveu uma mentira, mal pode imaginar o terror de afundar cada vez mais, dia após dia, no tipo de mentira que certamente acabará em desastre. Minha escolha arriscada seguinte foi misturar minha vida pessoal à minha vida profissional. Porém, o aspecto mais preocupante do meu comportamento foi a possibilidade de afetar meus filhos. Para mim, meus filhos vinham sempre em primeiro lugar. De repente, minhas necessidades passaram a competir com as deles. O que pensava que era o melhor que havia em mim – mãe devotada, esposa fiel, líder pública – cedia às exigências de uma força irracional. O que eu estava fazendo?

Anos depois, vejo exatamente o que estava fazendo. Sei agora que a "boa esposa" e a "servidora social" que eu tentava ser eram pálidas versões das minhas verdadeiras capacidades. Compreendo agora que uma mulher fria e assustada não pode ser uma boa esposa ou uma mãe amadurecida, que uma pessoa que nunca foi ferida não pode ser curada, e que só vale a pena seguir uma líder quando ela pode seguir o próprio coração. Porém, eu jamais saberia nada disso se não tivesse me apaixonado por meu Amante Xamã.

Depois que reconhecemos nossos sentimentos um pelo outro, ele me deu estes versos do poeta japonês Fujiwara no Teika:

Desde o começo
eu soube que encontrar você só podia
acabar em separação, porém
ignorei o nascer do dia que chegava
e me entreguei a você.

Enquanto que eu jamais tinha sentido nada igual antes, meu Amante Xamã tinha prática em se apaixonar. Ele viu o fim se aproximando mesmo antes de começarmos; dancei para dentro das chamas como uma tola mariposa, embriagada pelo fogo, embriagada pelo beijo. Aquele era o beijo, e então o desejei com toda a minha vida.

Meu caso durou mais de um ano. Durante todo esse tempo, jamais contei para meu marido. Jamais contei para ninguém. Era como se meu Amante Xamã e eu tivéssemos nos conhecido em uma ilha na extremidade do mundo. Nada mais importava a não ser o que acontecia lá. Foi lá que finalmente me entreguei a outro corpo e, ao fazer isso, me encontrei. Lembro-me de passar as mãos no meu pescoço, nos ombros e nos seios do mesmo modo, com a mesma adoração com que tocaria meus filhos. Lembro-me de traçar com os dedos o pequeno vale entre meu quadril e minha barriga, deitada nua na cama, adorando o que sentia pela primeira vez na vida – a maciez da carne, a tensão dos músculos, a dureza dos ossos. Eu nascia outra vez – agora com conhecimento e gratidão – no meu corpo humano. E agora, que tinha voltado para meu corpo, podia fazer amor com outro corpo.

Os gregos antigos tinham um nome para esse tipo de despertar, da paixão do corpo. Eles a chamavam de Eros. Na mitologia grega, Eros, filho de Afrodite, era o deus dourado do amor e a personificação da paixão e do relacionamento sexual. Para muitos, o despertar da sensação de Eros no corpo provavelmente faz parte do sistema padrão operacional. Lembro-me das meninas no colégio que pareciam dar um salto gracioso da infância para a idade adulta – as meninas que todos os meninos amavam, as meninas que viviam nos seus corpos. Mas eu tive de conquistar meu Eros. Tive de fazer o rito de passagem – uma iniciação à idade adulta.

Durante alguns meses, o puro prazer de estar nas mãos de Eros me fez ignorar o caráter furtivo do caso. Embora tivéssemos o cuidado de não sermos vistos em público e nossos encontros fossem breves, meu Amante Xamã e eu tínhamos uma vida só nossa. Conversávamos, brincávamos, cozinhávamos e líamos um para o outro. Agíamos como se pertencêssemos a outra era. Trocávamos presentes feitos a mão, trocávamos cartas e poemas, e cantávamos nossas canções favoritas, deitados na cama, no escuro. Eu amava meu Amante Xamã com exclusão de tudo mais que havia em minha vida. Enquanto eu negligenciava tudo que me rodeava, meu coração acordava e meu corpo era curado.

Porém, depois de algum tempo, começaram a chegar as conseqüências do segredo – no meu sistema nervoso e na atmosfera do ambiente de trabalho e doméstico. Outra coisa mudou também. Meu Amante Xamã começou a brigar. A paixão sombria de nossas brigas era tão nova para mim quanto a doce paixão do nosso amor. Gritávamos, jogávamos coisas, batíamos portas e trocávamos cartas furiosas. Então fazíamos as pazes. Então brigávamos outra vez. Sentia-me como se estivesse vivendo uma história romântica. Logo começamos a brigar cada vez mais. Tínhamos libertado não só Eros, como também as Fúrias. Estávamos presos em uma situação insuportável, e começamos a compreender que aquela história não teria um final feliz.

Jung escreveu: "Eros é um indivíduo questionável e sempre será... Ele pertence a um lado da natureza primitiva do homem, que perdurará enquanto o homem tiver um corpo animal. Do outro lado, ele se relaciona com as mais altas formas do espírito. Porém, se desenvolve somente quando espírito e instinto estão em harmonia." Meu espírito e meu instinto se tornavam cada vez menos harmonizados no meu relacionamento com meu Amante Xamã. O espírito não passa bem quando mentiras são contadas e quando crianças precisam da atenção da mãe. Um desejo de sinceridade – como raios de luz tentando ver através da espessa camada de nuvens – começou a invadir o mundo subterrâneo no qual eu estava vivendo. Comecei a sentir uma atração pela luz, com a mesma urgência da atração que tinha sentido pelo escuro. Eu queria ser sincera, queria levar para a luz do dia o que tinha encontrado lá embaixo. Como Perséfone, eu tinha de encontrar um meio de unir os dois mundos.

A ENCRUZILHADA

Ao lado da minha mesa da cozinha, fica um antigo banco de pinho, muito usado e lascado. Precisa ser substituído. É tão instável que parece mais uma gangorra do que um móvel doméstico. Mais de um membro da família e alguns amigos já foram atirados ao chão quando a pessoa na outra extremidade se levantou de repente. Na festa do octagésimo aniversário do meu pai, sua idosa secretária foi atirada ao chão quando outro convidado se levantou subitamente da outra ponta do banco. Comida e vinho derramaram no vestido dela.

– Oh, esse banco! – exclamei, para me desculpar com a mulher que estava abalada, mas felizmente ilesa. – Preciso me livrar desse banco.

Porém, não consigo me livrar dele porque quando sento nele me lembro do momento em que minha jornada para baixo chegou à Encruzilhada. Marion Woodman – a grande analista junguiana e escritora – diz que chegamos à mítica Encruzilhada no "momento da nossa vida em que o inconsciente se cruza com o consciente; quando o eterno atravessa o transitório; quando uma vontade mais elevada exige a entrega do nosso ego".

Foi no banco da cozinha que meu comportamento inconsciente cruzou com meu conhecimento consciente, e fiquei sabendo que precisava terminar meu caso. Lembro-me do momento como se fosse hoje, embora tenha acontecido há anos. Geralmente, quando me sento para uma refeição e sinto a madeira lascada e as pernas vacilantes do banco, lembro-me da Encruzilhada. Lembro-me do silêncio na casa vazia e das contrações do meu coração quando sentei no banco e chorei com um terror e uma mágoa que jamais havia sentido. Não lembro em que estação do ano isso aconteceu, nem o dia da semana ou a hora. Lembro o momento em que finalmente compreendi, como se uma guilhotina estivesse prestes a me decapitar, que a vida que eu conhecia tinha acabado.

Eu acabava de voltar de Santa Fé – da viagem em que encontrei a vidente no parque de trailers. Cansada da viagem e atônita com o que a vidente tinha dito, sentei no banco, depois que as crianças saíram para a escola. As palavras dela ecoavam em meus ouvidos. Eu a ouvia perguntando o que a minha alma queria. E pela primeira vez me permiti compreender que minha alma queria a verdade. "O que é a verdade?", perguntei para tirar a tampa do que eu já sabia. E, como se a vidente estivesse ali, na outra ponta do banco, a resposta foi imediata: a verdade era que meu casamento estava acabado havia vários anos, e que meu Amante Xamã jamais se comprometeria a se encarregar dos meus filhos e de mim. Esses dois relacionamentos não poderiam sobreviver à verdade de quem eu tinha me tornado. Por mim, por meu marido, por meus filhos e por meu Amante Xamã, estava na hora de dizer a verdade. Um desejo primitivo e desesperado pela luz do dia – gêmeo do desejo que me levara àquela confusão – me invadiu. Um novo tipo de coragem segurou meu braço e me levou até o telefone. Dei dois telefonemas. O primeiro para meu marido. O segundo para meu Amante Xamã.

Então voltei para o banco, rodeada pela verdade. Chorei meses e meses de lágrimas – lágrimas de vergonha, de medo, de capitulação e de alívio. Eu sabia que, ao desistir do meu casamento, estava desistindo de uma união preciosa que jamais seria capaz de recriar. Jamais me uniria a alguém ou casaria outra vez com tanta inocência. O escritor Robertson Davies diz: "Sempre conhecemos nosso mistério ao preço da inocência." Eu estava conhecendo meu mistério – o mistério de mim mesma – e pagando com minha inocência e com meu casamento. Mas tinha chegado a hora.

Eu sabia também que, ao deixar meu Amante Xamã, jamais me apaixonaria com tanto abandono e tão cega determinação. A idéia de desistir de um amor que tinha me salvado me apavorava. Mas sabia também que o que tinha encontrado com meu Amante Xamã seria meu para sempre. Mesmo que nunca mais me apaixonasse, uma vez teria sido suficiente. Porque uma vez que nos entregamos um ao outro, podemos nos apaixonar pela própria vida. E isso pode durar para sempre.

Quando eu estava em Santa Fé, alguns dias antes de visitar a vidente, uma amiga me levou a uma fonte natural de água quente nas montanhas. Depois de ter entrado na água sulfurosa, uma mexicana nos envolveu em mantas de lã e nos fez deitar em camas de campanha, em um pátio, ao sol. Não sei quanto tempo ficamos ali, e não sei se o que tive foi um sonho ou uma visão. Parecia real – quase mais real do que a vida.

> Estou andando em um deserto, na direção de um vulto escuro – o único vulto na paisagem plana. Quando me aproximo do vulto escuro, vejo que é o tronco queimado de uma árvore. Ali sozinho entre as rochas e o estolho do deserto. Da massa escura sai então uma querida amiga que recentemente morrera de leucemia. Vou em sua direção e, à medida que me aproximo, vou me transformando nela, sozinha e morta, ao lado da árvore sinistra. O peso de uma grande tristeza esmaga meu coração. Estou morta, o deserto está morto, a árvore está incinerada e morta. Sento ao lado dela e espero. Surge, então, meu Amante Xamã. Enfia a mão em um buraco do tronco e tira de dentro dele pedras ásperas do deserto, incrustadas com pedras preciosas – turquesa, coral, quartzo. Volta-se para mim e me dá as pedras para comer. Elas me enchem de calor e alegria. E, tão rapidamente quanto surgira, ele desaparece. Fico lá, não mais morta, mas viva com algo luminoso e sólido ardendo no meu âmago.

Uma jornada ao mundo subterrâneo nunca é o que tememos, e, no seu centro, as trevas se transformam em luz. Minha dança com o Amante Xamã levou-me para a escuridão. Nosso relacionamento me mostrou aspectos ocultos de mim mesma que eu jamais teria visto sem ele – aspectos maravilhosos, apaixonados e amorosos, e aspectos horríveis, destrutivos e mentirosos. Quando cheguei à Encruzilhada – sentada no banco da minha cozinha – e quando os pratos do meu casamento e do meu caso se quebraram no chão, não sobrou coisa alguma para mim, a não ser meu eu humano. Não podia mais fingir que podia ter uma vida perfeita. Eu sabia, então, que era um ser imperfeito, capaz tanto de pecar quanto de amar. A partir daquele momento, não podia culpar ninguém pelo que acontecera na minha vida, nem podia procurar alguém para me salvar. Minha vida era só minha. Competia a mim rebatizar o mal que havia em mim, chamando-o de o melhor que havia em mim.

Quando emergi do mundo subterrâneo, prometi deixar para trás minha versão idealizada do mundo. Prometi trabalhar todos os dias para transformar meu medo em sinceridade, minha culpa em responsabilidade, meu orgulho em humildade. Queria trocar minha vergonha – meu embaraço de ser humana – pelo tipo de sensatez que leva a uma vida feliz, generosa e corajosa. Foi isso que decidi na Encruzilhada. Naquele dia escolhi um caminho diferente. Segui por uma nova estrada, a Estrada da Verdade, como a vidente chamava. Não é fácil percorrer esse caminho, mas ele nos leva sempre para a frente, para paisagens de liberdade.

Levei um longo tempo para reparar os danos da minha descida. A separação do meu Amante Xamã foi dolorosa para nós dois. Meu ex-marido e eu lutamos para nos separar com dignidade e justiça, mas, ainda assim, nosso divórcio foi esmagador e desordenado. Meu papel no trabalho mudou para sempre – para melhor e para pior. Durante anos, tive dificuldades financeiras, mas também fiquei livre para explorar outros aspectos criativos de mim mesma. Minha família, meus filhos e meu papel de mãe também sofreram grandes mudanças, as quais descrevo na parte seguinte deste livro. Não há como fugir ao fato de que um Processo Fênix tanto fere quanto liberta. Ferimentos, contudo, podem ser curados, enquanto que a liberação é para sempre. Quando emergi da minha jornada ao mundo subterrâneo, estava quebrada e magoada, mas também estranhamente em paz. Eu tinha desabrochado, não era mais um pequeno botão fechado. Tinha arriscado tudo, e me abri em flor.

A CARTA-CORRENTE DE GOETHE

E enquanto você não tiver experimentado
Isto: morrer para crescer,
Você é apenas um hóspede perturbado
Na terra escura.

– JOHANN WOLFGANG VON GOETHE

Logo que conheci Tom – o homem que a vidente no parque de trailers chamou de "vibração do nome", o homem com quem eu vim a casar – ele me mandou "The Holy Longing", um poema de Goethe que termina com os versos acima. No fim do poema, uma nota dizia: "Eu só quero estar com alguém que morreu." Felizmente, eu sabia do que ele estava falando. Outra pessoa o teria denunciado à polícia. Talvez seja estranho achar romântico um poema sobre morte, mas eu me senti atraída pelo tipo de homem que usava um melancólico poema de Goethe para seduzir uma mulher.

Tom estava alguns anos na minha frente no processo de divórcio. Ele e a mulher com quem estivera casado durante 14 anos estavam divorciados há sete quando nos conhecemos. Ele era o pai devotado de um menino de seis anos, um advogado que não exercia a profissão, um investidor no mercado de imóveis, um homem excepcionalmente divertido e texano – o que, para alguém da Nova Inglaterra, é mais estrangeiro do que se fosse da França, da Tailândia ou de Marte. Tom não era como os outros homens que eu conhecia. Criado em um pequeno rancho de gado, foi estrela do atletismo no colégio e orador da turma. Jogou beisebol no colegial. Era um tipo *all-american*. Eu era nova-iorquina. Meus pais eram do Brooklyn.

Eu tinha morado em uma comunidade. As diferenças nas nossas origens, no entanto, se empalideciam comparadas ao que tínhamos em comum. Compartilhávamos o que Goethe chama de "desejo sagrado", e ele me fazia sentir como se finalmente eu tivesse chegado em casa, que estava segura com Tom. Senti isso assim que o vi, e foi confirmado quando ele me mandou o poema:

O Desejo Sagrado

Johann Wolfgang von Goethe

Diga a uma pessoa sábia ou fique calado
Porque o homem comum zombará disso imediatamente.
Dou valor ao que é realmente vivo,
O que deseja ser queimado até a morte.

Na água calma das noites de amor,
Onde você foi concebido, onde você concebeu,
Um sentimento estranho o domina
Quando você vê a vela silenciosa queimando.

Agora você não está mais preso
À obsessão das trevas,
E um desejo de um amor mais elevado
O leva para o alto.

A distância não o faz hesitar,
Agora, chegando em magia, voando,
E, finalmente, insano pela luz,
Você é a borboleta e você se vai.

E enquanto não tiver experimentado
Isto: morrer para crescer,
Você é apenas um hóspede perturbado
Na terra escura.

Tom "morreu e cresceu" com a perda do seu casamento. Nós dois tínhamos sentido o calor da chama, ambos fomos profundamente feridos pelo divórcio e estávamos mudando com a experiência. Enquanto eu tinha descoberto uma nova forma de poder e de coragem com meu Processo Fênix, Tom saíra do seu com um senso de empatia e com o coração mais brando. Nós dois queríamos usar nossos erros para limar as partes ásperas dos nossos egos, aprender a amar, nos tornar completos. Estávamos prontos para um relacionamento diferente dos que tínhamos tido.

O poema de Goethe é a pedra fundamental do nosso casamento. Quando as coisas ficam difíceis entre nós, quando me pergunto o que estou fazendo com um texano, e ele se pergunta como acabou em Nova York, vivendo comigo, lembramos do poema. Nos anos mais difíceis do nosso relacionamento, quando combinamos nossas famílias e nos dedicamos a criar nossos filhos, várias vezes fomos salvos por Goethe. Tínhamos empenhado solenemente nossos corações um ao outro, mas também à nossa fé no Processo Fênix. Nosso primeiro compromisso foi com o crescimento espiritual – o dele, o meu e o nosso. Se pudéssemos nos lembrar disso quando queríamos jogar a toalha, conseguiríamos. E conseguimos.

Quando meu melhor amigo do trabalho vacilava em usar o Processo Fênix, dei a ele "The Holy Longing", de Goethe. O poema o fez despencar do rochedo para as chamas. Felizmente ele estava pronto. Mas compreendi então que precisava ter cuidado; só podia dar o poema de Goethe aos que estivessem dispostos a *morrer e assim crescer*. O poema era como uma dessas cartas-corrente que eu recebia pelo correio quanto era pequena – do tipo que acabava com avisos sobre as coisas terríveis que aconteceriam se, por um lado, você guardasse a carta ou, por outro, a enviasse para a pessoa errada – o tipo de pessoa que não faria o que a carta mandava fazer.

Uma vez ou outra, quando estou lecionando, alguém na oficina conta uma história que revela que está pronta para mergulhar no Processo Fênix. Sinto na história um desejo sincero de ir além de ser *um convidado perturbado na terra escura*. Noto nos seus olhos a *insanidade pela luz*, e então lhe dou o poema.

O PRAZER DE ESTAR ERRADO

História tão antiga quanto o tempo,
Melodia tão antiga quanto a canção.
Agridoce e estranha,
Descobrir que pode mudar,
Aprender que você estava errado.

– HOWARD ASHMAN E ALAN MENKER
De *A bela e a fera*

Estou sentada à mesa, de frente para minha antiga companheira de quarto. Vejo uma sombra no ombro dela; vejo o medo nos seus olhos. Ela não sabe que a mão pesada no seu ombro é a asa da Fênix. Sente apenas a força de alguma coisa que a faz virar para trás – para longe da vida que ela tentou tão arduamente controlar, e na direção da dor da ruína dessa vida. Devo dizer a ela para seguir aquela força escura? Devo avisar das dificuldades da jornada? Não quero fazer isso. Ela deve entrar voluntariamente em um Processo Fênix, por vontade própria. Deve fazer a jornada sozinha, do começo ao fim, porque esse é o objetivo do processo: entrar *sozinha* nas chamas, queimar as ilusões e ressurgir das cinzas com o prêmio de um verdadeiro eu.

Minha amiga descobriu recentemente que seu marido está tendo um caso extraconjugal. Essa amiga, cuja vida parece tão perfeita ao observador casual e que com 15 anos de casada, dois filhos felizes e uma bela casa provoca inveja em muita gente, agora está de joelhos. Não mais procura parecer perfeita. O jogo acabou. Sentada à mesa da minha cozinha, com todo um estilo de vida atrás dela, uma força misteriosa a puxa para o futuro desconhecido. Quando soube do caso do marido, achou que podia escolher o modo de tratar o assunto. Podia manter serenidade e perdoá-lo, ficar com o que tinham, esperar que nunca mais acontecesse, fazer algumas exigências e, então, esquecer a coisa toda. Ou podia se enfurecer e puni-lo, fazer com que ele se sentisse tão mal com o que tinha feito que retomaria o papel de homem superior e brilhante com quem ela casara, e as coisas voltariam ao normal. Agora, porém, ela sente que não tem nenhuma escolha. Tudo que tem é o peso da asa no ombro e a urgência de enfrentar o que esteve escondido durante anos. Sente-se instintiva, ignorante, atenta a alguma coisa, mas não sabe a quê.

Tudo que ela sabe agora é que estava errada – errada em idolatrar o marido, duvidar da própria inteligência e poder por tantos anos; errada ao refrear sua música interior, respeitando a única nota do marido; errada em não cantar a sua canção, estivesse ou não em harmonia com a dele. De repente, saber o quanto estivera errada é sua única salvação. Ela quer ir lá – entrar na mentira do jogo que os dois estiveram jogando. Quer explorar cada nota errada, cada ilusão, cada passo em falso. Ela nem se importa mais se ele quer acompanhá-la na jornada ao mundo subterrâneo – para baixo, até além da morte, para baixo até onde a nova vida a espera.

Desde o momento em que senti a asa da Fênix no meu próprio ombro, eventualmente posso sentir o peso em outras pessoas, muito antes que elas notem sua presença. Durante anos, tenho observado amigos, familiares e pessoas nas minhas oficinas voltando-se na direção dessa força ou fugindo dela. Às vezes, dou a essas pessoas a carta-corrente de Goethe ou conto uma história de minha vida, quando acho que podem suportar o impulso para a beirada do abismo. Porém, na maioria das vezes, apenas observo. Rezo para que se voltem para o Processo Fênix. Embora o fogo seja ardente, me parece mais doloroso continuar um relacionamento não examinado (ou um trabalho que mata a alma, uma perda difícil ou uma mudança iminente) do que se arriscar no desconhecido, passar pelo fogo, pelas cinzas e sair outra vez em uma nova vida.

Uma jovem foi a uma das minhas oficinas porque queria aprender a diminuir a marcha e relaxar. Segundo seu depoimento, sua vida era muito intensa e ela raramente tinha um minuto para pensar.

Durante o fim de semana, sempre que eu conduzia um exercício de relaxamento, ela chorava. Quando quis saber o porquê das lágrimas, ela disse que também eram uma surpresa para ela. Falou sobre sua vida com grande entusiasmo. Adorava seu trabalho. Morava no Sul da Califórnia e praticava surfe. Era casada com "o homem mais maravilhoso do mundo". Disse que ela e o marido não conseguiam compreender por que tantas pessoas entravam em depressão. Não toleravam queixosos. Conversando durante um intervalo, ela me disse, com um tom ingênuo e até puritano, que "a vida é o que fazemos". E então, quando começamos a meditação, enquanto os outros mergulhavam em um silencioso devaneio, ela outra vez começou a chorar.

Alguns anos depois, tive notícias daquela jovem. Estava no meio de um Processo Fênix. Pedi a ela para escrever a respeito. Estas são suas palavras:

> Durante todo o período dos meus trinta anos fui feliz, feliz, feliz, surfando, trabalhando, e talvez pensando que estivesse conseguindo tudo melhor do que os outros. Eu amava meu marido. Amava a minha vida. Não podia compreender por que as pessoas se queixavam tanto. Para mim, parecia que a felicidade era uma questão de ser alegre e fazer feliz as pessoas da minha vida. Às vezes, uma nuvem emocional me envolvia e, com ela, vinha a sensação de que existia algo mais profundo, maior, algo que eu devia ouvir. Mas eu não queria despender energia com aquela nuvem – que eu costumava chamar de "minha nuvem de insatisfação".
>
> Às vezes me surpreendia chorando sem motivo. Como no fim da aula de ioga, profundamente relaxada, eu começava a chorar. Mas era realmente importante para mim manter minha vida a toda velocidade, manter vivo meu relacionamento, continuar a fazer "o melhor". Isso criava ansiedade e um comportamento conciliatório com meu marido, e eu pensava que era como deveria ser.
>
> Então meu marido "perfeito", que vivia enfatizando o quanto me adorava, teve um caso. Isso foi depois de eu ter passado 13 anos me gabando, afirmando aos amigos que meu marido jamais faria uma coisa dessas. E por que faria? Eu era uma mulher tão agradável e inteligente; fazíamos sexo sempre que ele queria; eu nunca exigia muito do seu tempo. Quando ele me contou que estava envolvido

com uma amiga em comum (e mais nova), me senti profundamente envergonhada e humilhada. A força da traição e o súbito distanciamento entre nós abriram um abismo tão imenso que tive a impressão de que o mundo todo ia desaparecer dentro dele.

Resolvi pedir o divórcio, mesmo sabendo que isso me lançaria na noite escura da alma. Mas a perspectiva de me manter suportando aquela situação enquanto ele continuava seu caso me assustava muito mais. Eu sabia também que levaria tanto tempo para que eu me refizesse, que era melhor começar logo. Foi uma época muito importante para mim, e como eu precisava de ajuda! Por sorte, um maravilhoso terapeuta me ajudou a lidar com tudo, desde minha incapacidade para comer e dormir até minhas lágrimas quase constantes. Tive também amigos que me compreenderam e aceitaram as enormes mudanças pelas quais eu estava passando. A prática da ioga e da meditação foi crucial para mim. Tudo isso fez com que eu deixasse de me culpar e me entregasse ao processo de cura, mesmo sabendo que poderia levar anos. Era um relacionamento de 13 anos. Não podia esperar uma recuperação em poucas semanas.

Vários anos depois, continuo dentro do processo, mas tenho uma autoconfiança, uma sensação de liberdade que nunca tive antes. Uma compaixão pelos outros emerge do meu coração profundamente partido. Acho que meu coração precisava se abrir completamente para a dor desta vida, porque as coisas estão – estranhamente – melhores agora. A perda e a mudança parecem mais fáceis. Ainda me sinto magoada, choro muito, mas há uma sensação de força e moderação por ter sobrevivido. Eu não tinha opção além de seguir minha natureza. Como é estranho encontrar no meio de um drama da vida uma passagem para quem realmente sou! Como é estranho descobrir que eu estava tão enganada sobre tantas coisas – eu, que pensava que sabia tudo. E como é maravilhoso descobrir que é melhor ser sincera e livre do que correta e aprisionada.

Certa vez vi um adesivo de pára-choque que dizia: "Você prefere estar certo ou prefere ser feliz?" Há uma grande satisfação em descobrir nossa ignorância e, paralelamente, uma grande liberdade em compreender o quanto estávamos defendidos da verdade – como o que pensamos que é de um modo, geralmente não é. A jovem na minha oficina, agora entende isso. Bem como minha colega de colégio que sentiu no ombro o peso da asa da Fênix. Ela se voltou e enfrentou o desconhecido.

Durante vários anos, ela viveu em um mundo escuro onde o certo se tornou errado e o errado se tornou certo. Ela e o marido eram como pedras em um liquidificador – roçavam um no outro, aparando as arestas e as camadas protetoras até polir a verdade dos corações. Seu casamento é menos inocente agora, menos cego, menos "certo". Minha amiga está aprendendo a amar e respeitar a si mesma e a perdoar e aceitar o marido. Responsabilizando-se por sua parte no que saiu errado, ela está também reivindicando o próprio poder e tirando o marido do pedestal. E o marido está ajudando nesse processo. Ele foi humilhado quando caiu, foi quebrado, aberto e transformado.

No folclore europeu *A Bela e a Fera* – história de um verdadeiro amor sobrevivendo a falsas identidades –, a Bela fica com a Fera porque vê quem ele é realmente sob o verniz falso e assustador. Essa história vem sendo contada século após século. No nosso tempo, na versão Disney, quando a Fera e a Bela despertam para o que realmente são, cantam a seguinte canção, um para o outro:

História tão antiga quanto o tempo,
Melodia tão antiga quanto a canção.
Agridoce e estranha,
Descobrir que pode mudar,
Aprender que você estava errado.

A questão aqui não é se um casamento ou um relacionamento sobreviverá ou não ao calor do Processo Fênix. Algo muito maior está em jogo quando resolvemos aprender e crescer na prova do amor. Quando a dificuldade visita um relacionamento – uma dança com o Amante Xamã, um longo período de apatia, uma mudança de papéis, uma alteração nas expectativas –, enfrentamos escolhas pesadas. Daremos as costas e voltaremos a dormir? Mergulharemos inconscientemente na destruição, sem sentido da vingança ou do drama? Ou usaremos sabiamente a perigosa força do desejo do coração a serviço do nosso crescimento espiritual? A dor nos fará melhores, mais fortes, mais compassivos, maiores? Aprenderemos com uma devoção traída ou uma família desmantelada, de modo que nossos erros não se repitam muitas e muitas vezes? Esses são os desafios que se apresentam àqueles cujo Processo Fênix ocorre por uma provação no relacionamento.

Para seu bem, pelo bem do seu parceiro ou parceira e pelo bem dos filhos, que aprendem conosco a mudar e a crescer, rezo para que sua aventura estranha e agridoce o conduza às paisagens do amor. Rezo para que o novo relacionamento que estabelecer, com seu antigo parceiro ou com outro, seja um casamento de duas pessoas completas – duas pessoas que casaram, tendo a sombra e a luz dentro delas e que amam a verdade tanto quanto amam um ao outro.

PARTE IV

Filhos

Se você quiser ter o coração partido e aberto – se quiser entrar num Processo Fênix da mais alta ordem –, recomendo que crie filhos. A paternidade ou a maternidade é uma dança desajeitada, porém majestosa, nas chamas. Quando você tem um filho, apaixona-se por uma pessoa que está sempre se transformando em alguém diferente, e, que você sabe, um dia a deixará. Porém, a maior parte dos pais dirá que jamais se entregará a ninguém tão completamente quanto aos filhos. As histórias nesta parte do livro são sobre o trabalho e a maravilha de ser pai ou mãe – uma carreira com a louca exigência de simultaneamente se entregar e deixar partir quem você ama, muitas e muitas vezes.

A paternidade e a maternidade são viagens sem fim em um rio de preocupações e de amor. Você embarca com seus filhos e jamais desembarca. Eles saem do barco – constroem os próprios barcos e remam para seus destinos – mas vocês continuam na embarcação original, sempre como pai e mãe, sempre se preocupando e sempre *kvelling* (uma palavra iídiche que descreve como os pais expressam o orgulho que sentem pelos filhos).

Às vezes, o ato de ser pai ou mãe é uma aventura maravilhosa. Seu coração se expande para acomodar uma vastidão de sentimentos, tão ternos e altruísticos, que você entra destemidamente na nobreza do seu caráter. Outras vezes, é tedioso, mas sempre imprevisível, exigindo mudanças constantes. Quando você aprende a dormir em uma cadeira de balanço e a trocar fraldas, seu filho começa a dormir a noite inteira e a sentar direitinho no urinol, e a descrição da sua tarefa muda. É como se queixa o comediante George Carlin: "No momento em que descobri o sentido da vida, eles o mudaram."

Então, você volta ao aprendizado do treinamento. Quando consegue dominar a comunicação com uma criança que tem acessos de raiva, e atira coisas para longe, quando você se acostuma ao odor quente e molhado do seu filho depois do banho, ele se livra dos seus braços e vai para o jardim-de-infância. Agora, você tem de aprender a lidar com encontros para brincar, relatórios e estudos sociais, e reuniões de pais e mestres. Em seguida, as peças teatrais da escola e os jogos dos times das crianças, amigos e sentimentos feridos e aquele limite móvel entre dar-lhes liberdade e orientação. Logo chegam à adolescência, e não há nenhum manual para isso, então você passar a viver um dia de cada vez, de uma decisão difícil a outra e, finalmente, se as coisas estão no caminho certo, seus filhos saem de casa, deixam você e caminham para o futuro.

Ser pai ou mãe em todos os estágios é um caminho espiritual com curvas míticas. Se seu objetivo espiritual for abraçar a vida, momento a momento, tanto no seu deslumbramento quanto na dor, então ser pai ou mãe oferece essa oportunidade todos os dias. Textos sagrados através dos tempos nos dizem que a verdade é encontrada nos aparentemente opostos da vida – sua vontade e uma vontade maior, limites e liberdade, entre a necessidade de cuidar dos outros e a necessidade de cuidar de você mesmo. No relacionamento entre pais e filhos, esses conceitos se tornam extremamente reais. E você recebe informação constante de um minúsculo mestre espiritual – seu filho – cuja especialidade é ensinar a você como continuar amando, mesmo quando está cansado, assustado, confuso ou irritado. Não é isso o que todos procuram?

Em cada estágio do crescimento do seu filho você tem várias oportunidades de usar a maternidade ou a paternidade como um espelho. Verá exatamente onde você é deficiente de um modo essencialmente gráfico. Você é egocêntrico? Resiste à idéia de pôr as necessidades de outras pessoas em primeiro lugar? Ou erra na outra direção – é um mártir, sempre tropeçando no sentimento de culpa, um sufocador co-dependente? Você teme mudanças? É impaciente? Ciumento? Comparativo? Seja o que for que precisa ser mudado em você, é revelado quando tem filhos. Se aceitar o desafio, ser mãe ou pai se torna um perpétuo processo de mudança e transformação – uma experiência dinâmica de abrir o coração.

O PRIMOGÊNITO

Meus filhos e eu crescemos juntos. Eu tinha 22 anos quando meu primeiro filho veio morar no meu ventre. Na verdade, eu era uma menina – uma menina grande, tendo um menino pequeno. Lembro-me do momento em que me tornei mãe; quando deixei a realidade confusa de ser mãe suplantar a fantasia de ser menina. Lembro-me do momento em que o pequeno ponto que era meu filho começou a crescer dentro de mim.

Era um dia de fim de outono, extraordinariamente quente. O bebê devia nascer em maio. Eu estava trabalhando na cozinha da comunidade, preparando o almoço para 150 pessoas. Enjôo matinal – um nome impreciso, uma vez que eu tinha náuseas de manhã, de tarde e de noite – era tão forte que eu vomitava quase tudo que comia. O cheiro que vinha do fogão de repente me venceu e corri para fora da cozinha, desci os degraus de pedra, subi a estrada de terra. Ao lado do velho celeiro do Shaker, caí de joelhos e vomitei metade de uma bolacha. Vomitar é uma coisa que as crianças fazem, pensei. Então, a ficha caiu: como podia ter uma criança? Eu mal tinha deixado de ser uma! O que eu estava fazendo? Estava desistindo de toda a minha vida! Seria capaz de fazer isso? Saberia ser mãe?

Ali, ajoelhada sobre as folhas caídas ao lado da estrada, me conscientizei da transformação que estava acontecendo. Minha infância tinha acabado; a infância do meu filho ia começar, e eu não tinha idéia do que devia fazer. Fiquei apavorada e ao mesmo tempo estranhamente confiante, como se uma mãe animal, até então adormecida, começasse a despertar em mim. Essa foi minha primeira visão da verdadeira natureza de ser mãe – meu primeiro passo em uma longa jornada de dúvida e sabedoria inata.

De certo modo, minha gravidez foi um ato impulsivo e improvável. Minhas amigas da faculdade estavam adiando a maternidade em favor de carreiras mais politicamente corretas. Estavam indo para o curso de pós-graduação, viajando por todo o mundo ou progredindo em suas carreiras. Para elas, ter um filho teria de esperar. Eu, no entanto, escolhi um caminho diferente. Morava na comunidade rural em um vilarejo Shaker com um grupo de sonhadores utópicos. Não tínhamos voltado só para a terra, mas também no tempo. Tínhamos escolhido o modo antigo. Podíamos parecer a geração pós-guerra, formados em faculdades, mas vivíamos como nossos predecessores pioneiros – plantando nosso alimento, consertando nossos prédios, tendo nossos filhos.

Por outro lado, minha gravidez não foi de modo algum improvável. Havia muito tempo eu planejava ter um filho – desde que tinha uns quatro ou cinco anos. Fui uma daquelas meninas cujo maior prazer era acalentar uma boneca, cantar para ela e levá-la para o berço. Eu nunca ia para a escola sem antes arrumar os bebês e os animais de pelúcia confortavelmente na minha cama, certificando-me de que estavam agasalhados no inverno, ou livres do calor no verão, e agrupados de acordo com suas preferências e repulsas do momento. Já estava com o vírus da maternidade. Sentia o que minhas bonecas estavam sentindo, queria que fossem felizes e estivessem seguras, preocupava-me com seu bem-estar. Minhas irmãs descobriram um modo de me antagonizar na minha devoção às bonecas. Certa vez encontrei uma delas pendurada no meu quarto como uma vítima de linchamento, com o cordão da cortina enrolado no pescoço de plástico.

Meses depois do incidente, eu ainda dava atenção extra àquela boneca, esperando que seu espírito não estivesse traumatizado. Se a terapia estivesse na moda, eu teria procurado um terapeuta de bonecas e gastaria toda a minha mesada na sua recuperação. Mesmo depois que deixei de brincar com bonecas, nunca as guardei em uma caixa ou em um armário. Sabia que isso as ofenderia. Ainda tenho minhas bonecas, sentadas silenciosas em uma estante do meu quarto de adulta. Uma vez ou outra, eu as mudo de posição.

Minha devoção às bonecas devia ter me indicado o tipo de mãe que eu seria. Desde o primeiro momento em que olhei para meu filho, passei a ser o tipo de mãe do mito que Joseph Campbell conta: "Há um mito persa sobre os dois primeiros pai e mãe do mundo, que amavam tanto seus filhos que os devoravam. Deus pensou: 'Bem, isso não pode continuar.' Então, ele reduziu o amor dos pais em mais ou menos noventa e nove e nove décimos por cento, para que os pais não devorassem os filhos." Eu era apaixonada pelo meu filho. Várias vezes estive muito perto de devorá-lo. Todos os meus temores de não saber o que fazer, ou não estar pronta, ou não ser capaz de tomar conta de uma criança, desapareceram quando segurei meu filho e olhei para seu rosto incrível. Eu o amei com um amor feroz e selvagem. Eu era uma leoa e ele o meu filhote.

A maioria de nós começa assim com nossos filhos. Quando são bebês indefesos, a maternidade selvagem é o estilo certo a ser adotado. Mas quando crescem e se tornam senhores de si mesmos é imperativo "reduzir o amor paterno e materno em mais ou menos noventa e nove e nove décimos por cento", para não consumir os pobrezinhos com mimos excessivos. Devo admitir que ainda estou trabalhando para reduzir meu amor materno a uma porcentagem razoável, embora isso possa ser questionável uma vez que meus filhos são agora homens que logo estarão derramando grandes porcentagens de amor nos seus pequeninos.

Escolhemos o nome do primogênito na Bíblia: Rahmiel, o anjo da misericórdia. Embora ele tivesse chorado de cólica durante meses, raramente dormisse e nos dispensasse pouca misericórdia, dia ou noite, eu podia ver o que ele era. Algumas crianças entram no mundo como um bebê arquétipo: gordas, doces e sonolentas. Algumas se parecem com pessoas velhas, pequeninas versões de como serão mais tarde. Meu primeiro filho não parecia novo nem velho. Ele era de outro mundo, como um raio puro de inteligência, como um visitante inocente de um planeta mais benévolo. Vi isto no rosto de Rahmiel.

Foi bom eu ter visto, e foi bom eu não ter nenhuma experiência com bebês quando tive meu primeiro filho – achava que todos choravam o tempo todo, dia e noite, até ficarmos os dois atordoados e envoltos um no coração do outro. Quando o choro parou, Rahm se tornou uma criança doce mas autoritária, e nós seus servos leais. Ele era uma criança cuidadosa, inteligente e sensata, não do tipo que assistia à televisão o tempo todo ou que queria muitos brinquedos. Rahmiel conhecia os próprios limites. Quando a avó deu a ele carta branca na F.A.O. Schwarz, a maior loja de brinquedos do mundo, ele escolheu uma bola. Porém, quando queria alguma coisa e não podia ter, seus acessos de raiva eram lendários.

Certa vez, ele teve um acesso espetacular durante a visita de uma amiga. Naquela época, Rahmiel tinha três anos e ainda não tínhamos começado a reduzir a porcentagem do nosso amor. Nosso filho era o soberano reinante do nosso mundo. Ele estabelecera por lei que somente sua fita favorita podia ser tocada no carro ou em casa. Durante várias semanas ouvimos exclusivamente *The Singing Rabbis*, uma coleção de música folclórica judia que o intrigava. Eu esqueci de avisar minha amiga da lei sobre a música, e estava no andar de cima quando ela, com toda a inocência do mundo, escolheu outra fita e apertou o play. Quando cheguei lá embaixo, o pequeno rei estava protestando com uma histeria real. Quando recusei substituir a música ofensiva pelo *Singing Rabbis*, o acesso escalou para o tipo de soluço que parece sufocação. Tive de levar Rahm para fora e acomodar seu traseiro nu em um monte de neve para que ele pudesse respirar. Meus filhos mais novos ainda adoram essa história.

Quando deixou o estágio de bebê, Rahmiel fez jus ao seu nome. Tornou-se uma criança extremamente amorosa, protetor dos irmãos mais novos e o pacificador da família. À medida que crescia, comecei a entender. Amar um filho não quer dizer fazer todas as suas vontades. Esse era o tipo de amor que os antigos sabiam que precisava ser reduzido em noventa e nove e nove décimos por cento. Se não nos livrarmos do amor desproporcional e neurótico, se criarmos nossos queridos em uma bolha de conforto, se estivermos sempre um passo à frente das suas necessidades, se tentarmos protegê-los da dor do mundo, os privamos do treinamento para seus primeiros Processos Fênix. Digo isso por experiência. Tentei fazer isso. Aprendi que dar demais para uma criança *não é* uma dádiva. É tomar alguma coisa dela. É negar à criança as habilidades de que ela vai precisar para viver fora da bolha. Todos os meus filhos me ensinaram isso, à medida que cresciam. Rahmiel, o anjo de misericórdia, foi o primeiro. Hoje, Rahmiel é um dos homens mais compassivos que conheço. E ainda estou aprendendo a ser mãe.

FUJA, COELHINHO!

Era uma vez um coelhinho que queria fugir.
Então ele disse para a mãe: "Eu vou fugir."
"Se você fugir", a mãe disse, "eu vou atrás de você,
porque você é o meu coelhinho."

– MARGARET WISE BROWN

Li para meus filhos *The Runnaway Bunny* – o precioso livro de Margaret Wise Brown sobre um corajoso coelhinho com grandes sonhos – com críticas variadas. Meu primogênito, que desde muito pequeno apreciava ordem, ficou aliviado ao saber que a mãe no livro sempre encontrava seu pequeno coelhinho, por mais que ele se esforçasse para fugir. Ela se transformava em árvore quando ele se transformava em pássaro, em vento quando ele era um veleiro. Ela o levava de volta ao porto vezes sem conta, por mais que ele se aventurasse longe de casa. Esse amor consistente e seguro atraía Rahm. Ele queria estar certo de que no caso de ele se aventurar até o armazém, eu apareceria para salvá-lo da ânsia de viajar.

Meu segundo filho chegou ao mundo marchando ao rufar de um tambor diferente, antes mesmo de começar a andar. Não gostava do Runaway Bunny. "Por que a mãe não deixa o coelhinho fazer o que ele quer?" Era a reação de Daniel à história do livro. Quando nos acomodávamos para ler, Daniel armava planos astuciosos para ajudar o coelhinho a realizar seu sonho de liberdade. "Fuja, Bunny!", ele exclamava quando eu virava as páginas e o coelhinho tentava correr, nadar ou voar para longe da mãe protetora.

Achei a interpretação de Daniel interessante e comovente. Eu ainda não estava pensando em como seu amor pela liberdade o influenciaria com o passar dos anos. Não compreendia realmente o que acontece aos filhos ou aos pais quando os coelhinhos ficam mais velhos, e na verdade fogem correndo, nadando ou voando. Eu só sabia que Daniel era um menino pequeno com pijama azul-claro, com uma imaginação expansiva e fora do comum, e eu era sua mãe lendo para ele um livro ilustrado. Talvez eu achasse que ele seria um bebê para sempre, talvez não estivesse achando nada. Alguma espécie de química de sonho deve fluir no sangue das mães, nos protegendo do que está logo adiante, e nos mantendo completamente ocupadas com nossos filhos em cada estágio.

Daniel era o tipo de criança por quem todos – adultos, seu irmão, outros meninos, e especialmente as meninas – se apaixonavam. Contentava-se em sentar no chão e brincar com uma coleção de chaves ou de colheres. Daniel amava tudo. Parecia ter uma apreciação mística pela vida, mesmo antes de começar a falar. Coisas comuns como comida, banho e música o encantavam. Ainda posso vê-lo sentado como um Buda imóvel na pia da cozinha, comendo frutas, bolachas ou pedacinhos de queijo, ou cantando uma canção inventada enquanto tomava banho e eu fazia o jantar. Ele demorou para falar, mas suas primeiras palavras foram líricos arautos do poeta que Daniel seria. Chamava a si mesmo de "Dandy-boy"; água era "lakey-la" e meninas eram "gina-kids". Foi um bebê profundo, e um menino mais profundo ainda. Quando Daniel tinha quatro e cinco anos, tínhamos conversas que ainda posso ter com muitos adultos. Durante toda a sua infância, discutíamos sobre seus amigos e sua família a partir de uma perspectiva psicológica, e falávamos sobre a natureza e sobre Deus como se fôssemos Walt Whitman e Emily Dickinson tomando chá.

Por muito tempo, a canção favorita de Daniel foi "Light My Fire". Ele a ouviu no rádio quando eu levava o irmão para a escola e gostou tanto que vasculhou uma caixa de coisas velhas no celeiro para encontrar meu álbum dos Doors de 1967. "Come on baby, light my fire" falava de um menino que acende um fósforo, uma coisa que ele queria fazer e eu não deixava. Mas Daniel também tinha medo do escuro, do latido de cachorros grandes e de histórias para dormir. Com cinco anos de idade, ele começou a ter problemas para dormir. Noite após noite eu me deitava com ele na cama pequenina, espremida em um canto, encostada na parede, massageando suas costas, esperando que seus olhos se fechassem. Depois de alguns meses, nosso ritual noturno demorava mais e mais, e começava a se tornar um hábito que eu queria quebrar. Tentei ir ao fundo do problema.

– Às vezes – sugeri, nós dois deitados na cama pequena –, se você diz o que está acontecendo, essa coisa vai embora.

– De verdade?

– Às vezes.

– Tudo bem, vou dizer. – Ele estava tão ansioso quanto eu para se livrar da tortura de todas as noites. – Eu tenho medo.

– Medo do quê?

Nenhuma resposta.

– Do escuro?

– Não.

– Da escola? – Recentemente Daniel começara a ir ao jardim de infância.

– Não, não da escola – ele disse.

– De passar a noite na casa da vovó?

– Não.

– Então do quê?

Ele se afastou de mim e murmurou alguma coisa no travesseiro.

– O quê? – perguntei, tirando o travesseiro do rosto dele.

– Tenho medo da coisa grande – ele murmurou com um fio de voz.

– Que coisa grande? – perguntei, olhando em volta.

– Você sabe, a verdadeira coisa grande.

– Monstros?

– Não – ele disse, aborrecido. – Eu não acredito em monstros. Estou falando da coisa *grande... de morrer*. Tenho medo de morrer.

Fiquei atônita e arrependida de ter sugerido que, se ele dissesse do que tinha medo, o medo iria embora.

– Bem, meu querido, bem-vindo ao clube. Muita gente tem medo de morrer – eu disse para o menininho com sentimentos e pensamentos grandes demais para a idade. O medo precoce da morte deve ser genético. Eu tive, e aparentemente passei para Daniel. Mas foi justamente essa obsessão pela morte que me levou a procurar respostas para a grande questão da vida, desde pequena. E Daniel também. Quando tinha nove ou dez anos começou a poesia – poesia que podia vir de São João da Cruz, de T. S. Elliot ou de William Blake. Freqüentemente tínhamos um poema para discutir, um novo aspecto do dilema humano para considerar. Durante toda a sua infância e começo da adolescência, Daniel e eu tínhamos diálogos perenes sobre sabedoria e sofrimento, arte e religião. Não me importava que ele fosse um sonhador. Não me importava que suas notas no colégio fossem medíocres. Provavelmente devia ter me importado, mas não dei atenção a isso. Todos na família dizíamos, brincando, que ele era de outro planeta, mas eu sabia que Daniel procurava as coisas da alma e, até onde eu podia saber, ele estava no caminho certo.

Confiar no que seu filho é e não no que achamos que ele devia ser ou no que o mundo quer que ele seja é talvez a maior dádiva que um progenitor pode conceder. Ter fé no destino do nosso filho, no destino da sua alma – é o único ingrediente que fará a grande diferença no nosso modo de criá-lo.

Porém, é claro, é sempre necessário mais de um ingrediente para fazer um bolo, construir uma ponte ou criar um filho. Devemos também aperfeiçoar outras artes essenciais, enquanto tentamos orientar nossos filhos com segurança e mente sã na infância. Mesmo que respeitemos quem aquele bebê, aquela criança, aquele menino ou aquela menina é, devemos também assumir o papel de dizer não, criador de regras e policial. Não basta valorizar quem eles são; devemos também ficar no seu caminho quando eles não querem que fiquemos, e sair da frente quando não queremos. Devemos tentar manter o equilíbrio delicado entre controle e leniência, medo e confiança, prendendo e soltando, até terminar nossa aventura como pais. A boa e a má notícia é que ela jamais acaba.

O GRANDE MOVIMENTO DO SOFÁ

Normal é uma pessoa que você não conhece bem.

– ANÔNIMO

Um dos amigos de infância de Rahm, Jonas, começou a dirigir e fazer filmes quando ainda cursava o ensino fundamental. Foi uma sorte, porque tenho aversão a câmeras. Meu álbum de fotografias está repleto de fotos tiradas por minha mãe, e os únicos vídeos que tenho dos meus filhos foram feitos por Jonas – peças teatrais completas com grande elenco e cenas bem ensaiadas. Em uma reunião recente do Dia de Ação de Graças, toda a minha família assistiu a alguns desses vídeos. Um deles em especial me ajudou a recuperar lembranças esquecidas de um tempo importante da minha jornada como mãe – os três anos entre meu primeiro e segundo casamentos quando fui mãe solteira. O filme, intitulado *Slam ball*, é um hilariante como-fazer-um-comentário-esportivo de um jogo complexo e imaginativo inventado pelos meninos. *Slam ball* teve seu auge durante um longo inverno cheio de neve, quando meus filhos e seus amigos se reuniam quase todas as tardes na minha sala de estar.

Quando assistimos ao vídeo instrutivo sobre *slam ball*, minhas irmãs ficaram atônitas com a desordem que eu havia permitido em nossa casa. "Eu nunca deixei meus filhos fazerem tanta bagunça em casa", disse uma delas. "Nem transformar a sala de estar em um estádio de esportes", disse a outra. Olhando para a mesma casa agora – os móveis e objetos de arte cuidadosamente dispostos – é difícil acreditar que eu tenha deixado uma gangue fazer tamanha desordem na minha sala de estar, empurrar o sofá para a frente da porta de vidro, marcar com fita adesiva os limites do campo no assoalho de tábua corrida e usar o desenho central de um tapete persa como o círculo do qual uma grande bola de borracha seria jogada com força pelo primeiro arremessador.

O vídeo mostra meus filhos e os amigos em um animado jogo de *slam ball*, que é um misto de squash com luta livre profissional. Em determinado momento, quando os jogadores atiram-se uns em cima dos outros, a bola ricocheteia do teto e acerta a televisão. Mas, embora tenha chocado minhas irmãs, assistir ao filme foi uma experiência nostálgica para mim. Levou-me de volta ao inverno chamado por Rahm e Jonas de Inverno do *slam ball*. Durante todo aquele inverno, deixei a arena do *slam ball* intacta. Eu estava sobrecarregada com a tarefa de ser mãe, com o trabalho e com a vida em geral para lembrar que salas de estar podem também ser usadas para descansar em silêncio em um sofá ou receber pessoas que preferem conversar a se atirar umas contra as outras.

Lembro-me do inverno do *slam ball* com certo orgulho. Orgulho porque aquela menina criada em uma família de mulheres adquiriu gosto pela impetuosidade dos meninos e teve prazer em aceitar suas experiências barulhentas. Eu estava realmente feliz por partilhar minha vida com um grupo de meninos – alimentando-os, ouvindo o que tinham a dizer, tomando carona na sua energia exuberante. Mas vejo também na minha desesperada permissividade a tentativa desesperada de fazer um lar para meus filhos. Como mãe solteira, eu vivia com um sentimento incômodo de vergonha – vergonha de minha família não ser uma "família verdadeira", e de não estar dando aos meus filhos a vida normal que deviam ter. E uma vez que eu tinha destruído a possibilidade de normalidade, ia fazer o possível para garantir que eles fossem felizes. Se eles queriam usar a sala de estar como um ginásio de esportes, eu deixaria. E, assim, permiti que minha casa fosse uma arena de *slam ball* semana após semana daquele inverno.

O vídeo não inclui um momento importante do *slam ball*, chamado por Rahm e Jonas de "O Grande Momento do Sofá". Quase no fim do inverno, quando a neve derretida e a lama pesada eram trazidas para minha sala pelos sapatos dos meninos, tive uma *epifania* sobre *slam ball*, maternidade e famílias. Começou durante a tarde, quando eu estava na cozinha vendo meus filhos e os amigos atravessar o bosque, depois de descerem do ônibus do colégio, rindo e empurrando uns aos outros, o volume das vozes aumentando à medida que se aproximavam de casa. De repente, tive vontade de trancar as portas. A idéia de outra tarde de *slam ball* não me atraía mais. Eu detestava *slam ball*. As coisas tinham ido longe demais, e eu queria minha sala de estar de volta. Era simples assim. Se não, eu queria que aqueles meninos fossem embora, todos eles, incluindo os meus. Senti um aperto no coração. Mortificada por aquele sentimento, mas não podia negá-lo. Alguma coisa tinha de mudar.

Quando os meninos chegaram em casa tirando as botas enlameadas na sala de estar, largando os casacos e as mochilas onde bem queriam, assaltando a geladeira e levando comida e bebida para a arena do *slam ball*, decidi que era a última vez que permitiria que jogassem na minha sala de estar. Se eu não acabasse com o *slam ball*, teria de proibir os jogadores na minha casa, e isso não era possível, uma vez que dois deles me pertenciam. Quando vi os meninos tirarem objetos estranhos da arena e se prepararem para outro jogo barulhento, tive certeza de que estava na hora de voltar ao papel de adulta e determinar algumas diretrizes de civilização.

A tarde se arrastou, os arremessos do *slam ball* estavam mais animados do que nunca, mas eu estava calma. Tomara uma decisão. O jogo terminou naturalmente quando começava a escurecer. Vários meninos foram embora, outros vestiram os casacos, calçaram as botas e esperaram pelos pais. Finalmente, só ficaram Rahm, Daniel e Jonas.

– Meninos – eu disse, entrando na sala –, quero que me ajudem a arrumar a sala.

– Mas, mamãe – Rahm disse –, teremos de arrumar tudo de novo amanhã.

– Não – eu disse com tristonha firmeza na voz. – Acho que não. Não quero que continuem usando a sala de estar para jogar *slam ball*.

Os três olharam para mim como se eu tivesse anunciado o fim do mundo.

– Quero pôr o sofá ali – eu disse, apontando para o meio da sala.

– Mas, Elizabeth – Jonas protestou –, é no meio do campo de *slam ball*.

– Eu sei, Jonas – eu disse, pondo o braço em volta do ombro dele. – O caso é que não posso mais ter *slam ball* na minha sala de estar. Está na hora de vocês inventarem um jogo diferente em uma sala diferente, ou ir lá para fora, ou encontrar uma casa onde os pais sejam tão loucos quanto eu.

– Você não é louca, mamãe – disse Daniel. – Você é legal. – Como o irmão menor, nunca fora permitido a Daniel participar completamente do *slam ball*, portanto não tinha tanto a perder, mas considerei um elogio do mesmo modo.

– Obrigada, meu querido – eu disse, engasgada. – Mas acho que fui legal um pouco demais. Vamos pôr o sofá no lugar, está bem?

Os dois mais velhos pegaram um lado do móvel, queixando-se e negociando comigo enquanto empurravam, e eu e Daniel pegamos o outro e levamos o sofá bem para o centro do campo de *slam ball*. Mais tarde, quando Jonas já tinha ido para casa e os meninos estavam na cama, passei o aspirador no tapete, desempilhei as cadeiras e arrumei a sala para parecer um lugar onde se pode conversar e ler. Acendi a lareira, sentei no tapete com um copo de vinho e tentei fingir que tudo estava normal, agora que o sofá estava no lugar e a ordem fora restaurada.

Mas a quem eu estava enganando? Minha vida não era normal. As coisas estavam seriamente fora de ordem. Eu era divorciada. Meus filhos estavam sempre indo de uma casa para outra, a minha e a do pai. Não devia ser assim. Durante o divórcio, me apeguei às palavras de Carl Jung de que "nada tem uma influência mais psicologicamente perturbadora nos filhos do que a vida não vivida dos pais". Isso me parecia certo. Esperava que o divórcio desse aos meninos a dádiva de pais com vidas cheias e felizes.

Agora, porém, estava também atormentada pela culpa, achando que, na verdade, não era capaz de acreditar em coisa alguma.

Fiquei ali, deixando que esses fatos congelassem meu coração enquanto o fogo aquecia meu rosto. Naquele silêncio, sem nada para me distrair, um desespero bem conhecido tomou conta do meu coração. Porém, em vez de me levantar, lavar os pratos ou telefonar para uma amiga, mergulhei no espesso caldo da vergonha e da tristeza. Lágrimas encheram meus olhos e rolaram rosto abaixo. "Por quanto tempo tenho de me sentir assim?", perguntei para as chamas. "De quanto tempo preciso para voltar ao normal?"

O fogo crepitava, eu tomava o vinho em pequenos goles. Então, lembrei-me de uma coisa engraçada que alguém me dissera recentemente, e repeti em voz alta: *normal é a pessoa que você não conhece bem*. E então, olhando para as chamas, ri, ergui as mãos e anunciei: "Eu desisto. Não sou normal. Nunca mais serei normal."

Teria sido o vinho? Ou as chamas? O fim do *slam ball*? Não sei. Naquele momento, contudo, senti que estava na hora de deixar o normal morrer. Vi claramente como meu estilo livre de criar filhos originava-se no respeito pela exuberância das crianças. Eu gostava dessa parte do meu estilo. Resolvi continuar com ela. Porém, parte da minha tolerância vinha da culpa que sentia pelo divórcio e da minha idéia errada de que os lares normais são sempre felizes. Estava na hora de eliminar essa parte.

"Posso jogar no fogo meu desejo de ser normal?", perguntei à Fênix do fogo. "Você o queimará e me mostrará um novo caminho?" Pensei nos meus meninos dormindo lá em cima, em Jonas na sua casa, nas crianças em todos os lugares, em todos os tipos de famílias. E fiz uma oração à Fênix, às deusas e aos deuses de todos os pais, a quem quer que estivesse ouvindo. "Por favor, ajudem-nos a criar nossos filhos com graça, sabedoria e prazer. Por favor, façanos lembrar de que nossos filhos são pequenos seres humanos – pequenos Bozos no ônibus – que nem em todas as circunstâncias serão felizes, por mais que tentemos. Por favor, olhe por todos nós, dormindo e acordando neste mundo imperfeito."

Depois da prece, pensei ter ouvido um suspiro de gratidão dos móveis, sentindo que os dias de *slam ball*, de mochilas e botas molhadas tinham acabado. Bati com a mão aberta no sofá, garantindo isso a ele, embora sabendo que ele jamais teria o prazer do elegante isolamento das casas sem crianças. Eu estava pronta para estabelecer certos limites. Então subi, me deitei e mergulhei em um sono esperançoso, certa de que de manhã alguma coisa boa ressurgiria das cinzas.

No dia seguinte, o mesmo grupo de garotos desceu do ônibus escolar e andou para a casa. Quando chegaram na porta da frente, me preparei para uma revolta, mas, em vez disso, Jonas explicou para eles, em tom dramático, que na noite anterior ele e Rahm tinham testemunhado o Grande Movimento do Sofá, e o trágico e prematuro fim do *slam ball*. Então me convenceram a permitir que o sofá fosse retirado outra vez do meio da sala, para que o *slam ball* sobrevivesse para sempre, preservado em videoteipe. Impressionada com a inventividade deles, concordei e, por mais uma tarde de desordem, os sons do *slam ball* ecoaram pela casa.

Sentei-me na arquibancada (o sofá), assistindo ao último jogo com satisfação, enquanto Jonas e Rahm se revezavam na filmagem. Meu coração se encheu de um comovente sentimento de amor por meus filhos e seus amigos, e por mim mesma. Eu tomara uma posição, e os garotos responderam com criatividade. Sim, houve alguns resmungos, mas todos pareciam compreender a lógica de minha decisão com surpreendente boa vontade. Depois da partida final, eles foram ao meu escritório para digitar um manual de instruções para o *slam ball*. Então, vestiram os casacos e entraram no bosque para fazer um filme sobre uma batida do FBI.

O Grande Movimento do Sofá foi significativo para os meninos no sentido de que essencialmente terminou com o *slam ball*, considerando que nenhum pai estava interessado em abrir espaço para o jogo. Porém, a partir do desapontamento, percebi alívio nos meus filhos – alívio por eu ter retomado o papel de chefe. As crianças não querem decidir sobre a vida da família. Podem agir como se quisessem, mas não querem. Não quando são bebês e não quando são meninos e meninas, não quando são adolescentes. As crianças *precisam* que os pais indiquem o caminho, que os ensinem a navegar nas águas da vida real. Também fiquei aliviada por ter aprendido alguma coisa com o Grande Movimento do Sofá. Constatei o quanto as crianças são resistentes – como são muito mais capazes do que os adultos de aceitar e trabalhar com o que existe. Estão interessadas em tirar o maior proveito de cada momento, enquanto nós tentamos combinar os momentos para formar uma idéia preconcebida da vida. Elas estão vivas no momento, nós estamos presos ao normal.

Depois do Grande Movimento do Sofá, minha busca da normalidade abrandou. Estaria mentindo se dissesse que desapareceu da noite para o dia, mas fiz novas promessas que comecei a pôr em prática. Prometi honrar a imperfeita autenticidade da vida real. Em vez de gastar energia desejando que fosse como supostamente devia ser, *prometi* fazer com que tudo fosse o mais harmonioso e vibrante possível. Prometi honrar a família que tínhamos, e incluir e respeitar cada membro – eu e meus filhos, o pai deles e, mais tarde, o padrasto e o filho dele, e sua madrasta e família, e seu novo irmão que chegaria alguns anos mais tarde. A catástrofe completa! Renovo meus votos a cada dia, e agradeço ao *slam ball* por lançar essa grande lição no centro do campo.

DÁDIVA

Tenho um cartão acima da minha mesa de trabalho, preso na parede ao lado de outros ícones de inspiração, que jamais imaginei receber quando me tornei madrasta. É um cartão cor-de-rosa, com a figura recortada de Glinda, a bruxa boa de *O mágico de Oz*. No cartão está escrito com a letra neandertal inconfundível do meu enteado:

Em um mundo de madrastas malvadas, você é minha Glinda,
Amor, Michael.

Michael me deu esse cartão quando se formou no primeiro grau, dez anos depois que nossas famílias se uniram no mais estranho amálgama chamado "família combinada". Nesses dez anos, Michael e eu subimos uma curva íngreme de aprendizado, na qual ele aprendeu a se acalmar e a confiar, e eu aprendi a relaxar e amar. Assim escrito, parece muito simples e fácil, mas não foi nem uma coisa nem outra criar três filhos, um dos quais chegou com sete anos, carregando uma *chimidunchik* terrivelmente pesada.

Visto de fora, tudo parecia perfeito. Ele era filho do homem que eu amava, com idade igualmente espaçada entre as dos meus dois filhos, um menino de coração terno, com toneladas de energia e entusiasmo. A princípio, Michael, durante o ano letivo, morou em Los Angeles com a mãe e o padrasto e passava as férias conosco. Aos 11 anos, fez a difícil escolha de mudar para nossa casa, e a cada ano atravessava o continente mais vezes do que um vendedor viajante. Parecia estar suspenso entre fusos horários e o mundo da mãe e o do pai. Em Los Angeles, ele era criado por uma babá e exposto a coisas que não acho boas para crianças – muita televisão, comida de lanchonete e festas que iam até tarde da noite. Quando estava conosco, saíamos para caminhar, fazer canoagem e comíamos alimentos saudáveis. O contraste era marcante, e criava certa tensão entre nós dois quando eu tentava controlar o que considerava um comportamento inaceitável. Eu estava acostumada às extravagâncias dos meninos, mas, na minha opinião, Michael pertencia a outra espécie. Ele era tão cheio de energia que literalmente ricocheteava nas paredes.

Uma combinação de eventos fez Michael deixar a casa da mãe em Los Angeles e vir morar na nossa casa, no norte da cidade de Nova York. As viagens constantes eram difíceis para ele; estava infeliz na escola e em casa; tudo que seu pai queria era proteger e criar o filho; e, desde o começo, Michael e meus filhos decidiram que eram irmãos. Assim, pareceu certo para ele passar a morar conosco. Meu marido ficou encantado, meus filhos entusiasmados e Michael estava pronto. Só eu estava incerta. Não que eu não amasse *Michael.* Estava preocupada *comigo.* Tinha medo de virar uma bruxa excessivamente crítica – uma madrasta malvada – se tivesse de incorporar a energia indisciplinada de Michael à nossa vida diária. Eu já tinha visto e não gostei do que vi quando ele passava as férias conosco. Eu não queria mais entrar em contato com essas partes de minha personalidade – as partes que se importavam mais com estar no controle do que a necessidade que um menino tinha de amor.

Quando ele estava conosco havia alguns meses, começamos a imaginar se o movimento perpétuo de Michael não seria causado por algo mais do que a exuberância natural. Às vezes ele era incapaz de ficar parado, se contorcia e remexia, parecendo fisicamente desconfortável. Nós o levamos para fazer exames, e descobrimos que Michael sofria da síndrome de Tourette (ST), uma doença natural que se manifesta com trejeitos e superatividade. Embora seja uma doença branda, e muitas pessoas nem cheguem a saber que têm, para Michael não era fácil. Os sintomas o embaraçavam. Ele tentava disfarçar os tiques com constante atividade.

Comecei a ter a impressão de que havia dois estranhos em casa. Um era Michael – um pequeno estranho inquieto; o outro era eu – uma estranha grande e controladora. Tornei-me estranha para mim mesma. No trabalho, eu era conhecida por minha sensibilidade e amabilidade. Ouvia os problemas dos meus colegas; lutava por nossa bolsa escolar; trabalhava para diversificar ao máximo o pessoal. Agora, alguém que precisava de minha bondade estava morando comigo e nossa família tornara-se mais diversificada. Porém, eu não queria diversidade em casa e não tinha vontade de ser compassiva. Queria que Michael se acalmasse, que ficasse parado, que se encaixasse no molde. Eu podia ser a fada madrinha, mas, em casa, estava me tornando a madrasta malvada.

Sempre pensei em madrastas malvadas. Os contos de fadas estão cheios delas: a Gata Borralheira e a Branca de Neve, cada uma tinha uma madrasta malvada. A madrasta de João e Maria era tão horrível que convenceu o pai deles a abandoná-los na floresta escura. Agora, eu podia ver os dois lados da história – o lado da criança inocente, carente de amor, e o lado doloroso do adulto que não podia dar esse amor. Meu coração doía sempre que voltava para casa após o trabalho, orgulhosa por ter ajudado dois colegas a se entenderem melhor, e me envolvia em uma batalha de vontade com Michael. O que importava se eu tinha de fazer comida diferente para ele, se ele deixava seu rato de estimação solto na sala de estar, ou se dava cambalhotas quando estávamos assistindo à televisão? Se era isso que ele precisava para lidar com a ST e se ajustar a uma nova escola, a novos amigos e a uma nova família, por que eu não podia ajudá-lo? Eu não queria ser como a madrasta de João e Maria. Não queria perder Michael no bosque do meu egoísmo. Dia após dia, no entanto, eu fracassava na tentativa de revisar o mito da madrasta malvada.

Um ano antes de Michael vir morar conosco definitivamente, eu quis que uma criança *Ar Fresco* – uma criança que morava em uma casa pobre, no interior – passasse o verão com nossa família. Por que não partilhar as vantagens de nossa vida com uma criança que precisava do amor que tínhamos para dar? Discuti o assunto com meu marido. Ele disse que já havia bastante caos em nossa casa e que era melhor esperarmos até que as coisas se estabilizassem. Depois que Michael veio morar conosco, minha resistência ao seu comportamento se tornou um assunto delicado, não só entre ele e mim mas também entre mim e meu marido. Certa noite, quando as crianças já estavam dormindo, meu marido disse uma coisa que finalmente abriu meu coração. "Lembra aquela criança *Ar Fresco* que você queria?", ele perguntou. "Muito bem, aqui está ele! É Michael."

Era do que eu precisava para um novo Processo Fênix. À luz das chamas, comecei a ver como minha necessidade de controlar ia muito além do meu relacionamento com Michael. Resolvi me conter, e parar sempre que pensava em fazer uma mudança sutil (ou não muito sutil) no comportamento de Michael. Perguntava a mim mesma: quem me fez autoridade sobre o que é ou não um comportamento aceitável? Como eu sabia o que era melhor para Michael? E, mesmo que soubesse, forçar uma mudança funcionaria? Paciência e apoio não seriam melhores do que pressão e intolerância? Agora, avaliando a mim mesma com mais honestidade, eu começava a ver o lado impaciente e intolerante de minha natureza refletido em toda parte. Em casa, com meu marido e a família, e no trabalho com meus colegas. Aparecia até no modo que eu via pessoas com opiniões políticas ou sociais diferentes das minhas. Desde que os outros acreditassem naquilo que eu acreditava e agissem de um modo que eu conhecia, eu era magnânima; mas, se fosse retirada da zona de segurança para umas férias breves e exóticas, minha generosidade murchava.

É fácil continuar cego para nós mesmos quando estamos na zona de segurança – entre pessoas que são iguais a nós, em um lugar semelhante ao nosso lar. Podemos nos enganar com a idéia de que temos a mente muito mais aberta e um coração muito maior do que realmente temos. É quando somos levados a examinar a complexa paisagem de uma vida desorganizada que os ideais que consideramos virtuosos são reduzidos ao seu verdadeiro valor. Ao ver-me fracassar e aprender como madrasta, e fracassar outra vez e aprender um pouco mais, dar pequenos passos na direção do amor e da bondade me tornou humilde. Não sou mais uma sabe-tudo. Descobri que há muito mais espaço no coração de quem reconhece que realmente não sabe tudo.

Quando Michael estava no segundo ano do ensino médio, os pais foram convidados para dar, nas tardes de quarta-feira, uma série de aulas escolhidas pelos alunos, durante a meia hora de estudo independente. Eu me ofereci para dar um curso de meditação de seis semanas. Imaginei se algum aluno do segundo ano do ensino médio se interessaria por silêncio e meditação, e estava convencida de que nenhum dos meus filhos, nem morto, seria apanhado em uma aula "hippie" dada por sua mãe. *Hippie* era a palavra com que Michael designava a comida saudável, caminhadas ao ar livre e os papos "cabeça", que, por delicadeza, ele tolerava em casa. A meditação sem dúvida se encaixava na categoria de "hippie".

Quando entrei na sala na primeira tarde de quarta-feira, fiquei surpresa ao ver a quantidade de alunos que tinham escolhido minha aula. Porém, minha surpresa foi maior quando vi Michael entre eles. Falei um pouco sobre minhas qualificações para ensinar meditação e sobre os vários benefícios e usos desta prática. Então, antes de conduzi-los a uma curta sessão de imobilidade e silêncio, pedi que escrevessem uns poucos parágrafos sobre por que queriam aprender a meditar. Eu mal podia esperar para chegar em casa e ler as respostas. Principalmente a de Michael.

Em resposta à pergunta "Por que você quer meditar?", alguns encheram os dois lados da folha com informação sobre o estresse em sua vida, sua crença nos UFOs ou sobre suas indisposições – dores de cabeça, asma, dificuldade para se concentrar. Isso tudo era muito encorajador. Teríamos aulas sérias e animadas. Quando cheguei à resposta de Michael, tudo que vi foi apenas uma linha no topo da página ao lado da minha pergunta "Por que você quer meditar?". Michael respondeu: "Para 'curtir' Ram Dass."

Uma resposta vigorosa, puro estilo de Michael, era também uma piada – seu modo preferido de comunicação – mas também não era uma piada. Era um ramo de oliveira, uma bandeira branca que Michael erguia, como se dissesse: "Está vendo? Na verdade, não acho você tão esquisita. Gosto de saladas e caminhadas, e até daquele seu estranho amigo Ram Dass." Ram Dass (o famoso mestre da meditação e professor espiritual) era o codinome em nossa família para todas as pessoas e coisas exóticas, não-Los Angeles, que Michael tinha conhecido por meu intermédio. Agora, ele declarava que queria aprender a meditar.

Com o passar das semanas, muitos meninos abandonaram a aula. Como eu achava, sentar imóvel não era uma atividade muito popular entre os adolescentes. Michael, contudo, ficou até o fim.

Era o aluno mais aplicado (bem como o comediante da turma). Às vezes eu abria os olhos durante a meditação em grupo e o via ali sentado no chão, tão quieto e calmo como um verdadeiro Buda na floresta, e meu coração se enchia de respeito por aquele jovem que navegara pela dificuldade e pela mudança com bom humor e um talento para a vida. Quando a meditação terminava, ele se levantava de um salto e terminava a sessão com um salto mortal, e eu ria, orgulhosa de mim mesma também.

Quando ele se formou no ensino médio, era um talentoso jogador de basquete e ator. Foi admitido em uma universidade de prestígio e se formou em teatro. Então voltou para Los Angeles, para seguir a carreira teatral. Começamos um animado relacionamento por e-mail, trocando as novidades de nossas vidas, piadas e artigos, brincando com uma linguagem só nossa. Certo dia, ele mandou um e-mail notável. Tinha assistido a um documentário sobre Ram Dass – o mesmo Ram Dass sobre quem escrevo na segunda parte deste livro. O documentário estava sendo exibido em várias cidades, e chegara a Los Angeles. Mostrava a infância de Ram Dass, os anos na universidade, seu cargo em Harvard, sua viagem ao Oriente, seus livros e ensinamentos e, finalmente, o derrame e sua condição presente. Para Michael, foi uma revelação ver Ram Dass como uma figura cultural e não apenas como um dos amigos de sua madrasta. Ele escreveu isso no e-mail e terminou com as palavras:

> Aquele filme foi extraordinário. Chorei quase o tempo todo. Ram Dass é uma pessoa incrível. Mas acho que você já sabia disso. Interessou-me muito ouvi-lo falar sobre o derrame. Ele trata o assunto de modo completamente diferente. É um desses problemas médicos – como minha síndrome de Tourette – que a medicina ocidental não pode resolver por completo. Tudo que sobra é o modo como a pessoa os enfrenta psicologicamente. Ele compara seus sintomas às sereias – as sereias da *Odisséia*. (Está vendo? Eu li de verdade.) Posso me identificar com isso, e nunca tinha ouvido ser dito de modo tão bem articulado. Ram Dass diz que quando seus sintomas começam a desanimá-lo, sente-se como Odisseu, quando se amarrou ao mastro para combater o impulso de nadar para as sereias. Diz que às vezes tem de se esforçar arduamente para não ceder à dor e ao medo. Mas, ao que parece, aposto que ele veleja ao lado das sereias e as saúda batendo a mão aberta nas delas.

Ainda não cheguei lá, mas ele me transmitiu algum conhecimento. Lidar com a ST é minha experiência com as sereias. Fez de mim uma pessoa mais forte do que teria sido sem ele. Lembro-me de quando eu era pequeno e meu pai me levou ao neurologista. O médico me deu aquele remédio – praticamente fez desaparecer os sintomas. Infelizmente fez desaparecer outras coisas também. Tomei o remédio só algumas vezes e, quando parei, lembro-me de ter me considerado uma pessoa de sorte por ter ST, porque me deu uma referência do mundo que poucas pessoas têm.

Não vejo mais a ST como uma doença, nem me deixo dominar tanto pelos sintomas. É claro que às vezes acontece. Então, me transformo em uma crispação desordenada. Permitir que me prenda aos sintomas é pior porque estou lutando contra eles. Acho que depois de assistir ao filme adquiri um modo totalmente novo de ver a ST. Agora eu quero realmente "curtir" Ram Dass.

Recentemente, no funeral do meu sogro – avô de Michael – Michael e eu ficamos sob um guarda-chuva, protegendo-nos do aguaceiro do começo da primavera que caía na relva e nas lápides. O cemitério estava cheio de familiares e de amigos, pessoas que se conheciam durante toda a vida. Michael e eu nos sentíamos como intrusos – os únicos que não tinham crescido na pequena cidade do oeste do Texas. Ficamos um pouco afastados, um pouco deslocados, mas seguros no calor do nosso amor familiar. Foi quando compreendi que as famílias não se definem apenas pelo sangue, mas também pelo amor, e Michael e eu éramos uma família. Depois de todos os anos de ajustes e aprendizado, de fracassos e sucessos que passamos, quando me tornei sua Glinda e ele se tornou meu filho, ficamos com o que conquistamos com muito sacrifício: o dom do amor – a maior dádiva de todas.

Tudo de que você precisa é amor. Os Beatles disseram, a Bíblia disse e também o disseram todos os santos sábios. Mas foi Michael quem me ensinou. Por certo, há outras grandes coisas na vida: conhecimento, poder e compreensão espiritual. "Mas tudo isso passa", Paulo escreve no Novo Testamento. "Onde há profecias, elas cessarão; onde há línguas, calarão; onde há conhecimento, passará... E permanecerão a fé, a esperança e o amor. Mas o maior de todos é o amor."

O GENE BRUM, BRUM

Os bebês têm um gênero extra. São masculinos, femininos e bebês. Acho que não percebi que meus bebês eram meninos – e não só pequenas criaturas extraordinárias – até eles começarem a andar e falar. Quando comecei a treinar meu primeiro filho a usar o banheiro, ele adorava urinar em todo o assento do vaso. Isso me deixava horrorizada. Meu marido achava engraçado. Mais uma vez me dei conta de que fora criada em um mundo de mulheres, que pouco me ensinaram sobre os meninos. Eu tinha de aprender.

Quando tive o segundo filho e os dois começaram a crescer, me sentia como uma antropóloga. Que costumes estranhos tinham os membros da tribo. Passavam horas rolando juntos no chão. Seu gosto por esportes e a atração por conflitos armados me deixavam atônita. Eram fisicamente fortes mas psicologicamente frágeis – a menor insinuação de zanga em minha voz os fazia chorar. Sua afeição sincera e a forma como procuravam me proteger comoviam meu coração. E eram tão engraçados, tão barulhentos, tão genuínos. Eu estava completamente confusa, e ao mesmo tempo totalmente encantada com sua masculinidade.

Para mim, a entrada no mundo dos homens foi como um treinamento em diversidade para quem nunca conviveu com pessoas de raça diferente. Tendo crescido em uma casa cheia de mulheres, com um pai que em geral estava a 60 quilômetros de distância, trabalhando, eu me relacionava com homens como um extraterrestre deve se relacionar com os terráqueos. Era curiosa, mas seu comportamento desconhecido e estranho para mim. Minha primeira educação a respeito de homens viera da área do feminismo, e eu, praticamente uma tábula rasa, aceitei como evangelho o que as feministas da década de 1960 diziam sobre homens e mulheres: que nascemos basicamente iguais; que só a educação cria diferenças de comportamento, e que algum dia viveremos em um mundo sem distinção de gêneros.

Então tive meus bebês. Se eu não tivesse sido abençoada com meninos, nunca teria feito uma das mais importantes descobertas da minha vida. Quando meus bebês cresceram e se tornaram meninos, encontrei o "gene brum, brum". E o gene brum, brum virou de cabeça para baixo o debate de criação versus natureza. Descobri o gene brum, brum quando meu primeiro filho tinha uns dois anos. No seu grupo, os meninos ficavam de quatro e empurravam caminhões de lixo e outros veículos, fazendo *brum, brum,* enquanto as meninas brincavam com bonecas ou desenhavam. Quanto mais eu ficava na companhia de meninos, mais testemunhava o inato primitivismo do gene brum, brum. Os meninos faziam esse som o tempo todo. Para uma feminista como eu, essa observação era desconcertante. Como uma pesquisadora do espírito, entretanto, eu estava mais interessada na natureza inquietante da verdade do que em confirmar a segurança de uma doutrina.

À medida que meus filhos cresciam, eu não podia negar o que via todos os dias. Era só dar a eles um caminhão e o *brum, brum* começava. Era só dar a eles uma vara e a transformavam em uma lança. Sem dúvida, havia sombras de masculinidade e de feminilidade, e alguns meninos recebiam maiores doses do gene brum, brum do que outros. Porém, não importava o que eu fizesse para criar meus filhos em uma "zona de gênero", eles faziam o *brum, brum,* e a maioria das suas amigas não fazia. Meus meninos tinham um conhecimento subterrâneo inegável de quem eram e quem não eram, indiferentes aos meus conceitos.

Comprei bonecas para meus filhos, e o segundo aceitou uma – um menino vestido de palhaço, a quem ele chamou de Baby Joko. Durante mais ou menos um ano, Baby Joko ia com Daniel para todo canto. Muitas vezes ele emprestava Baby Joko para passar a noite na casa de uma menina do jardim-de-infância, e eu imaginava se aquela coisa com Baby Joko não seria uma tentativa precoce de impressionar as meninas. Quando se cansou de Joko, Daniel começou a colecionar pequenos seres de plástico: animais domésticos e do zoológico, duendes estranhos chamados Smurfs, soldados e figuras de ação. Ele podia passar a tarde toda arrumando famílias e organizando exércitos. Eu o ouvia no quarto, atuando em dramas secretos e guerras arquetípicas.

Certa vez perguntei a Daniel por que os pequenos soldados verdes lutavam uns com os outros, e ele respondeu: "Por que é isso que devem fazer."

– Bem – sugeri –, talvez eles possam brincar em vez de lutar.

– Não – Daniel disse com convicção –, isso é o que os Smurfs fazem.

Com quatro anos, Daniel sabia que alguns de nós esquecemos as coisas quando ficamos mais velhos – que há forças inegáveis agindo dentro de nós e no mundo. Vendo meus filhos brincar, sem influenciar suas escolhas, comecei a compreender que estavam trabalhando com conflitos interiores, impulsos agressivos e com os instintos competitivo, criativo e comunal que todas as crianças precisam expressar. Era melhor deixar que expressassem seu desejo mal formado de poder, antes que esse desejo se transformasse em uma versão maléfica do impulso original. Sempre que eu os ouvia fazer vários tipos de ruídos explosivos, me controlava para não dizer "brinquem com calma". Em vez disso, eu procurava equilibrar as coisas lendo para eles, desenhando com eles, ensinando-os a cozinhar e alimentando genes que não fossem brum, brum.

Quando meu segundo marido e eu juntamos nossas famílias – meus dois meninos e o dele (e uma casa cheia dos amigos dos três) – fiquei seriamente em minoria. A situação mudou. Agora eu sabia como meu pai devia se sentir. Minha anatomia e meus hormônios faziam de mim "a outra" na família. Os interesses e o comportamento dos meus filhos os faziam diferentes de mim – mas quão diferente? Eu queria saber. Só poderia descobrir se afastasse do caminho meus preconceitos e minhas preferências e passasse a me interessar e a ter prazer com o caminho escolhido por eles. Então me atirei no mundo deles.

Muitas vezes, assistindo a uma partida de futebol ou nas arquibancadas do Time dos Pequenos, gritando como louca quando nosso time marcava um ponto, eu tinha uma experiência fora do corpo. Aquela era mesmo eu? A pessoa que passara o tempo livre da infância lendo os livros de Laura Ingalls Wilder ou se vestindo primorosamente com as irmãs? Mesmo quando eu ainda estava no ensino médio, nem morta eu seria apanhada assistindo a uma partida de futebol. Eu era uma hippie que me dizia doente para não ir às aulas de educação física. Agora, passava grande parte de cada semana vendo um tipo ou outro de bola sendo chutado, arremessado ou atingido por alguma coisa.

Em casa, qualquer tentativa que eu fazia para aquietar ou arrumar as coisas era recebida com olhares de incompreensão. Cada pergunta como "Por que vocês estão sempre batendo um no outro?" ou "Por que precisam fazer tanto barulho?" era respondida com um movimento de luta ou uma piada que fazia de mim uma parceira relutante dos seus brinquedos. Eu só podia fazer duas coisas na minha posição de minoria: aprender a respeitar e me alegrar com a energia deles e ensinar aos homens da minha vida o valor dos métodos das suas compatriotas femininas. Queria mostrar a eles que homens e mulheres são, por um lado, iguais, e por outro diferentes, que essa diversidade é uma boa coisa e que, enquanto os sistemas dos homens e das mulheres não forem igualmente respeitados, nosso mundo sofrerá.

O que aprendi vivendo com meninos durante muitos anos foi que nós todos podemos nos adiantar muito mais do que imaginamos, cada um em sua direção. Rumi diz:

Muito além das idéias
De certo e errado
Existe um campo,
É lá onde nos encontraremos.

Encontrei-me com meus filhos no campo da ação e da energia, e eles se encontraram comigo nos meus jardins, na minha cozinha, nos meus livros e no meu coração. Jamais deixaram de me surpreender com sua disposição para aprender aquilo que amo e ao que dou valor. Sinto-me esperançosa quando vejo como ficam à vontade com as mulheres e como respeitam e gostam das namoradas.

Dado o fato de as coisas na vida parecerem sempre fora de esquadro, quer tentemos ou não uma simetria, não me surpreende que a primeira parte da minha vida tenha sido passada na companhia de mulheres e a segunda especialmente em relacionamentos com homens. As mulheres ainda cuidam de mim e me dão apoio, mas são os homens que me incitam a crescer, a examinar minhas inferências, a alargar as fronteiras do meu coração. Maridos, amantes, professores espirituais, colegas, porém, mais do que todos, os filhos têm sido meus maiores professores na arte de viver, amar e libertá-los.

DEIXANDO-OS PARTIR

Quando pequeno, meu filho mais velho era um menino de poucas palavras e um amigo fiel, bondoso e divertido. Quando o irmão nasceu, Rahm tinha três anos e meio, mas, desde o começo, sentiu-se protetor e ansioso para amar. Também deixava bem claro, firme e delicadamente, qual era a ordem de importância. Quando ele tinha sete anos, eu era mãe solteira e me acostumei a confiar em sua mente aguçada e na sua habilidade de navegação. Na verdade, certa vez, ao sair sozinha, perdi a saída para a via expressa e, timidamente, contei a ele meu engano. Ele pareceu ficar aliviado quando casei outra vez, e passou a amar sinceramente os novos membros da família. Era ele quem nos garantia uma união harmoniosa.

Rahm abriu o caminho do irmão na escola, no campo de futebol e no de beisebol e, mais tarde, no time de basquete. Foi também pioneiro para outros adolescentes em outros territórios – um modo discreto de descrever o que acontecia em nossa casa quando três adolescentes e seus amigos dominavam a paisagem. Meus adolescentes me puseram vigorosamente à prova. Na sua procura pela "individuação" (como Jung chama o processo de liberar o ego essencial do ego condicionado pela família e pela cultura), eles passaram por várias iniciações clássicas do comportamento do adolescente – um modo elegante de resumir o misto assustador e poderoso de meninos adolescentes, carros, garotas, e só Deus sabe o que mais.

Sempre penso que Deus pensou em um plano ao dificultar a vida entre pais e filhos adolescentes. Quando chega a hora de nossos filhos amados saírem de casa, estamos mais do que prontos. Mesmo assim, levei um tempo enorme para sair do transe no qual meus filhos jamais cresciam, e eu era a mamãe para todo o sempre.

Só quando Rahm chegou ao último ano do ensino médio dei-me conta de que os filhos saem de casa, e que logo eu teria de viver sem ele. Entrei em um longo período de lamentação precoce – lamentando a saída de Rahm muito antes de ele nos deixar. Pobres dos primogênitos! Sempre alguns passos na nossa frente, eles devem suportar o aprendizado dos pais, ao passo que os irmãos aproveitam os frutos do seu martírio involuntário.

Um pouco antes de Rahm se formar, compreendi que, embora a lamentação fosse importante para mim, ele precisava de algo muito diferente. Precisava de alguma sabedoria, alguns avisos, alguma orientação. Olhei em volta, à procura dos decanos tribais – pais e avôs, com a pintura assustadora no rosto, as mulheres idosas e sábias com sorrisos de quem sabe tudo – para que conduzissem Rahm ao mundo dos adultos. Epa! Cultura errada, século errado. Como eu podia – uma mãe cujos instintos mandavam proteger os filhos de tudo que é difícil e doloroso – prepará-lo para o mundo?

Senti-me tão confusa como quando Rahm nasceu. Sabia que tinha de deixá-lo ir, mas queria que conservasse um forte senso de ligação com a família. Eu queria evitar o que pensava que poderia prejudicar um filho quando ele sai de casa: o sentimento de se desligar de qualquer base familiar ou um sentimento de culpa por deixar os pais e a família. Eu queria poder dizer a Rahm (de modo que ele me ouvisse) que acreditava nele, que sentia prazer pela sua liberdade e pela responsabilidade assumida, que o caminho à sua frente nem sempre seria fácil e que ele podia vir a nós com seus sucessos e seus fracassos. Eu queria poder agradecer a ele a vida que passamos juntos sem cair no sentimentalismo, que o afastaria. Além de escrever uma carta, que talvez ele nem sequer fosse ler, eu imaginava como poderia fazer isso.

Então arrisquei várias conversas com Rahm – conversas que nós dois vínhamos evitando havia muito tempo, porque não sabíamos o que dizer. Falamos sobre os sentimentos dele a respeito do divórcio dos pais, da sua antecipação do futuro, da transição pela qual ia passar e do amor que sentíamos um pelo outro. Não foi fácil. Tive de fazer com que as conversas acontecessem. Porém, dediquei-me a isso como se fosse um ritual, porque, apesar da dificuldade, eu podia sentir um rio se movendo pelos nossos corações.

Uma das tradições do colégio dos meus filhos era dar a cada membro do último ano a oportunidade de falar na formatura. Como as turmas eram pequenas, geralmente com apenas 20 alunos, a maioria deles falava por alguns minutos para os amigos e pais reunidos para a cerimônia. Eu tinha assistido a formaturas nos anos anteriores, e o poder do dia me comoveu. Esperava ansiosa ouvir Rahm, embora não pudesse imaginar o que ele diria. Duas semanas antes da cerimônia, perguntei o que ele planejava dizer. Rahm respondeu no dialeto-padrão dos adolescentes: "Sei lá. Depois eu vejo." Era o momento em que eu devia começar a praticar o "deixa pra lá". Eu era famosa por ajudar excessivamente meus filhos nos projetos escolares, mas, dessa vez, o projeto consistia em Rahm decidir fazer ou não.

Chegou o dia. Os formandos se reuniram no palco, professores e administradores falaram, o coro da escola cantou. Pais e avós, sentados na platéia, estavam orgulhosos, felizes, tristes. O diretor falou, bem como alguns professores e ex-alunos, e então chegou a vez dos formandos. Um a um, eles se aproximaram do pódio e se dirigiram à comunidade. Alguns foram engraçados, sarcásticos e breves. Outros falaram sobre política e simbolismos, em longos discursos. Quando Rahm se levantou para falar, meu coração disparou. O que ele revelaria sobre si mesmo? O que íamos saber da essência daquela pessoa entre a infância e o resto da vida? Lá estava o homem alto, vagamente semelhante ao menino que era ainda ontem. Muito bem, aqui vamos nós, Rahm, pensei. Fale sobre você.

> Quando comecei a pensar no que eu faria quando chegasse aqui, tive uma porção de boas idéias. Pensei em dizer alguma coisa inspiradora sobre minha carreira no ensino médio. Então, comecei a escrever alguma coisa que eu achava pertinente. Mas, quanto mais escrevia, mais me dava conta de que não era o que eu queria dizer. Então, comecei de novo. Escrevi algo completamente diferente. Quando comecei, pensei que era bom, mas, outra vez, não era o que eu queria. Tentei outra vez. E outra vez não cheguei a lugar algum.
>
> Cada idéia que eu escrevia não parecia ser um fecho perfeito para minha formatura. Então descobri por quê. Não era porque nenhuma das minhas idéias fosse suficientemente boa. Era porque cada uma delas era boa demais. Era porque cada emoção que tenho pelo

dia de hoje é tão forte que, enquanto eu escrevia sobre uma delas, queria escrever também sobre as outras.

Tenho muitas emoções, e são todas confusas. Para cada emoção, sinto também algo completamente oposto, totalmente diferente. Sinto felicidade e tristeza. Sinto-me nervoso e confiante. Sinto força e fraqueza. Estou no topo do mundo e ao mesmo tempo assoberbado pelo momento.

Logo receberei meu diploma – um momento que encerra literalmente meu ensino médio de um modo que significa o fim da minha infância, da dependência dos meus pais e da vida que conheço. É uma idéia assustadora. Na verdade, este pode ser o momento mais assustador da minha vida. E embora neste momento eu esteja morrendo de medo do que o futuro me reserva, tenho completa confiança na minha capacidade. Embora sinta tristeza por deixar um mundo que conheço tão bem, estou também extremamente feliz por entrar em um mundo novo.

Olho para os que me ouvem e vejo as pessoas que tanto significaram para mim. Estou triste por deixá-los, e espero que estejam tristes por me ver partir. Porém, ao mesmo tempo, sinto orgulho de mim mesmo e de meus colegas de classe e espero que vocês também sintam. É raro estarmos em um lugar tão repleto de tristeza e ao mesmo tempo de alegria. Cada emoção se divide, incluindo as minhas. Olho para a frente, para meu futuro, mas ao mesmo tempo sentirei muita saudade de todos.

Fiquei atônita com o discurso de Rahm. Muita gente ficou. Um dos pais, que conhecia o seu estilo lacônico, disse: "Quem ia imaginar que Rahm tocaria no coração da turma?" Eu estava extremamente grata ao colégio por criar um ritual moderno de passagem para a maioridade. Tinham permitido a um jovem – que geralmente guardava para si os próprios sentimentos – uma rara oportunidade de partilhar sua alma com o mundo. Para sempre eu saberia, em momentos de alegria ou preocupação, que Rahm tinha o necessário para atravessar a selva da vida. Estava aberto a sentimentos, era realista no que se referia às contradições da vida, confiante mas também cauteloso.

Um mês depois da formatura, Rahm saiu de casa para trabalhar em um acampamento de verão em Vermont. Eu sabia que ele estaria de volta dentro de duas semanas antes de ir para a universidade.

Aquele era o fim da sua vida em casa. Pela primeira vez em minha vida adulta eu passava um verão sozinha com meu marido. Todos os meninos passariam fora os meses de julho e agosto – os dois mais novos nos acampamentos de verão – e os dias se estendiam à minha frente, cheios de espantosa liberdade.

Certo dia, no início de julho, eu estava dentro de casa trabalhando em um projeto e sentindo um ligeiro peso no peito. Com o canto dos olhos, percebi um movimento e virei para a janela, para o topo das árvores. Um vento forte fazia oscilar as folhas como bandeiras de juventude. A luz mudava dramaticamente quando o vento movimentava as nuvens e os galhos contra o sol da tarde. Abelhas enxameavam no jardim, acrescentando seus corpos ágeis amarelos ao redemoinho de cores dançantes – pitadas de pólen de flores silvestres, céu azul, nuvens brancas, o verde chocante das folhas das árvores de verão.

Como eu podia estar deprimida em um dia como aquele?, perguntei a mim mesma. As coisas na casa que ontem pareciam belas eram como projetos que eu estava com preguiça de enfrentar hoje. Lá fora, o dia de verão rodopiava no céu, livre do meu espírito pesado. Tentei trabalhar, mas não deixava de olhar para fora, como se meu coração pudesse ser apanhado pelo mesmo vento que movia as folhas e as nuvens. Porém, isso não aconteceu. Fiquei ali sentada, lutando contra mim mesma, uma parte do meu ser querendo se juntar ao mundo e a outra parte me arrastando para baixo, para o mundo subterrâneo.

Finalmente cedi. Entreguei-me ao mundo subterrâneo e me deixei mergulhar completamente na sua força de gravidade, que me levava para baixo. Mais uma vez compreendi o que qualquer simplório pode entender: é melhor ir na direção da corrente do rio do que nadar contra a corrente, como quem está se afogando. É prudente acompanhar o movimento do coração pesado – pedir a ele que nos mostre a causa da nossa dor, confiar em sua mensagem e no seu resgate.

"O que há de errado?", perguntei ao meu coração. "Estou preocupada com o trabalho?" Nenhuma resposta. "Com a desavença que tive com meu marido a noite passada?" Nada. "Perturbada com a falta de rotina naqueles meses de verão?" "Eu detesto não ter uma rotina", ouvi minha voz dizer. "Detesto não saber o que as próximas semanas vão trazer." Meu coração fez um pequeno movimento. Siga esse caminho, sugeri. Talvez se pegar minha agenda e determinar um plano para o verão eu me sinta melhor.

Examinando os meses de julho e agosto, notei que não havia planejado coisa alguma antes de saber quando poderia visitar Rahm no seu trabalho de verão. Ele tinha telefonado na semana anterior, perguntando se eu podia ir no seu dia de folga e levá-lo com um amigo para jantar. Ainda não sabia, contudo, quando teria folga, e me pediu para telefonar dentro de alguns dias.

Pensando em telefonar para Rahm, meu coração se animou e senti a vida movendo-se em meu corpo. Voltei outra vez os olhos para a janela, de volta ao topo das árvores. Muito bem, vou telefonar agora, resolvi, entusiasmada com o estímulo. Era hora do almoço no acampamento e, enquanto eu esperava que ele atendesse, ouvi as vozes dos meninos no fundo. Fechei os olhos e imaginei seus rostos e corpos, a desordem e a energia, a força da vida de 150 meninos. Então, de repente, o vento enfunou minhas velas, o rio começou a correr e finalmente descobri meu caminho: minha depressão era por causa da falta que sentia do meu filho e por enfrentar as mudanças do seu crescimento e o fato de ele estar para sair de casa. "Sim", pensei quando ouvi a voz de Rahm ao telefone. "Sim, é isso."

Em uma rápida conversa, marcamos a data do encontro. Rahm tinha de voltar aos meninos, e a idéia de sua nova maturidade me encantou. Ele terminou dizendo: eu amo você, mamãe. Mal posso esperar para vê-la. Desliguei o telefone e deixei que as lágrimas chegassem. Sentia tanta saudade dele agora, longe de casa por todo o verão. Quando ele fosse para a universidade, no outono, eu sentiria mais ainda – seu senso de humor, seu intelecto, seus hábitos e o modo de ser que eu conhecia intimamente há 18 anos de vida compartilhada. Ele deixaria um grande espaço vazio na estrutura da família e mudaria a natureza de nossa vida. Os irmãos sentiriam sua falta também, e as coisas jamais seriam as mesmas. Deixei que tudo isso entrasse no meu coração.

Para minha grande surpresa, fui dominada por fortes soluços quase visíveis, que cresciam de tamanho e de intensidade, completamente contrários à minha mente racional. Como se estivesse sentada na praia, vendo uma onda enorme se aproximar, deixei o choro seguir livremente. Temerosa e curiosa, cedi ao choro.

Acompanhando a onda de lágrimas, estavam as imagens dos anos em que Rahm e eu tínhamos passado juntos como mãe e filho. E como nos momentos antes de morrer, quando as pessoas vêem toda sua vida passar diante dos olhos, revivi trechos da nossa história que precisavam ser sentidos e lembrados. Vi os primeiros anos, quando Rahm era um bebê carente e teimoso e eu a jovem mãe obstinada e inexperiente. Lembrei-me da nossa luta enquanto eu aprendia a sacrificar minha juventude às exigências da maternidade, e ele aprendia a viver neste mundo. Chorei pelos meus erros e pedi perdão por ter sido a mãe menos do que perfeita. Vi nós dois crescendo juntos durante sua infância – enquanto eu amadurecia e me tornava uma mulher e mãe mais confiante, e ele desenvolvia sua personalidade e seus dons. Agradeci a ele pela alegria que me deu e o perdoei por tudo que me fez passar, especialmente durante sua pouco comunicativa adolescência. Deixei meu coração saber o quanto ele foi magoado quando me divorciei do seu pai, uma coisa que eu jamais quis sentir completamente. Fiquei ali com nossos sofrimentos e lamentei os anos de insegurança que ele havia conhecido por causa de uma decisão dos seus pais.

Então, vi Rahm emergir em sua masculinidade e caminhar sozinho para seu destino. Senti o orgulho de um longo trabalho terminado e a tristeza de perder a companhia diária do meu amado primogênito. Enquanto minhas lágrimas chegavam à praia e depois iam embora, fiquei ali sentada, sozinha, purificada e aberta para a verdade. Sabia que não o estava perdendo realmente, e sim me afastando para que ele pudesse encontrar o próprio caminho. Senti sua gratidão e seu amor, e sabia que Rahm levava com ele um pedaço do meu coração, para o seu e para o meu bem. Ali sentada sozinha, na praia, vi Rahm se afastar no seu barco reforçado, e silenciosamente rezei para ter feito o melhor possível preparando-o para a vida adulta. Eu sabia também que parte da dor que sentia era pela morte de um modo de ser sua mãe e o nascimento de outro modo. Rezei pedindo forças para deixar morrer o antigo modo e ter paciência para deixar o outro nascer. "Como seria neste novo modo?", perguntei. "O que é ser mãe demais agora e muito pouco?" Lembrei-me de um poema japonês do século XV, escrito pelo mestre zen Bunan:

Morra enquanto está vivo
E fique absolutamente morto.
Então, faça o que quiser:
Tudo é bom.

Meu eu, como mãe de filhos pequenos, estava morrendo. A esse eu teria pedido para morrer muitas vezes mais, enquanto Rahm continuava a amadurecer e, quando os mais novos saíssem de casa, eu estaria *absolutamente morta*, absolutamente entregue ao processo de ficar de lado e deixar que meus filhos se tornassem adultos. E, então, minhas preces seriam atendidas – eu saberia ser esse novo tipo de mãe, e tudo começaria a ficar verdadeiramente natural e genuíno: *bom.*

Estou escrevendo isso depois que todos os meus filhos saíram de casa para enfrentar o mundo. Devo ser honesta: demorei muito para aprender, e relutei para aceitar as normas. Porém, adquiri muita prática e, depois de muitas transições, sou, finalmente, um novo tipo de mãe. Realmente é *tudo bom.* Anos atrás, minha irmã me deu um ímã de geladeira que diz: "Insanidade é hereditária. Você herda dos seus filhos." Sim, e se pudermos deixar que se vão graciosamente e com votos de boa viagem, herdamos também a capacidade de amar e continuar amando à medida que o objeto do nosso amor cresce, muda e começa a viagem.

IRON JOHN

Quando meus filhos eram pequenos e cada dia parecia se arrastar interminavelmente, pais mais experientes diriam coisas como: "Aproveite agora antes que eles cheguem à adolescência." Ou: "Não perca um momento dessa época. Tudo passa tão depressa." Eu mal saberia responder a esses conselhos. No fim de um longo dia, quando finalmente eles tinham tomado banho e estavam dormindo, eu contava os anos que ainda tinha pela frente como mãe e esposa, profissional de carreira e um ser humano são, e imaginava se conseguiria suportar mais uma semana que fosse daquele esforço, quanto mais uma década. Agora digo a mesma coisa para as jovens mães. "Tudo passa tão depressa", eu aviso. "Tente aproveitar cada minuto enquanto seus filhos são pequenos. Vai sentir falta disso quando eles crescerem mais, e então vai sentir falta dos adolescentes quando eles saírem de casa."

Quando meus filhos começaram a passar de pequeninos para as criaturas chamadas adolescentes, resolvi pesquisar o processo de separação e individualização entre adolescentes e pais. Queria ver se os pais tinham algum meio de ajudar um jovem a individualizar-se. Ou pelo menos não atrapalhar muito. Ou talvez fossem os pais que precisassem de ajuda. Eu sem dúvida precisei. De repente, eu estava tentando me agarrar aos meus filhos, com medo de estarem se preparando para o mundo e não querendo que eles crescessem.

Porém, uma vez ou outra, quando percebia que estava resistindo às tentativas de individualização dos meus filhos, ouvia as palavras de Daniel quando ele tinha três anos: "Por que a mamãe não deixa o coelhinho fazer o que ele quer?" Eu queria ver se havia algum modelo para fazer a transição de mãe de um coelhinho para mãe de um jovem adulto. Como mãe de meninos, eu estava interessada principalmente no modo com que mães e filhos conseguem navegar nas águas da separação.

Parte do meu trabalho no Omega tem sido procurar os pensadores das culturas mais originais. Quando organizamos conferências sobre qualquer tema – seja as novas tendências da medicina, a área comum entre as religiões organizadas ou como ser pai e mãe no século XXI –, mergulho no assunto até encontrar algumas vozes orientadoras no campo procurado. Desse modo, durante os anos, tenho encontrado verdadeiros gênios.

Um deles é o maravilhoso poeta e crítico social Robert Bly. Quando comecei a pesquisar a interação de mães e filhos adolescentes, o nome de Bly se destacou. Ele é mais conhecido por seu livro polêmico sobre os homens, *Iron John*. Esse livro é duramente criticado por alguns, zombado por outros e profundamente apreciado por milhares de homens e mulheres que encontram em suas páginas o mapa para compreender a mente do homem moderno. Em *Iron John*, Bly nos traz um conto de fadas dos irmãos Grimm e uma série de ensaios explorando os modos pelos quais os homens têm reprimido seu prazer de viver (e o preço que a sociedade paga por essa repressão) sob camadas de vergonha, raiva e dor não sentida.

Durante anos, ouvi falar dos retiros do "homem selvagem", de Bly, antes da publicação de *Iron John*, e sentia que ele estava explorando uma veia de desejo não realizado do homem contemporâneo – o desejo de sentir mais, expressar mais, lamentar mais e sentir mais prazer, e como fazer isso de um modo natural à sua masculinidade. O movimento feminista dera inspiração às jovens mulheres quando iniciavam sua viagem para fora de casa. O que faria o mesmo pelos homens jovens? Talvez Robert Bly tivesse algumas respostas.

A imprensa descrevia os homens que compareciam às reuniões de Bly como um punhado de piegas que tocavam tambores e choravam em volta da fogueira na floresta. Mas eu conhecia Bly. Durante anos, ele dera aulas de poesia e redação no Omega. Eu sabia que ele era cínico demais para participar de alguma coisa que insinuasse sentimentalismo. Eu o convidei a conduzir um retiro no Omega.

Durante esse retiro e outros que ele conduziu nos anos seguintes, tive ótimas conversas com Bly sobre como criar filhos homens. Ele me mostrou trechos de *Iron John* antes da publicação, discordamos em alguns pontos e concordamos em outros. Quando o livro foi publicado, comprei vários exemplares para dar a homens e mulheres jovens, a pais e mães, a amigos e familiares. Eu acreditava no que Bly dizia – que, para experimentar a verdadeira masculinidade, os homens devem ser vigorosos e fortes bem como ternos e amorosos. Esse tipo de homem não devia seguir o molde da figura de macho de John Wayne, nem da figura sensitiva do homem da Nova Era. Em algum ponto entre os dois, um novo homem esperava. Bly elaborou um plano para encontrar esse homem. Incluía a recuperação e a sensação da dor reprimida, o aprendizado com mentores masculinos positivos e a recuperação da capacidade de agir com vigor e com o coração. Todos esses passos levarão, ele diz, a uma identidade masculina mais forte e mais saudável, no trabalho e em casa, a uma paternidade mais engajada e responsável, a um melhor relacionamento com as mulheres e a meios sensatos de enfrentar crises, como vício de drogas e divórcio.

Porém, a mensagem mais consistente em *Iron John*, narrada na linguagem do conto de fadas, é de que um homem tem de "roubar a chave que está sob o travesseiro de sua mãe" para se tornar um homem. Foi essa parte do livro que enfureceu algumas mulheres. Durante algum tempo me enfureceu também. Eu achava que Bly estava apenas repetindo Freud, cujas teorias sobre as neuroses dos homens sempre levavam à mãe e à sua incapacidade de libertar o filho. Eu estava farta dos homens atribuírem sua tendência à raiva e à violência às mães dominadoras. Para mim, o mito de Édipo era novidade antiga. Porém, quanto mais eu conversava com Bly e lia seu livro, e conversava com meu marido sobre o que acontecia nos retiros do homem selvagem de Bly, minhas defesas enfraqueciam.

Levei algumas observações de Bly para o laboratório do meu lar, e me dei conta da minha compulsão materna para manter meus filhos aconchegados com segurança debaixo da minha asa. Minha relutância para empurrá-los para fora do ninho e lançá-los ao mundo era legítima, e havia anos vinha servindo seu propósito. Porém, comecei a compreender que uma criança de 12, 14 ou 16 anos precisa deixar o ninho. Meninas e meninos mais velhos começam a lutar para se libertar das asas da mãe. Seu eu está preso debaixo dessas asas. Para usar as palavras da história de Iron John, uma das chaves mais cruciais para a individualidade de um filho está "debaixo do travesseiro da mãe".

Geralmente nas sociedades indígenas, o menino é tirado da casa da mãe pelos homens mais velhos, para alguns dias de iniciação à idade adulta. Quando ele volta ao povoado, é subentendido que o relacionamento com sua mãe está mudado. Porém, como não existe esse tipo de ritual em nossa cultura, é difícil para a mãe moderna saber quando exatamente deve deixar de ser mãe. Bly fala sobre isso em *Iron John*. Fala também do confuso status dos pais em nossa sociedade. Ele diz que meninos e meninas têm sua individualização retardada tanto por falta de orientação masculina madura quanto pela superproteção da mãe. A mãe geralmente passa a uma situação vaga quando os filhos chegam à adolescência. Famílias de pais e mães solteiros, pais que se omitem do papel difícil de ser pai de um adolescente e o ritmo intenso da vida contemporânea conspiram, impedindo que a mãe saiba quando e como libertar os filhos.

Se tudo isso parece acadêmico é porque minha profunda compreensão de *Iron John* só aconteceu quando comecei o árduo processo de erguer minha asa e deixar que meus filhos voassem livres para as próprias vidas. Tentei ser uma cidadã modelo *Iron John*, mas tive de lutar contra alguns fortes impulsos e com alguns territórios perigosos do mundo lá fora. Como a mãe deixa o filho partir quando todos seus instintos se erguem e resistem? Quanta proteção é demais em um mundo que inclui drogas, AIDS e automóveis? Quando o trabalho de um pai o afasta da vida cotidiana de um filho ou de uma filha, e a mãe fica sozinha para resolver, onde ela encontra coragem para deixar o coelhinho fugir?

Na verdade, acho que não há como evitar. Uma mudança significativa no relacionamento entre pais e filhos geralmente exige uma espécie de doloroso Processo Fênix. Felizmente, se pudermos relaxar um pouco, nossos filhos nos levarão às chamas. Eles conhecem o caminho. E esse caminho quase sempre implica um distanciamento deles de nós por meio de um comportamento que nos assusta. Não há um modo sutil ou delicado de o filho "roubar a chave". Quando meus filhos começaram a individualizar e entrei em pânico, mergulhei no *Iron John*, em que Robert Bly tinha isto para dizer:

> A chave tem de ser roubada. Lembro-me de quando falei para uma platéia de homens e mulheres sobre o problema de roubar a chave. Um jovem... disse: "Robert, a idéia de roubar a chave me perturba. Roubar não é certo. Não podíamos chegar à nossa mãe e dizer: 'Mamãe, quer me devolver a chave?'"... Nenhuma mãe que se preza daria a chave. Se o filho não pode roubar, ele não merece ter a chave.
>
> As mães sabem intuitivamente o que acontecerá se ele tiver a chave; ela perderá o filho. A atitude possessiva das mães para com os filhos – para não mencionar a atitude possessiva dos pais para com as filhas – nunca deve ser subestimada.

Filhos e pais diferentes atravessam os anos da adolescência de modos diferentes. Só posso falar de minha experiência. Cada um dos meus filhos amadureceu de acordo com sua personalidade, porém, todos determinaram meu ritmo. Para entrar confiantemente em suas vidas e descobrir seu propósito e sua força, eles tiveram de roubar a chave. Eu não podia fazer isso para eles. Na verdade, precisavam da minha resistência para se livrar do próprio medo de independência e de responsabilidade.

Posso me dar ao luxo de escrever isto ao fim do processo Iron John. Meus filhos estão todos com vinte e poucos anos, agora. Nos antigos manuais sobre criação de filhos, os entendidos dizem que quando os meninos ficam mais velhos param de falar com a mãe, perdem o interesse pela família e aventuram-se em lugares distantes, raramente aparecendo em casa. Embora meus filhos tenham viajado por todo o globo, não só nos visitavam como também nos convidavam para nos juntar a eles. Porém, esse convite só vinha depois de difíceis períodos de afastamento – quando se afastavam de mim para estar perto deles mesmos e das novas mulheres de suas vidas.

Estou tão próxima dos meus filhos agora quanto muitas das minhas amigas estão das filhas. Outras amigas com filhos homens dizem o mesmo. Digo isso para que os pais de adolescentes possam manter viva a esperança durante os difíceis anos em que os coelhinhos deixam o ninho e entram no mundo perigoso. Se você estiver prendendo seus filhos depois do tempo devido, talvez ajude procurar um antigo exemplar do *Coelhinho fujão.* Sente-se no sofá ao lado do seu filho ou da sua filha, e leia alto. Só que dessa vez mude as palavras. Leia assim: *Era uma vez um coelhinho que queria fugir. Então ele disse para a mãe: "Eu vou fugir." "Se você fugir", disse a mãe, "eu o deixarei ir, pois você está crescido agora. Confio em você para encontrar seu caminho no mundo. Fuja, coelhinho."*

AMPLIANDO O CÍRCULO

O problema com o mundo
é que criamos um círculo familiar muito pequeno.

– MADRE TERESA

O dia quente e úmido de agosto está no fim, e estou na minha horta com Eli, agachado perto das folhas felpudas de uma trepadeira, procurando os pepinos de tamanho certo para fazer o que minha mãe chama de "picles de geladeira". Quando eu era pequena, era meu petisco favorito, como foram para meus filhos e eram agora para Eli, o mais novo membro da família. Eli é o filho de nove anos do meu ex-marido, meio-irmão dos meus filhos, um visitante freqüente da nossa casa, especialmente em agosto, quando fazemos picles juntos.

Foi um grande verão para pepinos, e as trepadeiras se enrolam e sobem na horta. Eli e eu estamos fazendo uma enorme colheita e aproveitando o ar ameno e os zumbidos do fim do verão quando ele diz:

– Como você me chama?

– O quê? – pergunto, sem compreender.

– Você é minha sogra?

– Oh – eu rio, entendendo aonde ele quer chegar –, quer saber, acho que não há um nome para o que somos um para o outro. Devia haver.

– Você não é minha madrasta – ele diz. – Eu sei disso. Acho que vou chamar você de madrasta dupla.

Olho para o seu belo rosto que sempre me faz lembrar o rosto do meu primeiro filho, e penso em como o amor crescerá como uma trepadeira de pepinos se dermos tempo e espaço. Anos atrás, quando Eli estava para nascer, meu coração se apertava por antecipação por um bebê que seria irmão dos meus filhos, mas não meu filho. Eu me sentia espaçosa como uma ostra.

Porém, meus filhos se apaixonaram por Eli logo que ele nasceu. Gostavam de tomar conta dele em nossa casa, o que significava que, depois de mais ou menos meia hora, quem estava tomando conta dele era eu. Achei que estavam respondendo a uma espécie de instinto de uma antiga época tribal quando a estrutura da família não era tão estreitamente definida. Assim, em vez de expulsar Eli do meu coração, segui meus filhos e me apaixonei por ele. Felizmente meu marido, com seu grande coração, que nunca conheceu uma criança que não amasse, também se apaixonou.

Logo, Eli era parte da nossa família. Eu guardava seu suco favorito na geladeira e os doces que ele não podia comer em sua casa no armário. Antes de aprender a dizer meu nome, ele me chamava de Cookie Lady, a Dama dos Biscoitos. Parecia não se importar com a linha de parentesco, e sentia-se à vontade com todos nós – seus irmãos, meu marido, meu enteado, comigo. Mesmo depois que meus filhos foram para a universidade, ele nos visitava. Acho que era mais pelos biscoitos e pelos picles.

Quando Eli disse "Como você me chama?", o que estava perguntando realmente era: "Qual a minha posição no círculo da sua família?" Madre Teresa disse: *O problema com o mundo é que formamos um círculo muito pequeno da nossa família*. Não é difícil entender o que ela quis dizer. O noticiário da noite está cheio de histórias de pequenos círculos. Algumas pessoas são chamadas para alargar esses círculos no mundo todo. Mas não é preciso ser um delegado das Nações Unidas ou um voluntário do sopão para fazer o nobre trabalho de formar círculos cada vez maiores. Nossas amizades e nossas famílias, nossos casamentos e companheiros de trabalho – todos são círculos ansiosos por fronteiras mais extensas.

Precisamos de círculos maiores e títulos que nos relacionem uns com os outros, em vez de nos dividir em grupos cada vez menores – grupos de família, grupos políticos, grupos religiosos, grupos raciais, grupos tribais. Acho que esse talvez seja o único meio de salvar o mundo do egoísmo dos nossos corações. Foi preciso que uma criança me mostrasse isso. Eu tinha de começar por algum lugar. Então comecei com Eli. Imaginei que, se fosse capaz de deixar uma criança entrar no círculo de minha família, eu não teria direito de opinar sobre *o problema do mundo*.

Todos nós temos laços apertados nas nossas vidas e pessoas que exilamos para fora do círculo. Uma boa pergunta é: "Eu realmente preciso deixar essa pessoa na periferia? O que é preciso para dar a ele ou a ela um novo título? Não fiquei zangada ou distante por tempo suficiente?" Vingança, proteção ou frieza podiam servir no passado, mas será que o perdão não será um bálsamo melhor agora? Nesse caso, dê pequenos passos para a expansão. Empurre suavemente as bordas do seu círculo e observe que há espaço dentro dele para os exilados. E, como a proverbial pedra atirada na água, à medida que seu círculo se alarga determinará um padrão de movimento cada vez mais largo para todo o mundo.

DESESPERO E CÍTARAS

Hoje, como todos os dias, acordamos vazios
e assustados. Não abra a porta do escritório
e comece a ler. Pegue a cítara.
Deixe que a beleza do amor seja o que fazemos.
Há centenas de modos de beijar o chão.

– RUMI

A noite passada, no fim de uma longa semana me deitando tarde, fui para a cama às 2 horas da manhã e fiquei me virando como um pequeno barco no mar encapelado. Meus filhos e as namoradas tinham vindo nos visitar de suas casas distantes e, embora meu coração estivesse repleto de amor, minha mente estava preocupada. Lá fora, o tempo quente de setembro começou a mudar à medida que a noite avançava. A chuva trazida por um vento frio açoitava as janelas e, no escuro, as primeiras folhas amarelas caíam antes do tempo. O desespero do meio da noite se amontoou no meu pequeno barco como água de um minúsculo vazamento. Eu não podia fazer parar o fluxo. Pensei, desanimada, em como meus filhos estavam ficando mais velhos e tomando seus lugares no palco da vida. Pareciam tão jovens e despreparados, e o mundo parecia tão rápido e impessoal. Visualizei cada um deles e deixei que o pior cenário se desenrolasse livremente.

O desespero é indiscriminado. Quando dá uma festa que dura a noite toda, convida todas as situações que perturbam a mente. Quando acabei de me desesperar por meus filhos, pensei nas mudanças do meu corpo – nenhuma para melhor. Continuei e me preocupei com a repetitiva insanidade da guerra, agora que nosso país começava outra. E, acrescentando uma gota de angústia ao lago já cheio, imaginei quanto tempo minha mãe viveria e se ela naquele momento estava com medo, na cama, sozinha, aproximando-se do fim da vida. Eu a amava tanto – como seria viver neste mundo sem ela? Nada é estável, pensei, flutuando na cama, ouvindo a chuva, pensando no meu trabalho, minhas aulas e meus livros. Será que sei alguma coisa que vale a pena compartilhar? Qualquer coisa para encher o buraco do meu barco e evitar que ele naufrague? Finalmente, o desespero se entediou e deixou a festa. Mergulhei em um sono escuro.

Hoje, como todos os dias, acordamos vazios e assustados, Rumi diz. Esta manhã acordei vazia e assustada. Levanto-me da cama. Dois dos meus filhos já partiram cedo para seus vôos, um voltando para o colégio, o outro indo para o trabalho. Digo bom-dia para meu enteado, que está no quarto de sua infância, guardo na sua mochila as roupas bem dobradas que lavei. Desço para a desordem à qual não estou mais acostumada. Mesmo sabendo que o café pouco vai adiantar para melhorar minha fadiga, preparo uma xícara bem forte, abro um espaço na mesa da cozinha e sento-me, tomando a bebida negra, escolhendo as imagens e os sentimentos do meu sono agitado.

Faço uma breve revisão do meu desespero do meio da noite e me censuro com rigor: não posso mais acertar os erros dos meus filhos com um beijo, e tentar fazer isso só serve para me agitar e aborrecê-los. Meu temor da longa distância é um peso que não serve a ninguém. Deixe que vivam suas vidas. Marco mentalmente o tópico "Filhos". O que vem depois? Meu corpo está em ótima forma, mas é sem dúvida um corpo humano e, portanto, continuará a ficar cada vez mais flácido, a cair, a funcionar mal, e um dia vai morrer. Pare de lutar contra a gravidade. Outra marca.

Continuo a minha checagem mental: parece que a guerra ainda vai durar um longo tempo, pelo menos até que um grande número de pessoas resolva que há outro modo de dividir o poder e partilhar os recursos. E quem sabe qual será o resultado dessa saga humana? Einstein escreveu que gostaria de saber o que Deus pensa – que o resto são "apenas detalhes". Quando se trata de guerra e paz, eu gostaria de saber exatamente o que Deus está pensando. Continuarei a rezar, partindo dessa perspectiva. Checado. Minha mãe – bem, tudo que posso fazer é amá-la e ficar ao seu lado enquanto ela enfrenta a última e mais difícil tarefa de continuar viva. Checado. Meu trabalho, as aulas que dou, meus livros. Estou fazendo o melhor possível. Checado, checado, checado. Jogo o resto do café na pia e lavo alguns dos pratos empilhados. Olho pela janela. Penso no que vou fazer agora.

Rumi me diria para sair de casa hoje – sair para o que restou da chuva e do vento. Ele me diria para dar uma longa caminhada a esmo no bosque, entre as ruínas das folhas amarelas caídas e apodrecidas. *Não abra a porta do escritório e comece a ler*, ele diz. *Pegue a cítara.* Essa é a receita de Rumi para nos livrar dos pesos complicados que carregamos e do desespero que tão freqüentemente sentimos.

Ficar muito perto da terra é meu modo de pegar a cítara. Meu modo de dedilhar uma canção no instrumento simples é cuidar do jardim ou sentar no chão da floresta e espalhar as folhas amarelas com uma vareta, descobrindo o maravilhoso processo da matéria agonizante se transformar em terra viva. Quando tenho vontade, faço xixi ali mesmo, como um animal, e vejo os filetes da água do meu corpo descerem a colina até serem absorvidos pelo solo. Com os pés firmemente plantados no chão, o olhar subindo da terra para o céu, meu coração volta para casa, para o abençoado modo que as coisas são. Sou animal e anjo. Os animais precisam da solidez do chão sob os pés; os anjos querem voar; os humanos estão no meio. Basta lembrar-me disto e me liberto. Sou um anjo preso à terra. Não admira que esteja tão confusa.

Seu modo de dedilhar a cítara pode ser diferente – dirigir velozmente com o rádio a todo volume, ajudar um amigo, sentir pele contra pele, acertar uma bola de tênis, mexer uma panela de sopa. Há centenas de modos para cada um de nós neutralizar o desespero com um ato que nos põe em conexão com nosso eu mais simples e essencial. Às vezes, quando lavo roupa, levo comigo a cítara. Quando meus filhos eram menores, combinar os pés de meia servia de consolo. Quando ficaram mais velhos e usavam o banheiro com a força de um furacão, eu me reanimava lavando, secando e dobrando toalhas. Sentada no chão da sala de estar, sentindo o cheiro estimulante do algodão limpo, eu trazia a beleza de volta às nossas vidas. *Deixe que a beleza do amor seja o que fazemos. Há centenas de modos de beijar o chão*, Rumi diz. Há centenas de modos de tirar das costas os pesos, centenas de modos de dar e receber bençãos, centenas de modos de acordar agradecido, depois de uma noite insone.

O último filho vai embora, meu marido vai trabalhar e fico sozinha em casa. Eu devia escrever, devia telefonar para o escritório, devia acabar de lavar os pratos, devia tomar as rédeas outra vez. Mas acho que vou seguir o conselho de Rumi e sair para o brilhante dia de outono, ajoelhar sobre as folhas e beijar o solo. Sentindo o cheiro escuro da terra, adorarei animais e anjos. Não tentarei resolver coisa alguma. Reverenciarei o mistério. Então, erguerei o rosto para o brilho do céu azul e receberei o sol na pele. Ficarei inundada de gratidão. Prometerei confiar na sabedoria de ser a mão invisível na vida dos meus filhos. Garantirei a eles o direito dado por Deus (se é que posso fazer isso) de cair e se levantar outra vez. Notarei, pela milésima vez, que sou uma pequena criatura, olhando para o menor segmento de um quadro enorme. Aqui, do nosso cantinho da tela, como podemos saber o propósito no desenho, a mensagem dolorosa ou o fim da história? Assim, hoje apenas me deitarei sobre as folhas e deslizarei no espaço. Serei uma criança, segura nos braços da Grande Mãe e do Grande Pai.

PARTE V

Nascimento e Morte

Estudo a morte e o processo de morrer desde a infância, quando me arvorei em agente funerária dos passarinhos, tartarugas e esquilos que morriam nas vizinhanças de minha casa. Eu era uma dessas crianças mórbidas que desce da bicicleta para examinar os animais mortos na estrada, enquanto meus companheiros continuavam a pedalar, tampando o nariz e gritando. Meu fascínio pelas coisas mortas não vinha de grande coragem, mas era uma resposta ao medo. Eu tinha medo da morte. À noite, na cama, eu ficava imaginando: quem serei quando não for mais eu? Para onde irei? Será que tudo acaba? Pensava até entrar em pânico – o coração disparado no peito, a palavra *para sempre* rolando na minha língua como uma bala ácida, dura e amarga, mas estranhamente doce.

Quando cresci, o medo da morte era meu companheiro mais chegado. Ele me conduzia e fazia escolhas para mim: me apresentou a pessoas sábias, me encorajou a encontrar um professor espiritual, me levou a ser parteira e me fez sentar ao lado dos doentes e agonizantes. Com o passar dos anos, meu companheiro perdeu um pouco a força, mas continua comigo, tão constante quanto minha respiração. Nossa amizade me fez apreciar intensamente a vida. Eu nunca me esqueço da proximidade da morte.

"O segredo de todo sofrimento", disse Joseph Campbell, "é a própria mortalidade, que é a primeira condição da vida. Não se pode negar que a vida deve ser afirmada... A conquista do medo da morte é a recuperação da alegria de viver." Não posso dizer que conquistei plenamente meu medo da morte. Porém, recuperei grande parte da alegria de viver por meio do meu engajamento com a morte. E por morte quero dizer não apenas a morte final do corpo, no fim da vida na Terra, mas também os Processos Fênix a que somos submetidos e as pequenas mortes que experimentamos a cada dia.

Carl Jung disse que nunca teve um paciente com mais de 40 anos cuja infelicidade não fosse originária do medo da morte. Concordo com Jung, mas eu ampliaria o alcance das suas palavras; nunca conheci ninguém de qualquer idade cuja infelicidade não fosse originária do medo de finais, separações e do escuro desconhecido da morte. Nosso mal-estar com a mortalidade está sempre murmurando no fundo de nossa consciência. Algumas pessoas temem mais a morte do corpo e o mistério eterno que vem depois. Outras não temem a morte final, mas têm mais medo de chegar ao fim da vida sem ter vivido completamente. Outras ainda preocupam-se mais com a "morte do ego" que experimentamos quando sofremos uma perda, quando temos de abandonar uma sensação de controle ou quando não conseguimos o que queremos. Quer seja medo do grande fim da vida ou dos pequenos fins antes dele, a consciência da morte provoca mais sofrimento à nossa existência.

Acho uma boa idéia estudar a morte porque, como diz Campbell, "é a principal condição da vida". Vida e morte são os dois lados da moeda. Juntas – sempre juntas –, vida e morte complementam-se e se completam. Se ignorarmos a morte, a vida perde a vitalidade e o sentido. Jamais compreenderemos completamente a morte enquanto estivermos vivos, mas isso não significa que devamos ter medo, negar ou apenas tolerar a morte, com postura tediosa, do tipo que afirma "a vida é uma droga e então você morre". A morte tem muito para nos ensinar – é nossa maior professora.

Transformar uma transição difícil em Processo Fênix é um bom treino para morrer. O Processo Fênix queima em nós as mesmas lições que aprendemos com o estudo da morte: tudo que desejamos na vida – segurança, saúde, proveito pessoal – é passageiro e fora do nosso controle; tudo que tememos – conflito, envelhecimento, perdas – passará. Pode não parecer um currículo agradável, porém, indiretamente, é porque o estudo da morte tem a chave para uma vida de sensatez, liberdade e alegria.

Quando estudamos a morte, vemos como tudo está constantemente morrendo e renascendo como algo diferente, todos os dias, em todo lugar, em todos os reinos, espécies, elementos e formas. Nada é desperdiçado, tudo tem um propósito, todas as coisas estão ligadas e, portanto, são eternas no vasto ciclo de nascimento e morte. Quando compreendemos isso, podemos abandonar nossa compulsão prejudicial de nos prender a uma coisa que pensamos que somos e que julgamos ser necessária para a sobrevivência. Podemos apreciar o modo pelo qual a nova vida nasce sempre da escura fertilidade da morte. Podemos sentir prazer com aquilo que é dado com prazer, lamentar o que é perdido com paixão, e residir com humor e fé no vasto e infinito mistério.

Muitas pessoas se preocupam, achando que estudar a morte ou enfrentar o medo e libertar a dor as fará amargas e deprimidas. Na verdade o que ocorre é o contrário. Quando a concha espessa da nossa resistência à morte se quebra, vemos com surpresa o otimismo que até ali não conseguíamos encontrar. Com o estudo da morte, cresce a nossa capacidade limitada de ver além desta vida. Novas paisagens de compreensão se abrem além da fronteira do medo.

Quando conduzo minhas oficinas sobre a morte e sobre morrer, divido o estudo da morte em três regras simples. A primeira é que a morte não é algo que só acontece uma vez no fim da vida; desde que nascemos morremos a cada dia, física, emocional e espiritualmente. A regra seguinte para todos nós mortais é que a dor é boa – é um sinal de quanto amamos. E a última coisa a saber sobre a morte é que a morte do corpo é o começo de uma aventura. Podemos não saber aonde a aventura nos levará, mas podemos nos aproximar dela com a mesma antecipação e com o mesmo frio na barriga que sentimos antes de começar uma viagem ao estrangeiro. As histórias nesta parte do livro são sobre esses três aspectos da morte. Exceto a primeira, que é sobre nascer – um pré-requisito e uma seqüência da morte.

SEGUINDO NUVENS DE GLÓRIA

Mas seguindo nuvens de glória, viemos
de Deus, que é o nosso lar.

– WILLIAM WORDSWORTH

À procura de um sentido sagrado quando me aventurava nos reinos da vida e da morte, li centenas de livros espirituais, peregrinei aos lugares sagrados de todo o mundo e sentei para meditar até minhas pernas ficarem dormentes. Às vezes essas técnicas ajudavam e outras vezes não. Porém, na minha busca do divino, descobri um modo seguro de me permitir, por um momento, uma espiada além do véu da minha limitada visão. Esse meio é o papel de parteira.

Quando era mais nova, fui parteira. Mais recentemente, comecei a ficar ao lado de pessoas que estão morrendo. É durante essas experiências, como parteira, vendo a chegada e depois assistindo à partida das almas, que posso me sair melhor no caminho e ser dominada por algo muito maior do que minhas opiniões, meus medos e minhas interpretações erradas. Talvez todos os cidadãos devessem ser obrigados a assistir pelo menos uma vez ao nascimento de um bebê e estar ao lado de uma pessoa quando ela dá o último suspiro. Assim como você não pode dirigir sem passar no exame de motorista, não poderá se tornar um adulto sem ter testemunhado os milagres da vida e da morte.

Estar presente ao nascimento de uma criança fez com que me sentisse humilde, me despertou e me curou. Dispensar cuidados a uma pessoa agonizante teve o mesmo efeito. Acompanhar a primeira e a última respiração de uma alma humana me conectou com o que vem antes e depois da vida na Terra. Wordsworth escreveu que os bebês vêm ao mundo *seguindo nuvens de glória,* e eu concordo. Vi também agonizantes seguirem essas mesmas nuvens e voltarem para Deus, *que é o nosso lar.*

A primeira vez que assisti a um parto, senti que estava fazendo exatamente o que devia, que não queria estar em nenhum outro lugar. Tudo no processo do parto e do nascimento me parecia familiar, embora eu tivesse apenas 20 anos, e o mais perto que tinha chegado de uma sala de parto foi em um celeiro em Vermont, onde vi um cordeiro ser retirado da mãe pelos pés.

Eu sabia pouco do meu nascimento – alguma coisa sobre um hospital católico onde as freiras chamaram a atenção de minha mãe por fazer barulho durante o trabalho de parto, e a encherem de éter quando chegou a hora de fazer força. Minha mãe colava nossas certidões de nascimento nos álbuns de fotos da família, com um pezinho no canto superior direito. Eu costumava olhar para minha página imaginando como teria sido ter meu pé novo em folha mergulhado na tinta negra e apertado contra um documento legal. Meus pensamentos paravam aí. Na década antisséptica de 1950, coisas como nascimento e morte aconteciam com outras pessoas, e eram assistidas por peritos. Ninguém falava de nascer ou morrer. Minha mãe ia para o hospital e voltava alguns dias depois com uma irmãzinha e uma nova certidão de nascimento. Uma vizinha, ou a minha avó, saía na ambulância e nunca mais voltava.

Qualquer conversa sobre as duas extremidades de nossas vidas fora eliminada do cotidiano e alçada ao patamar da religião e da ciência. A confusão e o êxtase do nascimento foram apagados; a nobreza e o poder da morte, anestesiados. Porém, nem sempre foi assim. Os antigos sabiam que os rituais do nascimento e da morte são valiosas oportunidades de erguer o véu que separa a vida humana da eternidade. A parteira que assistia ao nascimento dos bebês e à morte dos velhos era tão importante quanto os xamãs ou os padres.

Quando pela primeira vez vi um bebê chegar ao mundo, não apenas seguindo nuvens de glória mas também de sangue, muco e líquido amniótico, não senti náusea, mas fiquei maravilhada. Talvez minha atração na infância pelo interior das plantas e das criaturas tivesse me preparado para aquilo. Desde pequena, eu gostava de dissecar insetos e pássaros mortos, de abrir colmeias e formigueiros, e cavar a pilha de adubo do meu pai para ver os vermes transformarem a imundície de vegetais velhos em solo novo. Eu gostava do cheiro da nova vida emergindo da podridão. Ainda associo esse cheiro ao milagre da transformação.

O nascimento de uma criança me pareceu um milagre semelhante da natureza. Tinha os sons e os cheiros do celeiro. Era natural, mas elevado; comum, mas misterioso. Só uma coisa me assustou no primeiro parto a que assisti. No último estágio, a cabeça macia de um bebê se adapta ao comprimento do canal. Especialmente quando o estágio de empurrar do trabalho de parto é longo e difícil e o bebê pode nascer com a cabeça deformada. Mesmo em um parto fácil, quando a cabeça ainda está pouco moldada, a aparência do bebê é estranha. Com o cabelo alisado, escurecido pelo sangue e muco e a parte superior sulcada e inchada, o recém-nascido pode parecer deformado. Eu estava certa de que havia algo horrível com o primeiro bebê que vi nascer. Porém, em poucos minutos ocorreu uma mudança assombrosa. Enquanto a parteira lavava o rostinho do bebê, o inchaço desapareceu. Quando ela pôs o bebê sobre a barriga da mãe, a pele dele estava rosada e a cabeça perfeitamente redonda. E a mãe, que alguns minutos atrás gritava de dor, estava radiante e em paz. A descida do bebê terminou em vida; a dor da mãe se transformou em amor.

Durante minha carreira de parteira, eu sempre avisava aos pais de primeira viagem o que deviam esperar quando a cabeça do bebê aparecesse. Mesmo assim, muitos pais desmaiavam naquele momento e eu compreendia por quê. O nascimento é chocante – é explícito e sangrento, doloroso e íntimo. Por isso, muitos evitam a sala de parto. Contudo, aqui também, é pelo terror do processo do nascimento que o milagre é revelado.

Não é fácil ficar consciente durante um processo doloroso e assustador. Preferimos dar as costas, tomar calmantes ou fingir indiferença. É preciso uma delicada combinação de curiosidade, coragem e paciência para confiar na sensatez e no objetivo da dor. A chave é compreender o que está acontecendo intimamente. No começo das minhas aulas de pré-natal, eu dizia às futuras mães e aos futuros pais que só teriam nota para passar se se apaixonassem pelo útero. Isso sempre provocava risadas, mas eu estava falando sério porque tinha descoberto que os exercícios de respiração e relaxamento ajudam bastante o trabalho de parto, compreender a anatomia e a fisiologia do processo do nascimento ajuda mais ainda.

Normalmente não damos muita atenção ao que se passa no interior do nosso corpo. Muitos conhecem mais o carburador de um carro do que a função e a localização da nossa vesícula biliar, dos rins ou do útero. Um pequeno conhecimento do corpo, porém, abrange muita coisa. Ir além da supersensibilidade habitual e do medo, adotar uma atitude aberta, aumenta a vontade de gostar do corpo e de trabalhar com ele. Se você sabe como funciona seu aparelho digestivo, tem menos probabilidade de comer demais. E se puder imaginar a cor e a fragilidade da camada interna dos pulmões, achará mais fácil deixar de fumar.

Se a mulher souber como funciona seu útero, não reagirá da mesma forma à força tempestuosa das contrações do parto. O útero é na realidade um conjunto de músculos, fechado na base por um forte músculo pequeno chamado colo. Feche sua mão com força e terá uma boa idéia de como é o colo do útero antes do trabalho de parto. Agora, com as duas mãos, forme um amplo círculo com os polegares se tocando na parte inferior e os indicadores se tocando em cima. Esse é o tamanho, com alguns centímetros a mais ou a menos, que o colo deve atingir para permitir a passagem do bebê. É muita dilatação em pouco tempo, e, para a mulher em trabalho de parto, é como se estivessem rasgando-lhe de dentro para fora.

Assim como você recua e procura se defender de um soco – ou contrai o rosto rigidamente antecipando uma injeção –, a mulher em trabalho de parto instintivamente fica com o corpo tenso quando começam as dores das contrações. Mas a mulher que se apaixonou por seu útero sabe que a contração é, na realidade, o modo brilhante do útero ampliar o canal e amaciar o colo para que o bebê possa descer e sair por ele. Se ela lutar contra o trabalho do útero, apenas retardará o progresso do nascimento. Se ela recebe a dor com todo o amor e respeito possíveis, o colo do seu útero se distenderá, seu coração vai se abrir e seu bebê nascerá.

Embora eu não pratique mais a profissão de parteira, continuo a usar a metáfora de me apaixonar por meu útero. Se puder me aproximar da mudança compreendendo o processo de estar aberta para a dor, então meus trabalhos diários serão rápidos e frutíferos. Como diz o cirurgião Bernie Siegel: "A vida é uma dor de parto; estamos aqui para dar à luz nós mesmos."

O CENTÉSIMO NOME

Embora eu tenha visto muitos nascimentos, estive com poucas pessoas agonizantes. Não podemos nos convidar para assistir a uma morte, e não pretendo ser uma parteira profissional da morte. Porém, espero nos próximos anos poder estar ao lado de um maior número de pessoas no momento em que deixam a forma humana e viajam para o além. Quero saber como é estar com os agonizantes por duas razões. A primeira é que os que estão morrendo parecem querer outras pessoas ao seu lado enquanto lutam para se despedir da vida. Por minha experiência e pelas histórias que ouvi de médicos e enfermeiras, acredito que ninguém queira morrer sozinho. A segunda razão é que sempre que testemunhei uma morte fui extremamente enriquecida – a capacidade de enfrentar minha morte ficou mais profunda e me inspirou a viver com mais imediação e paixão.

Dado que os doentes e agonizantes precisam da presença de outros, e que os que estão bem e vivos podem ganhar muito ao lado de uma pessoa que está morrendo, por que exilar a morte em centros de tratamento intensivo e nas clínicas de repouso? Por que fugir de algo tão precioso, tão significativo, tão necessário? Talvez pensemos que, escondendo o processo da doença e da morte, de certo modo esquecemos o fato de que as pessoas morrem, de que *nós* morreremos. Bruce Talbot, um escritor meu amigo, que sofre da doença de Parkinson, escreve:

> "Entendam isto, doentes e sãos: a trama é a mesma para todos nós. Nascemos, estamos vivendo, vamos morrer. Os que sofrem de doença crônica têm uma certa vantagem sobre os que gozam de boa saúde. Não pretendo fazer pouco dessas doenças ou das circunstâncias

de quem quer que seja, mas, para os que sofrem de doenças crônicas, o enredo pode ser mais simples e, em certos aspectos, mais importante e (posso dizer assim?) mais fácil. Enquanto perdemos, por outro lado ganhamos.

Temos a vantagem do valor de nossas vidas ser aumentado em vários pontos. Temos a clareza estimulante da passagem mais rápida dos nossos dias pela ampulheta."

Foi isso que a observação da morte e dos que estão morrendo fez para mim – aumentou o valor da minha vida; convenceu-me da sua beleza e da sua brevidade. Eu tinha trinta e poucos anos quando pela primeira vez vi alguém morrer. Não foi planejado. Na verdade, eu esperava algo muito diferente. Eu queria envelhecer com minha amiga Ellen.

Nós nos conhecemos na comunidade, quando nossos filhos eram pequenos, e logo nos tornamos amigas. Partilhávamos algumas sensibilidades – como bom senso e senso de humor – que, segundo nossa opinião, estavam em falta na comunidade. Porém, quase desde o início da nossa amizade, Ellen ficou doente. Estava sempre cansada e, invariavelmente, com uma doença ou outra. Então, quando nossos filhos tinham três anos, ela obteve um diagnóstico de leucemia. Eu a ajudei nas várias tentativas de cura, desde o suco de cenoura até a quimioterapia, e fiquei feliz quando o câncer começou a regredir. Durante os dois anos seguintes, enquanto nossos filhos cresciam, nos mudamos da comunidade com nossas famílias e fomos morar perto uma da outra, tínhamos esperança de que a doença estivesse vencida.

Cinco anos depois, ela foi informada de que a leucemia estava de volta com toda a força. Agora, tudo que Ellen tinha eram perguntas que ninguém podia responder. Devia fazer outra série de quimioterapia, mesmo com prognóstico pouco favorável? Devia dizer ao filho que ia morrer? Quando ia morrer? Ela estava cansada de lutar, mas apavorada com a idéia de deixar o filho sem mãe. O que devia fazer? Eu ficaria ao seu lado e a ajudaria a morrer? Eu não tinha idéia de como isso era feito. Conhecia o processo de nascimento, mas não sabia nada sobre a morte.

A última vez que estive perto de alguém doente para morrer eu tinha cinco anos e minha avó estava com câncer. Lembro-me da sua morte como de filmes antigos – cenas e pequenos trechos de conversas e canções. Ela morava conosco, no outro lado do corredor, no quarto de frente para o meu e de minha irmã mais velha. Ela gostava de estar com as netas, cantando velhas canções e escovando nosso cabelo. Mas tínhamos medo dela. Sua pele era amarela e suas mãos tremiam.

Lembro-me de quando minha mãe foi fazer compras e me deixou em casa, à tarde, para dormir. Peguei meu travesseiro e dormi no patamar da escada. Desse modo, eu estaria o mais longe possível de minha avó, sem precisar descer, o que minha mãe tinha proibido. Minha avó me ouviu e me chamou para seu quarto. Ela me ofereceu chiclete de uma caixa amarela e vermelha e me senti obrigada a aceitar. Quando minha mãe voltou, me encontrou dormindo na escada, com chiclete grudado no cabelo.

Certo dia, a ambulância levou minha avó embora. Nunca mais a vi. Agora, décadas depois, eu estava sendo chamada para ajudar alguém a morrer. Felizmente, Ellen era uma boa professora. Ela se entregou suavemente à morte. Meses antes de Ellen exalar o último suspiro, já estava se despedindo. Podíamos ver no seu rosto e no modo com que tratava o marido e o filho. Aquela mulher que fora uma lutadora, cujo humor muitas vezes disfarçava suas emoções, começou a dizer coisas surpreendentes: "Se ao menos as pessoas se dessem conta do que têm na vida", ela me disse um dia, "não poderiam conter sua alegria!"

Uma cena, durante o inverno da morte de Ellen, ficou até hoje na minha mente. Alguns amigos foram jantar na casa dela. Olhei em volta. Lá estava seu marido, sozinho em um canto, cansado do trabalho e preocupado com tudo o mais. Duas amigas tentavam resolver quem ia ao mercado comprar um ingrediente que tinham esquecido. Eu estava irritada com meus filhos e com o filho de Ellen, que corriam pela casa enquanto eu tentava fazer o jantar. Então olhei para Ellen, muito magra, enrolada em um cobertor, na cadeira de balanço. Ela olhava a neve que caía lá fora. Virou-se para nós e disse com voz sumida: "Vocês querem, por favor, amar uns aos outros?"

No meio de uma noite de dezembro, Ellen entrou em coma. Cheguei com meus filhos na manhã seguinte, como tínhamos combinado na semana anterior, para levá-la às compras de Natal. Eu a encontrei na cama, com a respiração muito fraca e um filete de sangue escorrendo da boca. Os médicos tinham dito que a qualquer momento seu corpo podia rejeitar as transfusões que a mantinham viva. Esse momento chegara.

O marido de Ellen levou o filho dela e os meus para a casa de uma amiga, enquanto eu telefonava para o hospital para me informar sobre uma jornada que nunca tinha feito antes. Tive a sorte de falar com um médico que sabia o que Ellen queria, e era bastante corajoso para atender o pedido. Ele concluiu que ela sofrera uma hemorragia cerebral e que nada mais se podia fazer. Lembrou que Ellen queria morrer em casa e que, se a levássemos ao hospital, eles a ligariam às máquinas que prolongariam sua vida por algum tempo, mas ela sofreria e jamais recuperaria a consciência.

– O que devo fazer? Devemos ir para o hospital? O que você faria se fosse sua mulher? – perguntei, em pânico.

– Não posso dizer o que deve fazer – o médico respondeu.

– Quando ela vai morrer?

– Na verdade, não sei. Breve. Você saberá o que fazer.

– Como?

– Observe a respiração dela. Apenas esteja com ela.

Durante todo aquele dia e até o meio da noite, fiquei ao lado de Ellen, com o marido e uma velha amiga, que tinha escolhido justamente aquele dia para fazer uma visita. Parecia que estávamos fadados a fazer juntos aquela viagem, tendo Ellen como guia etérea. Lágrimas deslizaram dos seus olhos fechados e desceram pelo rosto pálido. Sua respiração estava fraca e irregular. Estaria sentindo dor? Sabia que estávamos ali?

A manhã se tornou tarde enquanto segurávamos a mão de Ellen, respirávamos com ela a líamos para ela. Dissemos que seu filho seria amado, que ela podia deixá-lo. Isso pareceu dar força à sua respiração e suas lágrimas secaram. Em dado momento, me acomodei na cama ao lado dela e comecei a cantar uma canção que quase não sabia – uma canção que Ellen tinha aprendido com um professor muito querido, quando ela e o marido estiveram no Oriente. Senti a presença daquele professor. Ele morrera no ano anterior; talvez estivesse vindo buscar Ellen agora. Senti outras presenças também – forças estranhas chegavam para escoltá-la na passagem da divisa.

Quando a noite chegou e o quarto ficou mais frio, os espaços entre a respiração de Ellen ficaram mais longos. Sentamos em volta dela, três marinheiros perdidos em um navio sem leme, com as velas enfunadas pela respiração de Ellen. Entregamo-nos ao mar de espaço que a levava embora. Então as pausas entre a respiração de Ellen ficaram tão longas que tudo que havia era espaço – espaço enorme e permanente. Sentamos com Ellen na imensidão do espaço. Caminhamos com ela um pequeno trecho, e voltamos quando vimos que havia muito tempo ela não respirava. Ela seguira seu caminho e nós ainda estávamos ali, sentados na sua cama, segurando suas mãos frias.

No Alcorão, existem 99 nomes para Alá. O último, o centésimo nome de Deus, está escondido. Na tradição Sufi, uma conta sempre falta no rosário, para significar o mistério do verdadeiro nome de Deus – que é nosso nome verdadeiro e o nome que descobriremos, dizem, quando exalarmos nosso último suspiro. Quando Ellen deu o último suspiro, uma janela se abriu na minha mente mortal por um breve momento. Ali, no limiar da vida e da morte, pensei ouvir o céu murmurar o centésimo nome, mas, antes que tivesse certeza, a janela se fechou e voltei ao mundo dos vivos. Uma vez ou outra, especialmente quando me lembro dos últimos momentos com Ellen, a janela abre um pouco e eu ouço o nome.

NÃO-NASCIMENTO, NÃO-MORTE

Nada se cria,
Nada se perde.

– ANTOINE-LAURENT LAVOISIER

Um dos professores de meditação mais reverenciados do mundo é o monge vietnamita zen Thich Nhat Hanh. Estive em vários retiros conduzidos por Thich Nhat Hanh – ou Thay, como os alunos o chamam. Certa vez convidei um velho amigo que não tinha nenhuma experiência da prática espiritual para fazer comigo um retiro com Thay, no Omega. Durante anos eu vinha evitando levá-lo a um programa do Omega. Ele era um produtor musical altamente sensível, extremamente poderoso, da cidade de Nova York. Seu humor cínico e cáustico comparava-se ao de um comediante. Eu não podia imaginá-lo aceitando a atmosfera pacífica do pessoal do Omega. Porém, recentemente ele recebera o diagnóstico de uma doença grave. Pela primeira vez na vida, enfrentava sua mortalidade e não tinha nenhum recurso para isso. Minhas insinuações para que fizesse as pazes com a doença e a morte não foram bem recebidas. Ele disse que eu parecia vendedora de um alimento milagroso da Nova Era.

Achei que se havia alguém capaz de alcançar meu amigo era Thich Nhat Hanh. Há alguma coisa nesse pequeno e discreto monge – a clareza, a modéstia, a escolha das palavras, a voz que acalma as pessoas e ao mesmo tempo as desperta. Thay tem uma voz comovente. É suave e sensata, mas também divertida. Tem nuances de tristeza e é profundamente apaziguadora. Nascido no Vietnã em 1926, Thay se tornou budista aos 16 anos e viveu o período da guerra que assolou seu país e seu povo. Durante esses anos, devotou a vida a ajudar as vítimas da guerra a enfrentar grandes sofrimentos. Perdeu membros da família, testemunhou torturas e arriscou a vida tentando exercer pressão política por meio da resistência pacífica. Exilado do Vietnã como líder da Delegação Vietnamita Budista da Paz, foi para a França, onde continuou a trabalhar pela paz. Martin Luther King Jr. o indicou para o Prêmio Nobel da Paz.

A história pessoal de Thay – o sofrimento que viu, a perda de amigos, família e da pátria – torna mais notável sua atitude atual, pois é a pessoa mais pacífica que já conheci. Suas visitas esporádicas aos Estados Unidos atraem milhares de pessoas que querem apenas estar na presença de um homem quieto, que pratica o que ele chama de "estar em paz".

Daquela vez, mais de 800 pessoas foram ao Omega para estar com Thich Nhat Hanh – um esplêndido fim de semana de verão, em outubro, o tipo de tempo que faz valer a pena suportar o terrível inverno do noroeste dos Estados Unidos. Meu amigo concordou relutantemente em participar do retiro, comentando que sentar em silêncio com um monge vietnamita era provavelmente uma punição merecida por preferir um concerto de rock a uma marcha antibélica em 1968. Eu o esperei no estacionamento, absorvendo o céu azul e o brilho do sol, as folhas cor de laranja e marrons dos bordos e dos carvalhos, as abelhas amarelas nas flores. Pairava no ar, sobre toda essa beleza do outono, uma paz que sempre atrai as pessoas para um retiro de meditação.

Meu amigo chegou atrasado como sempre, quando o programa ia começar. Quando ele desceu do elegante carro preto e correu para mim, Thay passou com uma freira vietnamita na direção do salão de conferências. O monge e a freira andavam muito devagar, em silêncio, com seus simples hábitos marrons, como duas folhas de outono esvoaçando no céu azul.

Meu amigo parou de repente, viu os dois se aproximando e inclinou a cabeça quando eles passaram, um gesto muito pouco característico dele. Nenhuma palavra foi trocada. Ele virou e continuou a observar Thay e a freira caminhando para o salão. Um professor americano zen, Richard Baker Roshi, descreveu os movimentos de Thay como "um misto de nuvem, uma lesma e uma peça de maquinário pesado – uma verdadeira presença religiosa".

Quando eu o alcancei, meu amigo continuava parado no mesmo lugar, com a cabeça ainda inclinada, a mão sobre o coração.

– O que foi aquilo? – ele perguntou.

– Não é aquilo – eu disse –, mas Thich Nhat Hanh.

– Nossa – ele disse. – Foi estranho. Tive a impressão de que não podia me mexer. Aquele cara andava tão, tão... devagar.

Talvez fosse o contraste entre sua apressada viagem da cidade de Nova York até ali; talvez fosse o impacto visual de um monge e uma freira budistas andando naquele glorioso dia de outono; fosse o que fosse, aquele encontro já transformara meu amigo. Ele sentou pacientemente na sala de palestras, no meio de pessoas que normalmente teria arrasado com seus comentários irônicos. Ouviu atentamente as palavras simples de Thay.

Naquele dia, Thay falou sobre a morte. Fiquei satisfeita por meu amigo estar presente. Thay falou durante duas horas com sua voz suave e monótona, e todos ouviram atentamente, encantados. Em determinado momento, vi que meu amigo estava dormindo. Eu o cobri com o casaco, imaginando que as palavras de Thay encontrariam o caminho dos seus sonhos (e sabia que ele podia comprar um gravador e ouvir a palestra outra vez no carro, de volta à cidade). Aqui está uma versão resumida do que Thay nos disse naquele outono, no Omega:

> Em nossas mentes, quando pensamos na morte, pensamos em de repente nos tornarmos ninguém. Paramos de ser. Paramos de existir. Isso é o que pensamos. Do mesmo modo, pensamos no nascimento como nosso começo. O que significa nascer? Pensamos que nascer significa que chegamos aqui vindos do nada. Que do nada de repente nos tornamos alguma coisa. De ninguém, de repente, nos tornamos alguém. Essa é a nossa definição de nascimento e morte. Por causa dessa idéia, há sempre medo bem no fundo de nossa mente. Mas Buda descobriu algo diferente, uma coisa chamada não-nascimento e não-morte. Buda nos convida a trazer nosso medo à tona e a olhar atentamente para o objeto deste medo: medo de morrer, medo de não ser. Este é o ensinamento especial de Buda. Você não pode deixar de aprender porque é o melhor de todos os ensinamentos.

Muitos não-budistas descobriram a realidade do não-nascimento e da não-morte. Falemos, por exemplo, do cientista francês Lavoisier. Ele foi chamado de pai da química moderna. Examinou profundamente a natureza das coisas, e declarou que nada nasce e nada pode morrer. "*Rien ne se crée, rien ne se perd.*" Creio que ele nunca estudou o budismo.

Suponhamos que pratiquemos esta idéia de não-nascimento e não-morte com uma folha de papel, porque uma folha de papel é o que chamamos de uma coisa. Vamos praticar juntos agora, examinando profundamente a folha de papel.[Thay mostra uma folha de papel.] Podem pensar que esta folha de papel nasceu um dia – foi produzida do nada e se tornou alguma coisa de repente, uma folha de papel. É possível? Olhem bem para a folha de papel neste momento. Vejam a verdadeira natureza do papel. O que estão vendo? Estão vendo – de modo tangível, científico – que o papel é feito de elementos que não são papel. Quando toco no papel, toco na árvore, na floresta, porque sei que no fundo está a existência da árvore, da floresta. Certo? Toco também na luz do sol. Mesmo no meio da noite, quando toco na folha de papel, estou tocando na luz do sol. Porque a luz do sol é outro elemento que compõe o papel. Outro elemento que não é papel. Sem a luz do sol, nenhuma árvore pode crescer. Então, tocando no papel, toco na luz do sol. Toco na nuvem. Há uma nuvem flutuando nesta folha de papel. Não é preciso ser poeta para ver a nuvem. Porque sem a nuvem não haveria chuva e não haveria floresta. Portanto, a nuvem está aqui. As árvores estão aqui. A luz do sol, os minerais da terra, a própria terra, o tempo, o espaço, pessoas, insetos – tudo do cosmo parece existir nesta folha de papel. É muito importante ver que uma folha de papel é feita – e somente – de elementos que não são papel. Nosso corpo também é assim.

Portanto, é possível dizer que a partir do nada alguma coisa passou a existir? Não. Porque antes de vermos isto como uma folha de papel, ela foi luz do sol. Ela foi árvore. Ela foi nuvem. O papel não veio do nada: "*Rien ne se crée.*" Nada nasceu. O dia em que pensamos que esta folha comemora seu aniversário é na realidade algo que devemos chamar de "dia de continuação". Na próxima vez que você comemorar seu aniversário, em vez de cantar feliz aniversário, pode cantar feliz dia de continuação.

"*Rien ne se crée, rien ne se perd.*" Nada nasce, nada pode morrer. Nossa verdadeira natureza é de não-nascer. Nossa certidão de nascimento está errada. Certifica que nascemos em um determinado dia em tal hospital, em tal cidade. Porém, vocês sabem muito bem que estavam no ventre de sua mãe muito antes disso. Mesmo antes do dia em que foram concebidos, estavam ali – em sua mãe, em seu pai, em seus ancestrais e também em toda parte. Assim, se tentarem voltar, não encontrarão um começo de vocês.

Vamos agora tentar eliminar esta folha de papel. Vamos queimá-la para ver se somos capazes de transformá-la em coisa nenhuma. [Thay acende um fósforo e queima o papel, segurando na mão enquanto ele queima.] Observem para ver se é possível reduzir uma coisa a nada. O que estão vendo agora são as cinzas. Viram também a fumaça subindo. A fumaça é a continuação da folha de papel. Agora, a folha de papel se tornou parte de uma nuvem no céu. Poderemos encontrá-la amanhã sob a forma de um pingo de chuva na nossa cabeça. Mas talvez vocês estejam distraídos e não reconheçam o encontro. Podem pensar que o pingo de chuva é estranho para vocês, mas talvez seja a folha de papel na qual praticaram a observação profunda. Assim, podem dizer que o papel agora é nada? Não, acho que não podem. Parte dele se transformou em chuva. Podem dizer: "Até logo, eu a verei algum dia sob uma forma ou outra."

É muito difícil seguir o caminho de uma folha de papel. Tão difícil quanto encontrar Deus. Algum calor do papel em chama penetrou no meu corpo. Quase queimei meus dedos. Penetrou em vocês também. Foi muito longe. Se tivessem equipamento apropriado, podiam medir o impacto do calor até mesmo de uma estrela distante. Porque o impacto de uma pequena coisa em todo o cosmo pode ser medido. Produziu alguma mudança no meu organismo, no seu organismo e no cosmo. A folha de papel continua lá, presente. É difícil para nossos olhos conceituais ver e discernir, mas sabemos que ela está sempre ali, e em toda parte também. E esse pouco de cinzas pode voltar para a terra mais tarde. Talvez no próximo ano possamos vê-lo sob a forma de uma nova folha em uma árvore. Não sabemos. Sabemos, contudo, que nada morreu. Portanto, a verdadeira natureza da folha de papel é não-morte.

Examinando profundamente nosso eu – nosso corpo, nossas sensações, nossas percepções –, podemos ver a natureza do não-nascimento e do não-eu. Está bem aqui, mas temos tantas idéias sobre nascimento e morte que ficamos com medo. Por causa desse medo, não é possível a verdadeira felicidade. Um exame profundo nos ajuda a eliminar esse medo. No budismo, há uma palavra que perturba muita gente. Essa palavra é *nirvana*. *Nirvana* significa extinção. Tocar o nirvana é o objetivo da nossa prática. Porém, pode ser feita uma boa pergunta: extinção do quê? Temos de aprender o que uma palavra como nirvana significa realmente. Um dos melhores meios é fazer perguntas. "Caro Buda, o que quer dizer? O que quer dizer com extinção? Extinção do quê?"

Extinção primeiro significa extinção de idéias – como idéias de nascimento e de morte, de ser e não ser. A idéia do eu deve ser removida para que possamos tocar a realidade. O eu é feito de elementos não-eu. No momento em que se percebe isso, desaparece todo o medo.

Este corpo não sou eu. Estes olhos não são eu. É um engano se identificar com este tempo de vida, imaginar que você é separado de tudo no espaço e no tempo. Você é tudo ao mesmo tempo.

Se se apegar à idéia de um eu separado, sentirá grande medo. Mas se olhar e for capaz de ver seu "eu" em toda parte, perde por completo o medo. Pratiquei como monge. Pratiquei examinando profundamente cada dia. Eu me vejo nos meus alunos. Eu me vejo nos meus ancestrais. Vejo neste momento minha continuação em toda parte. Há 30 anos estou impossibilitado de voltar ao meu país. Deixei o Vietnã para pregar a paz, para parar com as mortes e os sucessivos governos não me permitiram voltar. Porém, sinto com muita realidade que estou lá. Não tenho aquele sentimento doloroso do exilado porque meus amigos vão ao Vietnam onde há agora novos monges e novas freiras. Eu me vejo neles. Não sinto que estou ausente do Vietnã neste momento, e penso que jamais estarei.

Este ensinamento de Buda de não-nascimento e não-morte é a parte central de todo o ensinamento. Vocês vieram a este retiro para aprender isto e para transformar algum do seu sofrimento. Sim, isto é bom, mas não percam a verdadeira oportunidade. Eu os convido a ir mais fundo, a aprender e praticar para que se tornem pessoas com grande capacidade de solidez, calma e destemor, porque nossa sociedade precisa de pessoas como vocês para seguir em frente, para se tornar sólida, calma e sem medo.

Quando terminou a palestra, Thich Nhat Hanh agradeceu com uma mesura e tocou um sino em forma de tigela, para a meditação. O som claro e familiar vibrou do interior do sino, rodopiou pelo salão e saiu pelas portas e janelas. Penetrou no ar de outono e foi levado pela brisa para o topo das árvores. De lá se espalhou, misturando-se com as nuvens e os padrões do tempo, e com as miríades de vibrações que pairam sobre a atmosfera da Terra. Talvez aquela única batida do sino tenha viajado através dos oceanos e chegado ao Vietnã, à cidade natal de Thich Nhat Hanh. Lá, em um simples templo do povoado, uma jovem freira ergueu os olhos da sua meditação e sentiu uma onda de coragem entrar no coração. *Rien ne se crée, rien ne se perd.* Nada nasce, nada pode morrer – nem um pedaço de papel, nem uma pessoa, nem mesmo um som feito por um monge tocando um sino.

Desde o retiro com Thay, meu amigo, o produtor musical, tem dado largos passos no caminho da cura do corpo e da alma. Tornou-se mais sólido e mais calmo. Diminuiu o ritmo. Não faz mais julgamentos prematuros e sorri com mais facilidade. Ele dá o crédito a um pequeno monge com hábito marrom.

VISITAS EM SONHOS

Meu pai foi uma constante em toda a minha vida. Eu cresci e mudei, ele continuou na mesma. Aos 85 anos, era rabugento e distante, e tão curioso e enérgico como sempre. Ainda escalava montanhas, esquiava e arava o campo em volta da casa da fazenda, em Vermont, onde ele e minha mãe moravam havia muito tempo. Ainda ficava ao lado do rádio ouvindo atentamente o noticiário, como se estivesse pronto para atacar qualquer comentarista com o qual discordasse. Ainda me mandava recortes de jornais que podiam ter alguma relação com meu trabalho, com bilhetes explicando como as coisas deviam ser feitas. Terminava toda a correspondência, telefonemas e visitas com as palavras que devia ter aprendido no Exército: "Bom trabalho", ele escrevia, dizia ao telefone, ou pessoalmente, dando tapinhas nas minhas costas. Acho que era seu modo de demonstrar aprovação pelo meu modo de vida, talvez até mesmo demonstrar que me amava.

Numa fria manhã de fevereiro, acordei com o toque do telefone. Atendi sonolenta.

– Elizabeth? – era minha irmã. – Papai morreu ontem à noite – ela disse com um tom de espanto na voz, como se estivesse lendo uma manchete no jornal.

– O quê? – perguntei, tentando entender o sentido da estranha notícia. As palavras dela foram como um soco no estômago. – Mas... mas... o que aconteceu? – gaguejei.

– Ele esquiou o dia inteiro – minha irmã disse, com a voz de quem conta uma história de fadas para uma criança. – Voltou para casa, jantou, foi dormir e não acordou mais. – Apesar de ser enfermeira, ela parecia espantada com o fato de um homem velho morrer dormindo, e, embora morasse na mesma cidade que meus pais, parecia atordoada e perdida. – Acho melhor você entrar no carro agora e vir para cá – ela pediu.

Acordei meu marido e disse então palavras estranhas: "Meu pai morreu." Como uma menina confusa, comecei a chorar, aninhada nos braços dele. Como podia ser que meu pai – o homem que nunca mudava – tivesse morrido de repente? Por mais estranho que pareça, para uma pessoa que passava grande parte do tempo pensando na morte, a possibilidade da morte do meu pai jamais me passara pela cabeça. Como disse meu filho mais velho alguns dias mais tarde: "Pensei que o vovô não fosse morrer nunca. Ele não faz o tipo."

Indo para o norte, para a cidade dos meus pais, e seguindo pela longa estrada de terra que levava à sua casa, me perguntava se aquele telefonema não fora um sonho. Meu pai iria me encontrar na estrada como sempre fazia, com suas botas velhas e casaco esfarrapado? Estaria lá consertando o longo muro de pedra, acenando para mim no ar gelado de Vermont? Mas não foi um sonho. Ele não estava na estrada. Quando cheguei, minha mãe – que não era de perder tempo – tinha mandado o corpo do meu pai para uma funerária. Fui até a cidade próxima e encontrei a família desfalcada à minha espera.

E ali estávamos – as mulheres. Só mulheres agora, indefesas, rindo nervosamente e chorando na casa funerária. Meu pai diria que estávamos agindo "exatamente como mulheres", mas estávamos nos comportando como a maioria das pessoas surpreendidas pela morte. Chocadas demais para sentir a dor da perda, estávamos atordoadas com a mudança. Rimos ao escrever o obituário e choramos quando escolhemos a urna para as cinzas, o tempo todo sentindo a presença dele – seu orgulho por nós, sua modesta afeição, seu desdém.

Antes de ir embora, pedi para ver o corpo. O pálido e gordo diretor da casa funerária abriu a porta da grande sala frigorífica onde meu pai estava deitado em uma maca. "Não fique aí muito tempo", o homem disse. "É muito frio." Ele saiu, fechou a porta e eu fiquei ao lado do corpo, sem tocá-lo, como sempre. Meu pai estava nu, coberto até os ombros por um lençol. Sua cabeça parecia grande e pesada – todo o corpo parecia denso, como se nas poucas horas desde que tinha exalado o último suspiro tivesse se transformado em antimatéria. Uma luz azul e fria vibrava em volta dele. Meu pai estava sendo devorado pela morte, digerido e usado por uma força que eu podia sentir na sala. A única coisa que pensei foi que eu estava errada. A morte não era o nada, era algo diferente – algo maciço e trêmulo. Meu pai estava deixando nossa casa e partindo para outro lugar. Todos aqueles anos que eu passara tentando deixar a casa dele tinham acabado. Ele partira.

Mas para onde? Durante vários meses depois de sua morte, meu pai veio a mim em sonhos. Eu reconhecia na atmosfera daqueles sonhos a mesma luz azul que pairava em volta do seu corpo na casa funerária. Em todos os sonhos, ele estava radiantemente feliz, seu rosto era jovem e belo. Seu prazer em me ver era palpável, mesmo no meu sono e na sua morte. Comecei a chamar os sonhos de "visitações", porque eram tão vívidos, tão autênticos. Às vezes eu estava no meio de outro sonho e, de repente, fora do contexto, ele simplesmente aparecia – como um personagem festivo da peça errada. E sempre a mensagem tácita que flutuava entre nós dizia que nos amávamos. Nada complicado ou sentimental – apenas uma troca de profundo sentimento.

Em um desses sonhos, meu pai e eu conversávamos. Eu estava com minha mãe e minhas irmãs no antigo quarto dos meus pais. De repente, a porta se abriu e meu pai estava ali. Todas nós ficamos felizes ao vê-lo. Eu cintilava por dentro com uma felicidade prateada. Meu pai estava muito bonito.

– Como você está? – perguntei.

– Muitíssimo bem!

– Como é estar no além? – perguntei.

– É muito diferente do que você pensa. Você tem de ganhar a vida – ele disse.

– É mesmo? Vocês têm dinheiro aí?

– Não, não exatamente, mas temos que ganhar a vida – ele repetiu. – Esta semana, por exemplo, tenho de fazer um trabalho no Alasca.

Tive a impressão de que ele estava falando de uma espécie de trabalho de anjo bom samaritano, como limpar um vazamento de óleo. Então ele se virou para partir, mas antes foi até minha mãe e pediu para ela casar com ele outra vez.

Minhas irmãs relataram "visitações" similares. Só a minha mãe não tivera nenhuma, até que uma noite, um ano depois da morte dele, meu pai apareceu enquanto ela dormia. Na manhã seguinte, ela deixou uma mensagem na minha secretária eletrônica. "Elizabeth! Finalmente aconteceu. Seu pai esteve aqui no meu sonho, a noite passada, e no sonho eu sabia que estava sonhando e pensei: 'Mal posso esperar para contar para minhas filhas que eu o vi.' Lá estava ele, mais claro do que qualquer pessoa que já apareceu nos meus sonhos. Estava tão bonito! Depois de apenas um breve olhar, ele se perdeu na multidão e não o vi mais. Porém, aquela primeira visita pareceu durar vários minutos. Foi um sonho colorido e tão real. Achei que você gostaria de saber."

Tenho tido visitações não apenas do meu pai. Peter, meu amigo que morreu de AIDS, me visitou várias vezes logo depois de sua morte. Durante muitos anos depois da morte de Ellen, ela aparecia nos meus sonhos – saudável e jovem, só falando do filho. Fiz um estudo não científico das visitações nos sonhos, falando com amigos e com estranhos. Tive uma conversa com um jovem, num avião, sobre uma visita notável que ele teve do irmão gêmeo, morto em um acidente de carro. Conheci uma mulher em uma das minhas oficinas cuja mãe aparece regularmente quando ela mais precisa de orientação. Mais recentemente, conheci um homem em um concerto de Bruce Springsteen que me fez chorar com o relato da sua visitação.

Antes do concerto começar, eu estava nos bastidores com um grupo de fãs tentando em vão parecer *blasé*, pois na verdade me sentia mais do que entusiasmada por estar ali. Um homem grande, de New Jersey, começou a conversar comigo. Seu nome era Ray, era dono de uma rede de restaurantes e aquele era o quadragésimo quarto espetáculo de Springsteen a que assistia. Perguntou como eu estava ali, e eu disse que um amigo sabia da minha idolatria por Springsteen e conhecia alguém na banda. Fiz a mesma pergunta a ele, e Ray disse que seu pai morrera havia pouco tempo e um operário do teatro tinha dado a ele um passe para os camarins, como consolo.

Perguntei como ele estava enfrentando a perda do pai. Ele respondeu que tudo estava bem agora que tinha sonhado com ele.

– Uma visita em sonho? – perguntei.

Ray olhou para mim atônito.

– Exatamente! – ele disse. – Como sabia? Ele me visitou, simples e puramente. Na realidade não foi um sonho, mas é o que eu digo para que não pensem que estou maluco, foi uma visitação. A maioria das pessoas não gosta de falar nisso.

– Bem, pois você encontrou alguém que gosta! – eu ri. – Não acho que você esteja louco. Na verdade estou fazendo um estudo de visitações nos sonhos.

– Ora, vejam só – Ray disse. – Isso até tem nome. – E enquanto esperávamos o começo do espetáculo, sentamos em um canto e Ray me contou sua história. Lutando contra o alcoolismo, seu pai estivera ausente durante quase toda a infância de Ray. Porém, nos últimos anos os dois estavam se tornando amigos, uma coisa que significava muito para eles. Falavam ao telefone todas as semanas e planejavam passar algum tempo juntos no futuro. Ray estava no meio da construção da casa dos seus sonhos e impaciente para terminar e mostrar ao pai. Queria que ele testemunhasse seu sucesso na vida. Queria sentir o orgulho do pai. Sabia que quando estivessem naquela casa tudo ficaria bem para eles finalmente.

Porém, antes que isso pudesse acontecer, o pai de Ray morreu em um acidente de carro. Ray ficou arrasado. Perdera o pai outra vez. Logo depois, ele e a mulher se mudaram para a nova casa. Uma noite, quando dormiam no seu belo quarto novo, Ray acordou e viu o pai ao lado da cama. Estava jovem e muito bonito. Disse a Ray que estava ali para ver a casa. Ray perguntou sobre o acidente, mas o pai agiu como se não soubesse de nada a respeito. Só queria ver a casa e dizer a Ray o quanto se orgulhava do que o filho fizera com sua vida. Ray mostrou a ele a casa toda, e o pai fez perguntas detalhadas sobre a construção e o planejamento e também sobre a mulher e os filhos de Ray. Enquanto andavam pela casa, o pai pediu desculpas por não ter sido um pai melhor quando Ray era pequeno. Disse que sempre o amou e que compensaria sua ausência estando com ele agora, sempre que precisasse. Então ele se foi.

– Esse sonho mudou a minha vida – Ray disse.

– Como assim? – perguntei.

– Agora eu sei que meu pai me amava e se orgulhava de mim. Não sei se lhe teria sido possível me dizer essas coisas quando estava vivo. Sei que era ele. Era a sua voz, seu rosto... era ele. Agora sinto que posso ir em frente. Terei meu pai comigo para sempre.

Como Ray, fui consolada e tranqüilizada por visitas noturnas de pessoas que já morreram. Certas vezes tentei em vão provocar visitações. Aparentemente essas visitas em sonho não podem ser encomendadas como serviço de quarto ou um filme *pay-per-view*. Mas podemos preparar o terreno, e o melhor meio que conheço para isso é lamentar – sofrer a dor da perda de amigos queridos ou de membros da família durante um longo tempo; reservar espaço para eles no nosso coração, mesmo arriscando manter sentimentos vivos e inacabados e lembranças dolorosas.

A BOA DOR DA PERDA

Deixe vir a chuva jovem das lágrimas,
Deixe vir as mãos calmas da dor.
Nem tudo é tão ruim quanto você pensa.

– ROLF JACOBSEN

Thich Nhat Hanh diz que o estudo da morte pode nos ajudar a ser "alguém com grande capacidade para ser sólido, calmo e sem medo". Porém, raramente nos sentimos sólidos e calmos quando alguém que amamos morre. A morte desperta sentimentos conflitantes no coração dos que ficam – alguns sentem-se abalados e doloridos; outros ficam chocados e zangados; quase todos sentem-se confusos e inseguros. Todos estes sentimentos estão incluídos no que chamamos de dor da perda.

Existe uma arte de lamentar a perda. Lamentar bem a perda de alguém ou de alguma coisa – pai, mãe, um amor, um filho, uma era, um lar, um emprego – é um ato criativo. Exige atenção, paciência e coragem. Porém, muitos não sabem lamentar. Nunca aprenderam, e não se vê exemplos de uma lamentação completa à nossa volta. Nossa cultura favorece o modelo de lamentação de *fast-food* – acabe rapidamente com isso e volte ao trabalho; aplique o curativo de "encerrado" e siga em frente.

Não sou grande fã do "encerramento". Parece tão repentino, tão arrumado, tão final. Prefiro as palavras antigas como *luto*, *lamentação* e *dor da perda*. Sugerem um processo lento e desordenado – um processo que envolve cataclismo emocional, interrupção da atividade e noites escuras da alma. Descrevem a verdadeira natureza de reuniões de família e memoriais, que nunca são fáceis ou bem ordenados. Não é de se admirar que desejemos nos livrar deles.

Mas a dor da perda é também um tônico. É um elixir curativo feito de lágrimas que lubrificam o coração. *A jovem chuva de lágrimas* da qual fala o poeta Rolf Jacobsen. Quando um amigo ou um membro da família morre – ou quando o mundo perde um dos seus amados cidadãos –, não devemos conter as lágrimas. Nossas lágrimas e as calmas mãos da dor que a acompanham não são sinais de uma realidade maldosa e trágica. *Nem tudo é tão ruim quanto você pensa*, diz o poeta. A dor da perda é prova do nosso amor, uma demonstração do quanto permitimos que alguém nos tocasse.

A dor da perda geralmente é confundida com depressão ou autocomiseração. Embora seja possível entrar em um doloroso redemoinho durante o processo, a longo prazo, a dor da perda não é o mesmo que depressão. Se procurarmos disfarçar a dor, podemos ficar deprimidos. Sentimentos reprimidos, não expressos, insensibilizam a vida. É como se, a cada dor que não sentimos, estivéssemos acrescentando um punhado da nossa vitalidade, guardando-a em um subterrâneo até ficarmos insensíveis, doentes ou amargurados.

Tenho aconselhado muitas pessoas cujas vidas entraram em um caminho destrutivo por causa de uma dor reprimida. Um casal veio a uma das minhas oficinas depois de uma crise conjugal. O marido – que chamarei de George – tinha perdido a mãe e o pai, ambos com câncer, logo depois do casamento. Então seu irmão se afogou em um acidente de barco. Com cada perda, George mergulhava mais no trabalho de advogado ambiental, viajando com freqüência e assumindo cada vez mais responsabilidades. Sua mulher queixava-se dizendo que ele nunca estava em casa, os filhos raramente o viam. Os pedidos da família de atenção e intimidade o deixavam confuso e irritado. Achava que estivesse fazendo o possível para eles, trabalhando arduamente, cuidando de suas necessidades financeiras e criando um lar estável. Agora eles pediam mais, pediam uma coisa à qual ele não tinha acesso, algo que estava morto dentro dele. Sua mulher e seus filhos tornaram-se lembranças vivas em seu coração adormecido.

George começou a passar mais tempo fora de casa. Quando viajava, bebia muito, "para poder sentir alguma coisa", ele dizia.

Uma noite, em uma viagem de duas semanas ao Brasil, George levou uma mulher ao seu quarto de hotel. Sabia que estava brincando com fogo; sabia que aquilo podia ser o começo do fim do seu casamento, mas o fez assim mesmo porque, ele disse, "não conseguia sentir mais coisa alguma. Porque estava insensível. Porque eu tinha medo de morrer congelado se não sentisse". Durante toda essa viagem de negócios, ele trabalhou longas horas com uma organização internacional de conservação do ambiente, depois voltou para o hotel para beber e passar a noite com a mulher. George deixou de telefonar para casa.

No último dia da viagem, voltou para o quarto do hotel e encontrou uma mensagem de casa. Sua mulher estava dando entrada no pedido de divórcio. O choque da mensagem, combinado com os eventos da semana, explodiu as comportas de uma represa no coração de George – uma represa que guardava anos de dor reprimida. Encolhido na cama, George sentia-se apavorado com as ondas de angústia que se lançavam contra suas emoções geralmente bem controladas. Os companheiros de trabalho saíram do Brasil sem ele. George ficou por vários dias nadando em um oceano de dor. Lá, sozinho no quarto, a milhares de quilômetros de casa, ele viajou para o passado. Imagens dos seus pais e do irmão o atormentavam; ele lamentou suas mortes como se acabassem de acontecer. Passou horas ao telefone, falando com a mulher. Finalmente exorcizado, mas ainda vivo, George voltou para casa e juntou-se à mulher e aos filhos como se fosse a primeira vez.

Quando os conheci, George e a mulher comemoravam dois aniversários: um ano de sobriedade de George e um ano de um novo casamento para ambos. As coisas não estavam firmes, eles disseram, e sabiam que não tinham saído da floresta ainda, mas George tinha voltado dos mortos. Fez isso descendo para as trevas, despedaçando-se e lamentando. Finalmente abrira espaço no coração ferido com a morte dos pais e do irmão. Lá ele encontrou sua vida.

Quando meu pai morreu, fiquei atônita com o espaço deixado por aquela partida repentina. Eu queria encher o espaço com alguma coisa para me livrar do vazio e da dor. Queria voltar imediatamente para o trabalho, viajar ou fazer qualquer coisa que me levasse de volta ao "normal". Porém, senti que devia suportar minha dor, que devia permitir que a dor tomasse conta de mim. Tirei uma licença do trabalho e me entreguei ao que Dietrich Bonhoeffer chama de "lacuna". Bonhoeffer foi um teólogo luterano que perdeu muitos amigos e familiares na Segunda Guerra Mundial, e finalmente foi executado pelos nazistas. Ele escreveu:

> Nada substitui a ausência de alguém que amamos, e seria errado tentar encontrar um substituto. Devemos simplesmente enfrentar e ir até o fim. Isso parece muito difícil, porém ao mesmo tempo é um grande consolo; a lacuna, enquanto permanecer vazia, preserva os laços que nos uniam. É tolice dizer que Deus preenche a lacuna. Deus não faz isso, mas, ao contrário, a mantém vazia, desse modo nos ajudando a manter viva a comunhão que existia entre nós, mesmo ao preço da dor.

Durante algumas semanas vivi nessa lacuna quando meu pai morreu. Não foi fácil. Eu me sentia inquieta, irritada e despida. Afastei-me dos outros porque me sentia alienígena em um mundo estranho. Às vezes me preocupava, pensando que jamais sairia da lacuna. Durante esse tempo, eu falava com meu pai. Dizia coisas que jamais teria dito quando ele estava vivo – coisas amorosas e outras não tão amorosas. Ele se explicava para mim e eu me explicava para ele. Muitas vezes eu ficava confusa. Não compreendia meus sentimentos. Eu sentia realmente tanto assim a morte do meu pai? Não parecia possível, porque, embora eu o amasse e respeitasse, nosso relacionamento era complicado, repleto de comunicação falha, de frustração e de ressentimento. Felizmente, não é preciso compreensão para entrar na lacuna. Tudo que se tem a fazer é ficar nela, mantê-la vazia de diversões e de expectativas e se comunicar com a pessoa morta.

Quando minha melhor amiga enfrentava a dor da morte da mãe, ela ficou horrorizada ao ver que, seis meses depois da perda, ainda estava dominada pela dor. Seu desespero a manteve no desconhecido escuro, dia após dia, semana após semana e mês após mês. Aquela dor constante embaraçava certas pessoas. Algumas diziam que ela estava deprimida e que devia tomar algum remédio. Outras lhe diziam para se ocupar, sair de férias, ler este ou aquele livro.

Tudo isso parecia certo para ela. Sentia-se culpada e anormal por ser tão fraca. Porém, quanto mais tentava se curar, pior se sentia.

Dei a ela a citação de Bonhoeffer, e sugeri que, em vez de lutar contra a dor ou tentar encher a lacuna com livros, meditação ou distrações, ela a deixasse ficar vazia. Sugeri que esperasse. Que ficasse tão profundamente ligada à mãe quanto fosse necessário. Isso a ajudou. Sempre que ficava envergonhada por estar sentindo a dor por tanto tempo, ou quando temia nunca mais se recuperar, voltava para a lacuna. Ela a limpava e criava um espaço aberto para a mãe. Esse processo a energizou de um modo solitário. Ela estava sozinha com a mãe, ali na lacuna, ignorando o mundo, as duas unidas. Finalmente, depois de mais alguns meses, de algumas visitações em sonhos e de um pouco da simples e antiga paciência, a nuvem negra desapareceu, o vazio em seu coração diminuiu, e minha amiga pôde dizer que estava pronta para enfrentar outra vez a vida.

O que acontece quando mantemos vazia a lacuna? "Nada acontece", escreve o autor junguiano Robert Johnson, "o que basta para assustar qualquer pessoa moderna. Porém, esse tipo de nada é o acúmulo da energia curativa guardada. É genial guardar energia. Embora não se tenha idéia da utilidade que esta energia terá, manter um estoque de energia acumulada é ter a salvaguarda do poder. Vivemos com nossa energia psíquica nos tempos modernos tanto quanto com nosso dinheiro – hipotecada até a próxima década. A maioria das pessoas de hoje está quase sempre exausta, e jamais consegue um equilíbrio de energia, muito menos está protegida por uma reserva de energia. Sem energia guardada, não é possível tirar partido de uma nova oportunidade."

Manter a lacuna aberta depois da morte de um ente querido é um modo de reservar energia valiosa. Sem saber, acumulei muita energia nos meses em que lamentei a morte do meu pai. Um dia, depois de meses de tristeza e letargia, notei que não estava mais vivendo em uma lacuna. As nuvens desapareceram. Senti uma nova espécie de energia movendo-se em mim – uma parte parecia ser do meu pai. Estava pronta para voltar à minha vida e pôr em uso as dádivas da dor. Resolvi marcar essa passagem com uma espécie de ritual. Tirei do sótão alguns objetos dados por um professor que freqüentemente trabalhava no Omega. Ed Benedict é um líder americano nativo da nação Mohawk. Certa vez ele realizou um ritual de condolência no Omega e depois me deu a bolsa de pele de gamo, uma pena de pombo e uma vasilha de barro, usadas na cerimônia. Agora eu tinha como usá-las. Enchi a tigela de água, deixei ao lado de uma foto do meu pai e li em voz alta a prece dos iroqueses:

Alguns de vocês talvez tenham sofrido a perda de um ente querido. Talvez outra coisa os tenha feito sofrer. Pode ser que seus olhos tenham sido embaçados pelas lágrimas e vocês não possam mais ver a beleza do Criador. Talvez a dor da perda que sofreram por meio dos seus olhos agora esteja bloqueando sua visão. Neste caso, ofereço simbolicamente uma pele branca de corça que tirei do céu do Criador. A pele da corça é macia e reconfortante, e com ela enxugo dos seus olhos as lágrimas de dor dos antigos ferimentos para que possam enxergar outra vez com clareza.

Apanhei a bolsa de pele e toquei meus olhos com ela.

Temo que tenham sofrido a perda de um ente amado. Talvez tenham sofrido muitas perdas. Talvez os gemidos de dor ecoem agora nos seus ouvidos de modo que não podem ouvir direito. Se este for o caso, ofereço uma pena – uma dádiva do Criador – que tirei do céu. Pego esta pena e simbolicamente apago os soluços de dor dos seus ouvidos, que o silêncio possa descansar e reconfortar vocês, e que possam ouvir claramente outra vez.

Passei a pena nas orelhas.

Pode ser que tenham sofrido a perda de um ente querido, talvez a dor seja por outra coisa. Se for este o caso, talvez tenham dado muitos gritos de dor e chorado muito, e um grande soluço tenha ficado preso nas suas gargantas. Isso pode os estar impedindo de dizer a verdade do Criador. Se for este o caso, estenderei a mão para o céu e trarei para vocês uma tigela com água pura. Essa água é doce e pura e vem do Criador. Retirarei o pedaço de dor das suas gargantas para que possam outra vez falar corretamente.

Levei a vasilha de barro aos lábios e bebi a água.

Todas essas coisas são oferecidas simbolicamente para livrá-los da dor de qualquer perda que tenham sofrido, para que mais uma vez possamos dar as mãos e, com o coração e a mente abertos, agradecer ao Criador por este dia.

CARAOQUÊ

Tudo não morre finalmente e muito cedo?
Diga-me: o que você pretende fazer
com sua vida preciosa e turbulenta?

– MARY OLIVER
"THE SUMMER DAY"

Quando conheci Peter, ele era HIV positivo. Isso foi em 1985, muito antes de ser possível sobreviver à AIDS. Mas Peter era diferente. Não ia morrer de coisa alguma, de modo nenhum. Pelo menos foi o que pensei. Ou queria pensar. Peter era maior do que a vida, e um amigo perfeito. Era capaz de se fundir dentro das qualidades disparatadas da sua personalidade, não encontradas normalmente em qualquer outra pessoa. Era social e fútil, mas também monástico e sensato. Era louco por festas e tinha um emprego importante; um terapeuta compassivo com um malicioso senso de humor; um viciado político em um caminho espiritual. Estava sempre disposto a qualquer coisa e interessado em tudo. Quem mais poderia telefonar tarde da noite, do seu apartamento em Nova York, para saber se eu fizera um discurso político na televisão para levantar fundos e pedir minha opinião: devia vestir o casaco sobre o pijama e tomar o metrô para o centro da cidade onde estava acontecendo uma festa, na esperança de encontrar o candidato à presidência quando ele saísse do Plaza Hotel?

– Por que você ia querer fazer uma coisa dessas? – perguntei.

– Para dizer a ele que precisa articular com maior clareza sua política externa – Peter disse com o tom exasperado de quem está dizendo o óbvio.

– Bem, certamente, se você quer sair a esta hora da noite – eu disse, sabendo que provavelmente ele queria, mas que eu jamais faria isso. E aconteceu que no dia seguinte o candidato articulou sua política externa com maior clareza.

Peter sempre me telefonava tarde da noite para discutir política, moda, comida, TV, teatro, música, sua vida amorosa. Assim, quando ele telefonou às dez horas de uma fria noite de inverno, perguntando se eu queria sair com ele para cantar caraoquê em um bar de uma cidade próxima, como eu podia dizer não? Eu sempre quis cantar em um bar caraoquê – sabia que era o mais próximo que podia chegar de realizar um desejo secreto de cantar em *backup* com Aretha. E quem mais, a não ser Peter, faria isso por mim? Assim, começaram nossos três anos de encontros semanais no bar de um *Holiday Inn* local para cantar duetos como "I Got You Babe" e "Endless Love", tutelados por uma mulher que Peter chamava de nossa "mestra de caraoquê".

Todas as noites de quinta-feira, depois do trabalho, Peter fazia a viagem de duas horas de ônibus de Nova York à sua casa de campo, na minha cidade. Eu o encontrava na estação de ônibus e seguíamos de carro para nos juntar a um grupo disparatado de futuras estrelas pop, garçonetes, mecânicos, técnicos de vídeo e outros, para sermos dirigidos por Vivian, que era um misto de Dolly Parton, na aparência, e madre Teresa, no caráter. E lições de voz gratuitas de Jimmy, o marido de Vivian – um cantor de *lounge* que imitava Elvis Presley.

No princípio, nossos amigos acharam divertido. Alguns até se juntaram a nós no *Holiday Inn* e suportaram duas horas de fumaça de cigarro e horríveis interpretações de canções dos Bee Gees. Mas, quando perceberam que levávamos a sério nosso novo grupo de amigos e os monitores, passaram a nos deixar em paz nas noites de quinta-feira. Em um Natal, contratamos Vivian e Jimmy para conduzir nossos amigos em um caraoquê na minha casa. Depois de alguma resistência, todos – meu marido e o companheiro de Peter de longo tempo – fizeram seus solos com abandono e sem talento. Foi divertido ver nossos amigos vencidos pelo poder do caraoquê de remover inibições e rejuvenescer a vitalidade.

Peter e eu continuamos com nossa terapia do caraoquê uma vez por semana, por mais tempo do que eu queria e mais do que ele devia. Peter continuou porque o ajudava a continuar vivo; eu, porque era uma desculpa para estar com ele. Eu começava a aceitar o fato de que Peter estava morrendo. Qualquer pessoa podia ver à primeira vista que ele não ficaria neste mundo por muito tempo. Seu rosto dizia – os olhos fundos, a pele amarelada e o olhar cansado. Porém, minha capacidade para julgar por quanto tempo ele viveria estava seriamente comprometida por meu desejo de que ele vivesse.

Em uma bela manhã de domingo, em outubro, Peter telefonou para perguntar se eu queria ir com ele à exposição de carros antigos e motocicletas.

– *Agora* você está interessado em carros antigos? – perguntei.

– Não – ele disse. – Vivian e Jimmy têm um stand lá. Pensei que seria formidável cantar minha nova canção ao ar livre.

Há algumas semanas Peter vinha "assassinando" "That's Life", de Frank Sinatra, no *Holiday Inn*. Será que eu queria mesmo ouvi-lo outra vez? Será que eu queria passar um dia precioso de outono no empoeirado parque de diversões, ao lado de fanáticos por carros, cantando caraoquê? Resolvi ir, contudo, porque queria passar um dia precioso com um amigo que não ia envelhecer.

Peter ficou calado durante a viagem de carro. Quando atravessamos a ponte, nem sequer ergueu os olhos para ver as árvores no outro lado do rio Hudson, como uma manta amarela sobre as montanhas. O dia estava morrendo, e Peter também. No inverno, as árvores estariam nuas, esperando pela primavera. Peter deixaria seu corpo e viajaria para o mistério.

Naquele dia, porém, ele queria cantar "That's Life" em uma exposição de carros antigos no parque de diversões. Centenas de pessoas estavam lá – fãs de carros antigos, gangues de motoqueiros e famílias inteiras comendo cachorro-quente e se divertindo. Entrando e saindo dos stands de exibição, passando por brilhantes Modelos-T e Corvetes envenenados, notamos que Vivian e Jimmy e sua máquina de caraoquê eram partes importantes da exposição. Alguém cantava uma versão caraoquê desafinada de "King of the Road" no sistema de som do parque. Notei um brilho de entusiasmo nos olhos de Peter. Ele ia cantar para centenas de estranhos desavisados.

No stand do caraoquê, Vivian recebeu Peter como se ele fosse Frank Sinatra. Ela nos fez passar rapidamente por uma longa fila de pessoas que esperavam a vez para cantar, deu a Peter um copo com água e procurou "That's Life" entre os CDs. Sentei ao lado de Jimmy, regiamente vestido de Elvis. Quando o microfone ficou livre, Peter – que até o ano anterior era um belo homem, com um metro e oitenta de altura – subiu na plataforma, quase calvo, macérrimo e pálido. Depois dos primeiros compassos de "That's Life", ouviu-se a voz hesitante de Peter no sistema de som do parque:

Assim é a vida – é o que todos dizem.
Você está no alto em abril, morto com um tiro em maio...
Assim é a vida e não posso negar:
Muitas vezes pensei em desistir mas meu coração não concordou.
Mas se não acontecer nada notável até julho,
vou me deitar enrolado como uma grande bola...
E morrer.

Foi um clássico momento de Peter, quando os mais improváveis extremos da vida se uniram em um flash cômico e espetacular. Eu me lembraria daquele momento, meses depois, ao lado da cama do hospital, velando seu corpo, com seus amigos e sua família, quando Peter deixou este mundo. A lembrança de Peter no parque de diversões cantando a vida me ajudaria a encontrar o caminho para aquele lugar mágico onde a existência pode ser trágica e divertida, dolorosa e cheia de alegria.

No fim do poema de Mary Oliver "The Summer Day", estão estes versos:

Tudo não morre finalmente e cedo demais?
Diga-me o que você pretende fazer
Com sua única vida preciosa e turbulenta?

Peter morreu aos 42 anos. Belo, brilhante, cheio de amor e de vida; *cedo demais*. Sua morte partiu meu coração. Logo no início, senti demais sua falta. Cinco anos depois, ainda penso nele quase todos os dias. Sempre que me visita nos meus sonhos, ele diz a mesma coisa – para viver completamente a minha vida. Fiz uma tatuagem dessa mensagem na pele diáfana da minha *vida preciosa e turbulenta*. Mesmo assim, esqueço, me preocupo, reclamo, resisto ao modo que a vida se move e muda. Hoje, enquanto escrevo isto, meu vizinho está morrendo de câncer. Ele tem 62 anos, e eu o considero jovem demais para morrer. Sua mulher e ele se aposentaram recentemente, entusiasmados para começar a próxima fase da vida juntos. Compraram e reformaram uma casa ao lado da minha, quando nossa antiga vizinha morreu com 101 anos. Ela era pintora e uma figura famosa na cidade. Até mesmo ela morreu cedo demais!

Então, me diga, o que devemos fazer com nossa vida preciosa e turbulenta? Essa é sem dúvida a questão. A resposta só pode ser descoberta vivendo a vida o mais completamente possível. Um dia, o sol e a terra vão se desequilibrar e a salamandra de pele fina e o urso peludo – todos nós secaremos e nos transformaremos em pó. Em outro planeta, longe daqui, no mesmo dia, algo misterioso inclinará a balança do vazio na direção da vida, e a história – com toda sua magnífica diversidade e colorida confusão – recomeçará. Nós nos encontraremos lá, sob outra forma?

PRATICANDO A MORTE

Não sabemos onde a morte nos espera:
portanto, esperemos por ela em toda parte.
Praticar a morte é praticar a liberdade.
O homem que aprendeu a morrer
desaprendeu como ser escravo.

– MICHEL DE MONTAIGNE

Minha mãe, que ensinava inglês no curso médio, costumava ler para nós todo o tipo de poesia, desde os versos infantis tradicionais às extasiadas divagações de Walt Whitman e os estranhos enigmas de Emily Dickson. Ela gostava especialmente da obra do poeta americano Theodore Roethke, que fala em imagens de cobras negras, lírios brancos, águas paradas e árvores submersas. Seus poemas me emocionavam e me davam medo. Eram como histórias de fantasmas.

Minha mãe começou a lecionar quando eu estava no curso fundamental. Ela adorava seu trabalho e era uma excelente professora, mas quase sempre cheia de ansiedade pelos alunos, pela administração e por seu desempenho. Certa vez, descrevendo sua apreensão, ela me contou uma história sobre Roethke, que durante muitos anos lecionou em cursos colegiais e universidades. Quando ele estava no College Bennington, em Vermont, seu medo de fracasso era tão grande que vomitava atrás de uma determinada árvore antes de cada aula. Logo depois, ele sofreu um esgotamento nervoso.

Minha mãe nunca vomitou antes das aulas e nunca teve um ataque de nervos. Porém, passou muitas noites insones antecipando um novo ano letivo ou uma mudança na faculdade. A despeito da ocasional ansiedade, ela teve uma longa carreira e, aos oitenta e poucos anos, ainda dá aulas particulares.

Eu tinha esquecido todas essas histórias de ansiedade dos professores até começar a dar palestras e a conduzir oficinas, e ficava extremamente nervosa antes de cada um desses eventos. Uma das minhas primeiras oficinas foi uma palestra sobre medicina alternativa para médicos e enfermeiras, na Universidade de Harvard. A organizadora da conferência tinha lido um artigo meu sobre a dimensão espiritual do processo da morte, e me convidou para conduzir um seminário. Tentei dizer a ela que eu nunca dera um seminário sobre a morte, especialmente para profissionais da medicina, mas ela foi inflexível. "Tudo tem uma primeira vez", ela disse, com voz muito determinada. Concordei relutantemente. Assim que desliguei o telefone, me arrependi amargamente de ter concordado. E, dos profundos recessos do meu cérebro ansioso, surgiu um flash de Roethke, ajoelhado no lado de fora da sala de aula, virado do avesso por seu medo visceral. Agora eu podia me imaginar fazendo isso atrás de um velho castanheiro, no campus de Harvard.

À medida que se aproximava a data do seminário, eu me arrependia da minha decisão cada vez mais. Por mais que me preparasse e ensaiasse, não podia me livrar da idéia de que eu era uma impostora, e que os mandachuvas de Harvard iam descobrir isso. Indo de carro para a palestra, eu me perguntava se, além de acabar vomitando atrás de uma árvore, eu não seria arrastada para um hospital de doentes mentais, como Roethke. Quando cheguei em Boston, meu senso de individualidade tinha desmoronado completamente. Eu estava um lixo.

Em Harvard, fui para o prédio onde a conferência seria realizada, ouvi a apresentação do programa, conheci algumas pessoas, aparafusei minha cabeça no lugar e marchei com trêmula confiança para a classe. Meu seminário, "Morte, Dor da Perda e Cura", aconteceria ao mesmo tempo que alguns outros, na sala ao lado de onde estava sendo realizado um seminário chamado "Humor, Riso e Cura". As paredes que separavam as classes eram finas. Na verdade, não eram paredes mas divisórias em um grande auditório. Assim que comecei a falar, meu vizinho também começou.

Falei sobre a importância de se manter aberto para os sentimentos que surgem quando enfrentamos a morte – sejam eles de medo ou de raiva, remorso ou dor da perda, insensibilidade ou espanto. Quando comecei a conduzir os cerca de 30 médicos e enfermeiras a uma meditação sobre a dor da perda, o pessoal do seminário na sala ao lado aparentemente fazia um jogo. Gritos e risos podiam ser ouvidos enquanto eu tocava música suave e pedia às pessoas para tocar a parte do coração onde os sentimentos se armazenam. Toda vez que eu dizia alguma coisa sobre medo da dor, o instrutor do outro seminário começava a dar instruções para um jogo. Senti-me como se estivesse dirigindo um funeral em um parque de diversões.

Finalmente toda essa atmosfera foi demais para uma médica no meu seminário. Ela se levantou, pegou a bolsa e o casaco e disse: "Não vim aqui para ficar deprimida! Vou para a sala ao lado onde estão se divertindo."

Depois que ela saiu, me enchi de coragem e tentei salvar o seminário. "Mais alguém quer ir para a sala ao lado?", perguntei. Alguns fizeram que sim com a cabeça. "Por favor, vão." Esperei que saíssem e voltei ao assunto com as bravas almas que tinham ficado.

– Escutem – eu disse, de repente sem nenhum nervosismo e milagrosamente no comando do meu assunto –, se vocês querem realmente se divertir na vida, se realmente querem brincar – como estão brincando na sala ao lado –, então chegar a um acordo com a morte ajuda. A morte no fim desta vida e as mortes pelas quais vocês passam o tempo todo quando as coisas desmoronam ou quando vocês fracassam, ou sofrem uma perda. Joseph Campbell disse que a conquista do medo da morte é a descoberta da alegria de viver. Meu seminário é na realidade um pré-requisito para o Humor, Riso e Cura. Eles esqueceram de dizer isso no folheto explicativo – meus alunos riram. Torci para que o cara na sala ao lado tivesse ouvido.

Foi naquele seminário que comecei a pensar em conduzir uma meditação em uma morte real. Lembrei-me de como um amigo meu, o pintor Alex Grey, levava ao necrotério seus alunos de desenho da Universidade de Nova York. Ele me disse: "No contexto de uma lição de anatomia, levo meus alunos a um necrotério, onde eles estudam os cadáveres. Imediatamente a aula se torna um confronto com a mortalidade. Ver um corpo morto é chocante, não só porque na nossa sociedade a morte geralmente é escondida ou 'disfarçada', mas também porque projetamos nossa natureza finita no cadáver. Falo aos meus alunos sobre Buda e sua recomendação para se usar um corpo morto como um outro objeto de meditação. A morte intensifica nossa apreciação a cada momento que vivemos e nos diz: 'Logo você estará morto; o que vai fazer com sua vida? O que quer fazer que não fez ainda?' A morte é o melhor pontapé no traseiro que conheço. É um confronto profundo e proveitoso para os estudantes."

Como eu sabia que não teria oportunidade de levar meus alunos ao necrotério, resolvi criar um meio de as pessoas representarem a própria morte. Já conduzi esse tipo de meditação muitas vezes, com pequenos grupos, de dez pacientes de câncer, por exemplo, de um hospital, e grupos de 400 pessoas em uma sala de conferência. Antes da meditação, falamos sobre morte e morrer, sobre nossas resistências e temores e sobre nossas expectativas e preconceitos. Explico que a morte está sempre conosco. Aparece na vida diária quando as coisas mudam, e recomeçam de modo diferente. Ela nos recebe quando termina nossa vida sob a forma humana e seguimos em frente, sob outra forma de consciência. Falo sobre a ansiedade da morte e sobre os dois tipos de pessoas – as que temem a morte final e as que se preocupam mais em não terem vivido completamente enquanto estavam sob a forma humana. Peço às pessoas de cada um desses dois grupos para levantar a mão – nunca deixo de me admirar com a divisão igual das pessoas. Ajuda muito compreendermos que o ponto de vista das pessoas sobre a morte é apenas isso – um ponto de vista – e que a verdade é muito maior do que qualquer coisa que podemos imaginar.

Então fazemos 20 minutos de meditação conduzida no que imagino ser o reino além da vida humana, começando com a experiência de nos despedir das pessoas e dos lugares que amamos e às coisas às quais somos apegados, aos nossos desapontamentos e remorsos. A meditação sobre a morte é uma experiência poderosa. Muitas pessoas me dizem que muda completamente o modo que elas vêem a vida e a morte.

Em todas as oficinas sobre a morte, há pelo menos uma pessoa que já teve uma experiência de quase-morte. Muitos estudos já foram feitos e livros escritos sobre tal experiência, que ocorre nos casos de morte clínica em que a medicina traz a pessoa de volta à vida. Depois da meditação sobre a morte, peço às pessoas que tiveram essa experiência que a descrevam para o grupo. Muitas pessoas ficam atônitas com a semelhança entre essas histórias e o que experimentaram durante a meditação.

Uma dessas histórias de quase-morte me comoveu especialmente. John tinha 25 anos quando sofreu um acidente de carro. Depois de vários dias ligado a aparelhos, entrou em coma. Seus pais sentiram que ele ia morrer e pediram que o padre da família administrasse a extrema-unção. Então, à noite, deixaram John no hospital, certos de que nunca mais o veriam vivo. Porém, naquela noite, quando o coração de John parou de bater, uma equipe de médicos e enfermeiras trabalhou para ressuscitá-lo e o trouxe de volta à vida. Na manhã seguinte, os pais o encontraram vivo e consciente.

Nos meses seguintes, fragmentos de lembrança da quase-morte voltaram à mente de John, acompanhados pelos mesmos sons, luzes e sentimentos de amor e de beleza experimentados por outras pessoas que tinham morrido clinicamente. John escreve:

> Quando eu estava em coma, podia ver os médicos, as enfermeiras e meus pais, no quarto, como se estivesse flutuando acima deles e do meu corpo. Era muito estranho. Eu os via mas não sentia nenhuma conexão real com eles. Era como se estivesse assistindo à televisão. Então, senti alguma coisa me "puxando emocionalmente", embora essa não seja a expressão exata, para um túnel que ia dar em um enorme campo de luz. Havia pessoas naquela luz – eram feitas de luz. Não tinham rosto, mas não senti medo. Eu não tinha medo de coisa alguma. Sentia que conhecia aquelas pessoas, que esperavam por mim. Queria me juntar a elas, mas disseram que não era a hora ainda e que eu devia voltar, que meu trabalho não estava terminado. "Que trabalho?", perguntei, porque naquele momento eu na realidade não tinha nenhum trabalho importante. E eles disseram que eu encontraria esse trabalho e que era importante que o realizasse.
>
> Então a próxima coisa que senti foi um médico batendo no meu peito, uma dor imensa e muita confusão, e lá estava eu, de volta ao meu corpo, de volta à Terra.

> Durante muito tempo, não contei a ninguém essa experiência. Nunca tinha ouvido falar de nada parecido, e não queria que pensassem que eu estava louco. Agora posso contar porque sei que muitas pessoas tiveram a mesma experiência. Há livros e estudos médicos a respeito da experiência de quase-morte. Mas não preciso que a ciência prove a minha história e nem me importa que acreditem ou não em mim. Não sou um missionário da experiência de quase-morte. Não sou nem mesmo especialmente espiritual. Sou apenas uma pessoa comum. Para mim, a experiência de quase-morte não foi mística – na verdade, me fez apreciar mais a vida aqui na Terra. Mudou meu relacionamento com os amigos e com a família, e me deu um forte desejo de fazer alguma coisa de bom neste mundo. Acontece que tudo em minha vida é o trabalho de que falavam aqueles seres de luz – meu emprego, meu casamento, minha família. A vida é cheia de possibilidades para mim porque não tenho medo da morte. Estive no limiar da morte, e sei o que ela é. Não há motivo para temer a morte. A vida continua. Vocês continuam. Eu sei disso.

O filósofo francês do Renascimento, Michel de Montaigne, aconselhava as pessoas a "treinar a morte". "Para privar a morte da grande vantagem que tem sobre nós", ele escreveu, "devemos privá-la da sua estranheza, freqüentá-la, nos acostumarmos com ela, não pensar em nada tão constantemente quanto na morte... Não sabemos onde a morte nos espera, portanto devemos esperá-la em toda parte. Praticar a morte é praticar a liberdade. O homem que aprendeu a morrer desaprendeu de ser escravo."

Por praticar a morte, Montaigne não quer dizer que devemos nos instalar na calçada de uma cidade com um cartaz anunciando o fim do mundo. Nem que devemos ter uma experiência de quase-morte clínica. Ele quer dizer que podemos praticar a morte nos conscientizando dos meios pelos quais resistimos à vida; podemos praticar a morte nos aproximando dos fins, da separação e das mudanças com mais calma e mais fé. Para alguém como eu – cujo medo da morte tem sido uma luta e uma busca toda a vida – praticar a morte é realmente praticar a liberdade. Cada dia, cada semana, cada ano descubro meios de praticar a morte.

TARTARUGAS E ÁRVORES

Venha, venha, seja você quem for,
andarilho, religioso, que gosta de partir,
não importa.
A nossa não é uma caravana de desespero.
Venha, mesmo que tenha quebrado suas promessas
milhares de vezes.
Venha outra vez, venha, venha.

– INSCRIÇÃO NO TÚMULO DE RUMI

São mais ou menos cinco horas de uma tarde chuvosa de junho. Estou voltando do trabalho, seguindo pela Slate Quarry Road, a estrada rural que cruza florestas e campos, atravessa a ponte sobre o rio Hudson e finalmente chega às montanhas Catskill, onde moro. Já passei por essa estrada muitas vezes, com todo tipo de tempo. Cada curva tem um significado para mim: a curva onde meu carro derrapou e foi para cima de uma árvore em uma gelada noite de inverno, lugares onde parei enquanto ouvia o noticiário no rádio, o velho celeiro que a cada ano parece diminuir de tamanho.

Hoje, com a chuva de primavera deixando a estrada escorregadia e o mundo à minha volta verde e vibrante, penso na minha mais recente obsessão por vida e morte: a morte de várias espécies de árvores do nordeste. Freixos e cicutas estão sendo dizimados por pragas. Outras espécies – como bordos e plátanos, meus favoritos – enfraquecidas pela chuva ácida. Dirigindo nas curvas de Slate Quarry Road, procuro, no topo do dossel das árvores, sinais de morte iminente. A morte das árvores me ofende, me enfurece e depois me deixa triste. Como os seres humanos podem ser tão estupidamente míopes a ponto de permitir que a destruição do planeta atinja essas proporções? Nossa vida está sendo diminuída pela perda da natureza.

Seguindo pelas curvas da estrada, olhando o topo das árvores, vejo algo grande à minha frente. Antes que tenha tempo de pisar no freio, atropelo uma tartaruga de pelo menos 30 centímetros de largura e 30 de comprimento, que atravessava lentamente a estrada. Os brejos que ladeiam Slate Quarry Road estão cheios de tartarugas que acasalam e põem ovos na primavera. É comum vê-las atravessando a estrada nesta época do ano, e os motoristas descem do carro e as levam para o outro lado. Mas não estou prestando atenção. Estou preocupada com a morte das árvores, e especialmente com a perda da natureza em geral. Passo por cima da tartaruga.

Paro no acostamento para examinar o dano que causei. A tartaruga está morta, o casco rachado, o corpo macio espalhado na estrada. Olho incrédula para a carcaça. Amo as tartarugas tanto quanto amo as árvores. Mal posso acreditar na sofisticada ironia do que aconteceu. "Muito bem, deusa Gaia", digo para a deusa grega da Terra. "O que está querendo me dizer?"

No dia seguinte, levanto cedo. É uma gloriosa manhã de primavera, o primeiro dia claro depois de uma semana de chuva. Olho pela janela e noto algo estranho no jardim. Ponho os óculos e vejo, atônita, uma tartaruga, exatamente igual à que atropelei ontem, a muitos quilômetros de casa, no outro lado do rio Hudson, na estrada Slate Quarry. Uma tartaruga está no jardim, olhando para mim com ar solene. Olho para ela da janela do meu quarto. Nunca vi uma tartaruga tão perto de minha casa, especialmente desse tamanho. Chamo meu marido, nós dois descemos e saímos para a manhã morna. A tartaruga está cavando uma vala na terra macia, e vemos que ela já fez vários buracos no gramado e nos canteiros. Usa as patas fortes e a cauda para se enterrar na terra, deixando à mostra uma pequena parte do casco e a ponta das narinas. E ali ela fica durante um dia e uma noite.

Telefono para uma organização local protetora dos animais selvagens, e o naturalista que atende diz que a tartaruga está botando ovos. Depois de botar os ovos, diz o perito, ela irá embora. Os ovos amadurecerão dentro de seis a oito semanas e, finalmente, esperamos, se abrirão no jardim, debaixo da janela do nosso quarto. Fazemos uma pequena gaiola de arame para proteger os ovos contra os predadores, e esperamos.

– Então – meu marido pergunta –, qual foi a mensagem de Gaia?

– Qual *você* acha que foi? – pergunto, humilhada demais por meu comportamento impensado para confiar na intuição.

– Eu diria que você se preocupa tanto com o meio ambiente – diz meu marido – que não percebe o quanto a natureza é engenhosa. O quanto é criativa. Veja, você matou uma tartaruga porque estava preocupada com coisas como mortes de tartarugas. E agora, bem aqui no seu jardim, a tartaruga da Páscoa deixa um presente.

As palavras sábias do meu marido me fizeram lembrar de outra pessoa. Há anos, meu herói do mundo natural é o poeta e ambientalista Gary Snyder. Em sua poesia e nos seus ensaios, Snyder chama a terra de Ilha das Tartarugas, baseado em uma antiga história dos índios americanos. Depois do incidente com a tartaruga e as árvores, passei um e-mail para ele:

Caro Gary:

Talvez lembre-se de mim da sua visita ao Omega anos atrás. Certamente lembro-me de você! Não só lembro-me como também continuo a encontrar inspiração e paciência em suas palavras. Se não for muita presunção, estou escrevendo para pedir mais algumas dessas palavras.

Com todo o trabalho espiritual que tenho realizado em mim mesma e o trabalho ambientalista que tenho feito na minha cidade, recentemente venho lutando com uma sensação de desespero sobre as mudanças na Terra. Meu coração se aperta quando vejo coisas como superdesenvolvimento, pragas nas árvores, perdas na população das espécies e as escolhas idiotas que os seres humanos continuam a fazer. Quando saio com outras pessoas, meus olhos vão imediatamente para o topo das árvores e reclamo em voz alta da praga dos bordos, da doença que está matando as cicutas do Leste, a diminuição das espécies de sapos ou a extinção dos azulões do Leste. Começo a ser uma péssima companhia!

Sei que você sente o que a Terra sente, e queria saber como se conforma com tantas perdas. Se tiver um momento livre, seus pensamentos sobre o assunto seriam de grande ajuda para esta amante da Ilha das Tartarugas.

Com amor, Elizabeth.

Gary Snyder respondeu imediatamente:

Cara Elizabeth,

Lembro-me com muito carinho de minha visita ao Omega e da trilha que leva à pequena colina coberta de árvores decíduas de folhas largas. Uma sensação maravilhosa das florestas do Leste. Sobre as ameaças ao mundo e à natureza, me consolo lembrando que Gaia há milhões de anos trabalha na Terra e nós não podemos destruí-la nem salvá-la. Assim, temos de nos energizar por nós mesmos para o trabalho a favor da Terra. Por caráter e por estilo. E quando as coisas estão tão ruins como agora, ficar com raiva não ajuda, portanto o melhor é ter senso de humor. Coyote é um dos meus professores!

Tudo de bom, Gary.

Mais tarde, nesse dia, vou ao chalé em nosso terreno, onde escrevo. Trabalho durante algumas horas, e então abro as portas de vidro de correr para descansar um pouco. Lá na relva está um pequeno gamo. Será um recém-nascido? Nasceu bem ali, enquanto eu trabalhava? Teria eu outra vez perdido o renascimento da natureza enquanto escrevia sobre sua morte? Isto está se tornando uma piada! Talvez Coyote, o índio americano brincalhão, citado na carta de Gary Snyder, esteja pregando uma peça em mim. Aproximo-me cautelosamente do pequeno gamo deitado imóvel na relva. Talvez tenha nascido morto, talvez a mãe o tenha abandonado ali. Quando estou a poucos centímetros dele, o animalzinho abre os olhos, assustado, e se levanta com dificuldade. Então bate na parede do chalé e cai outra vez.

Oh, não, eu penso, fiz outra vez!

Recuo, me afastando do gamo, e vejo a mãe entre as árvores, olhando desconfiada para mim.

Quando estou bem longe, ela vai até o filhote e o lambe até ele se levantar. Então os dois vão vagarosamente para o bosque, retomando sua vida selvagem sem mim.

Na lápide do túmulo de Rumi, em Konya, Turquia, está escrito:

A nossa não é uma caravana de desespero.
Venha, mesmo que tenha quebrado seus votos
milhares de vezes.
Venha outra vez, venha, venha.

E assim, mais uma vez, quebrei meus votos de não me desesperar com os modos misteriosos com que Deus se revela – uma beleza e uma perda, como Coyote e o gamo bebê, como a vida e a morte. Quebrei meus votos mil vezes, mas posso renová-los mil vezes, e voltar à caravana da fé. Como o alquimista que transforma metal em ouro, posso transformar minha preocupação em confiança, e meu desespero com a morte das árvores e tartarugas mortas em uma visão iluminada de renascimento eterno.

MEDITAÇÃO PARA PRATICAR A MORTE

Quando praticamos a morte,
estamos aprendendo a nos identificar menos com o Ego
e mais com a Alma.

– RAM DASS

Tire alguns minutos agora para examinar de perto sua vida e como as coisas estão sempre começando e acabando, movimentando-se e mudando. Preste atenção ao modo como as coisas funcionam realmente. O carro tem um defeito, você manda consertar ou compra outro, e algumas semanas, meses ou um ano depois, está de volta à oficina. Você planta sementes em um calmo dia de abril, vê surgir os botões e depois as flores, e, então, chega agosto e uma chuva de granizo acaba com o jardim. Você apanha um resfriado, melhora, fica doente outra vez. Você encontra a casa perfeita ou o emprego perfeito, perde o emprego, não pode pagar a casa, tem de mudar. Você encontra a companheira ou o companheiro ideal, vão morar juntos, você descobre que ela é fanática por limpeza ou que ele come com a boca aberta, ou coisa pior – algo que destrói um casamento e uma família. Você faz as pazes com seus pais, seus pais morrem. Você tem filhos e tudo muda; você se apaixona loucamente por eles, eles a deixam louca, crescem e, justamente quando você começa a controlar as coisas, eles saem de casa.

Dada a natureza da existência, você não precisa esperar que aconteça alguma coisa importante para praticar a morte. Comece agora mesmo. Consiga algum tempo sozinho no seu dia, sente-se, feche os olhos e medite sobre a natureza fluida do seu corpo, do tempo e da própria vida. Aqui está uma meditação que eu uso para praticar a morte:

Focalize a atenção em alguma coisa de sua vida que está mudando, acabando ou morrendo neste momento. Respire devagar enquanto considera qual a transição mais significativa em sua vida neste momento. Note os sentimentos que ela desperta – trepidação, excitação, resistência, raiva, aborrecimento ou sofrimento. Sempre que seus sentimentos o dominam, preste atenção à respiração. Enfrente seus sentimentos perturbados e contraídos com sua respiração calma e ampla. Respire, suspire e espreguice no rio da mudança. Lembre-se das vezes em que resistiu à mudança no passado. Veja como as coisas acabaram – talvez não como você pensou que acabariam ou queria que acabassem, mas, no fim, aí está você. Mais sábio, mais forte, ainda vivo. Receba a comoção da morte e a promessa do renascimento. Sorria. Permita-se abrir. Sente-se reto, com dignidade e paciência, vendo sua respiração subir e descer, subir e descer. Reze para ter coragem de aceitar essa nova mudança com coração aberto e sabedoria.

Então abra os olhos, volte para sua vida e faça o que tem de fazer, mas faça com graça, com esperança e com um toque mais leve.

Eu estou treinada agora – quando alguma coisa não está dando certo e sinto vontade de gritar um grande *Não!*, respiro uma ou duas vezes e oponho esse *não* a um contexto diferente. Digo a mim mesma "acabe com isso". Às vezes basta dizer essa pequena frase, "morra para isso" – é tudo de que preciso para afastar da mente as nuvens de tempestade. O que deve morrer? Qualquer resistência à grande verdade. Qualquer conservação dessa parte de mim – minha pequena parte do ego – que não enxerga além do próprio nariz. Se a situação envolve outra pessoa que parece estar no caminho do que eu quero – mesmo que essa pessoa esteja sendo levada pelo nariz do seu pequeno ego –, tudo que preciso é "acabe com isso". Quando posso ver claramente todo o quadro, estou livre para escolher sensatamente meus próximos passos.

Praticar a morte significa viver tão perto da realidade quanto for possível no momento. É o máximo de bravura. O guerreiro espiritual fica indefeso diante da verdade – não um conceito sobre a verdade, mas a realidade nua e crua das situações mais mundanas do dia-a-dia: quando você está discutindo com seu companheiro ou sua companheira; quando você fica doente; quando está em uma reunião de trabalho; quando enfrenta pela centésima vez um assunto com seu pai, sua mãe, seu filho ou com um amigo. Todos os dias você recebe uma coleção embaraçosamente rica de oportunidades de morrer com sua resistência a coisas sobre você, sua vida e das pessoas que a partilham com você. Tente. Na próxima vez que estiver no trabalho e sentir vontade de enfrentar agressivamente uma situação que acha ultrajante, injusta ou absurda, diga a si mesmo: "Acabe com isso." Respire algumas vezes como respira para meditar, e tire seu pequeno ego do caminho. Examine a história toda e não apenas sua pequena parte dela. Veja objetiva e claramente do que se trata, e não o que você acha que devia ser. Se for preciso, saia da cena, sente em algum lugar e pratique a morte.

Ram Dass diz que *quando praticamos a morte estamos aprendendo a nos identificar menos com o Ego e mais com a Alma*. Quem quer ser um ego quando pode ser uma alma?

PARTE VI

O Rio da Mudança

A vida está sempre mudando. Nós estamos sempre mudando. Vivemos em um rio de mudança, e um rio de mudança vive em nós. Todos os dias nos é dada uma escolha. Podemos relaxar e flutuar seguindo a corrente ou podemos nadar contra ela. Se seguirmos o rio, a energia de mil regatos da montanha estará conosco, enchendo nosso coração de coragem e entusiasmo. Se resistirmos ao rio, ficaremos abatidos e cansados de nadar, sem quase sair do lugar.

Se tivéssemos paciência e um microscópio potente, poderíamos sentar e olhar para nossas mãos e ver o rio da mudança fluindo em nosso corpo neste momento. Poderíamos ver nossas células mudando e morrendo, e sendo substituídas seguidamente. De um ano para outro, cada uma de nossas células é substituída. Literalmente, quem éramos ontem não somos hoje. Nossa pele se renova a cada mês, nosso fígado, de seis em seis semanas. Quando inalamos, respiramos elementos de outros organismos para criar novas células e, quando exalamos o ar, enviamos partes de nós mesmos para a atmosfera – para o universo que vive e respira. "Todos nós", escreve o dr. Deepak Chopra, "somos muito mais como um rio do que como algo congelado no tempo e no espaço."

"Conheci rios", escreve Langston Hughes. "Conheci rios antigos como o mundo e mais antigos do que o fluxo sangüíneo nas veias humanas. Minha alma se tornou profunda como os rios."

Hoje vou fluir com a natureza do meu rio ou vou nadar contra a corrente? É isso que pergunto a mim mesma quando saio da cama a cada manhã. E quando vou dormir, peço desculpas aos deuses do rio por qualquer braçada que eu tenha dado contra a corrente e por ter espadanado na água como se estivesse me afogando. Rezo para que amanhã eu possa ter o prazer de deixar minha alma fluir com a corrente porque conheci rios, e uma vez conhecendo rios, uma vez relaxados nas águas escuras, confiando nos deuses do rio, seguindo a direção da vida, mesmo que seja diretamente para as corredeiras, queremos experimentar essa água outra vez. Queremos que nossa alma seja outra vez profunda como os rios.

SENTIR PRAZER COM A PASSAGEM DO TEMPO

O segredo da vida está em sentir prazer
com a passagem do tempo.

– RICHIE HAVENS

Tenho uma lembrança visceral do que me parecia a passagem do tempo quando eu era pequena. Às vezes uma cor ou um cheiro desperta uma lembrança da infância, e entro no reino mágico onde um ano parecia durar para sempre e as estações existiam mais como tela de fundo para as férias e os feriados. O Dia das Bruxas tinha a cor de pipoca doce, abóboras e ônibus escolares. O Natal era um ornamento cintilante, dourado e verde. Era pinheiros, luvas de lã, neve e o encantamento de dar e receber presentes. Vinha, então, o Dia dos Namorados com aqueles cartões em forma de coração e balas vermelho-vivo. A primavera significava Páscoa, ovos pintados em cores pastel, dias mais longos, noites mais claras e os pássaros fazendo barulho de manhã. As férias de verão se alongavam como um preguiçoso tapete verde que levava ao meu aniversário em agosto.

Eu esperava ansiosamente pelo meu aniversário – a festa, as mudanças que mais um ano traria. Havia alguma coisa no mês de agosto que pedia ao tempo para se apressar. Depois do meu aniversário vinha o começo de outro ano letivo. Eu estaria um ano mais velha, e em outra série. Gostava do modo com que o tempo se movia, levando-me com ele, me mostrando novas coisas, ampliando meu mundo. Tinha curiosidade para ver o que vinha depois. A terceira série seria melhor do que a segunda, a quinta muito mais importante do que a quarta. O ensino médio seria muito melhor do que o fundamental. E tinha todo o ensino médio e a faculdade à minha frente. Em uma das minhas canções favoritas da década de 1960, Richie Havens canta *O segredo da vida é ter prazer com a passagem do tempo*. As crianças conhecem este segredo.

Em algum momento na faculdade, em vez de me entregar ao prazer da passagem do tempo, comecei a arrastar os pés. Eu não queria deixar meus vinte anos. Trinta parecia velha. Em lugar de antecipar com alegria a ronda das estações, comecei a dar ultimatos a mim mesma. Até o Natal, eu devia perder cinco quilos; no Ano-Novo, eu seria mais paciente como mãe; quando meus filhos fossem para a escola, me concentraria mais no trabalho. Quando entrei na casa dos 30, marquei mais um ponto na escala das determinações. Quando chegasse aos 32 anos, se meu casamento continuasse como estava, eu faria alguma coisa a respeito. Antes dos 40, escreverei um livro. A passagem do tempo era agora pontuada com prazos cada vez mais curtos, e o medo de que o futuro não correspondesse às minhas fantasias de como a vida devia ser. Eu temia a passagem do tempo. Parei de esperar ansiosamente meus aniversários em agosto. À medida que os dias passavam, festas e presentes perdiam o encanto – na verdade, eram vagamente desapontadores. Eu nunca parecia receber o presente perfeito, o presente que faria parar o tempo.

Quando completei 40 anos, reuni minhas amigas mais chegadas e fiz um ritual para mim. Resolvi que aquela seria a última vez que comemorava meu aniversário com uma festa. Eu queria sair de todo o sistema! Ia revisar meu relacionamento com o tempo. Não queria mais viver de ano para ano, de aniversário para aniversário, nem mesmo de uma estação para outra. Eu queria viver cada dia, momento a momento, sentindo prazer no fato de que nada fica sempre na mesma e nada acaba do modo que esperamos. Resolvi experimentar uma grande mudança. Em vez de me aborrecer com a flacidez crescente do meu rosto, eu ia olhar no espelho e dizer: "Nossa, a vida é interessante quando tudo muda." Em lugar de me preocupar com o envelhecimento dos meus pais, com o crescimento dos meus filhos ou com o aquecimento (ou a explosão) do planeta, tentaria me animar. Como seria ver a mudança – do corpo ou do coração – como apenas uma prova de que estou viva?

Minha última festa de aniversário foi em uma quente noite de verão. Eu tinha convidado minhas irmãs, minha mãe, algumas das mulheres que trabalhavam comigo e minhas amigas para me ajudar a comemorar. Depois do jantar e a costumeira conversa, fomos para o campo onde eu havia preparado uma fogueira. Dei uma pinha a cada uma delas. Joguei um fósforo aceso na fogueira e mandei que pensassem em alguma coisa de que queriam se livrar. "Uma coisa que queiram queimar para que surja uma nova vida", eu disse.

Sentamos quietas sob as estrelas, os rostos iluminados pela luz das chamas, cada uma pensando em algo que queria investir na pinha e jogar no fogo. Eu já havia passado por este ritual antes – em minhas oficinas e nas festas da Páscoa. Mas havia algo no fato de estar com um grupo de mulheres que valorizava a experiência e a fazia ao mesmo tempo séria e cômica. Uma delas jogou o namorado no fogo. A maioria jogou alguma coisa que queria mudar ou transformar em si mesma. Minha irmã ficou ao lado da fogueira e anunciou que estava jogando seu medo; uma amiga do trabalho jogou nas chamas sua necessidade de controle.

Fui a última a jogar a pinha. Eu tinha feito uma cola e escrito o que ia dizer. Bem, eu *era* a aniversariante, mesmo que fosse pela última vez. De pé, na frente do fogo, eu li: "Estou jogando nas chamas minha resistência à passagem do tempo, meu medo de envelhecer e meu grande *Não!* à mudança. E das cinzas peço que surja um novo modo de vida. Quero dizer *Sim!* a tudo – ao bom, ao mau e ao feio. Quero viver pela lei secreta do universo: quero ter prazer com o passar do tempo."

De fato, aquela foi minha última festa de aniversário, mas certamente não a última vez que resisti à mudança. Nos dez anos que passaram desde que reuni minhas amigas em volta da fogueira, tive muitas oportunidades de praticar a passagem do tempo. Meus filhos cresceram e saíram de casa, meu pai morreu e meu corpo começou a envelhecer de modo mais óbvio. Embora eu ainda diga *Não!* às transições, devo dizer que o fogo ritual do aniversário abriu um novo caminho no meu consciente. Fez-me lembrar de dizer *Sim!* com maior freqüência. Reacendeu o que eu sabia quando criança, e me propiciou uma maneira mais inocente e mais esperançosa de medir o tempo.

Agora, quando chega agosto e meu aniversário, dou a mim mesma uma festa de não-aniversário. Em silêncio, me comprometo outra vez com o segredo da vida. Detenho as engrenagens da preocupação e recebo a natureza do tempo sem nenhum momento de tédio. Quem sabe por quais dimensões a alma viajará depois desta? Talvez olhemos para trás, com grande nostalgia, para nossa passagem pelo tempo. Posso imaginar um anjo dizendo ansioso para outro: "Lembra-se de como nunca nos entediávamos quando acreditávamos no tempo?"

O ANJO DO SEMINÁRIO

Toda vez que faço um seminário, tenho a impressão de que o universo possui um agente do elenco central que envia toda uma coleção de personalidades humanas para o palco. Sempre que leciono, seja qual for o tamanho do grupo ou o tema, o agente do elenco central providencia uma rica combinação de pessoas, incluindo as tímidas, as entusiasmadas, as que resistem ao fim de uma atividade, verdadeiros crentes, queixosos, místicos, os de falsa personalidade e os que chamo de casos mentais – pessoas que vivem principalmente em suas mentes racionais. Há também um sabe-tudo, um palhaço da classe e um tristonho. Sempre há alguém com o coração recentemente partido. O agente do elenco central faz questão de enviar alguém que não quer estar ali, que fica o tempo todo com os braços cruzados e os olhos baixos. Então, tem a pessoa que chamo de anjo do seminário – aquela cuja presença e história dão a nós todos coragem e a necessidade de voltar renovados às nossas vidas. Sempre um anjo é enviado ao seminário.

Cada ator é um crítico do sucesso do seminário. Nós todos contribuímos para o crescimento uns dos outros. O palhaço da classe mostra ao tímido como sair da concha, mesmo arriscando parecer tolo. O tristonho ajuda o palhaço a tocar seus sentimentos mais profundos, mesmo que tenha que descer para a dor. O caso mental encoraja o tristonho a fazer uma pausa nos seus sentimentos, enquanto o místico dá ao caso mental permissão para procurar a magia escondida no coração. Nenhuma presença é arbitrária, e todas são essenciais.

Recentemente conduzi um retiro de três dias. Foi perto do Natal, em uma bela casa rústica nas montanhas, à beira de um lago.

Cinqüenta pessoas me ajudaram a estudar a direção que queriam tomar no ano que ia começar. Quando faltavam poucos minutos para começar o retiro, notei que o agente do elenco central mais uma vez havia enviado todos os arquétipos humanos. À medida que o fim de semana progredia, todos nós tivemos nossa vez no palco, de acordo com o destino dos nossos papéis.

Na segunda noite, nos reunimos por uma hora antes de dormir. A neve começava a cair suavemente. Estávamos juntos havia dois longos dias, durante os quais tínhamos compartilhado algumas revelações dolorosas e algumas compreensões libertadoras. Uma mulher falou sobre as misérias em sua vida. Ela parecia presa a um ciclo infinito de revolta e remorso. O agente do elenco central a mandara ao retiro para ser curada, para ensinar compaixão aos outros e a habilidade de ter paciência com a dor alheia, sem tentar consertar coisa alguma.

No fim da sessão da noite, constatei que tínhamos feito todo o trabalho possível para um dia. Apaguei as luzes da sala e ficamos em silêncio, vendo os flocos de neve cair do céu escuro, rodopiando nas janelas e pousando leve e silenciosamente no lago congelado. Algo no escuro, no silêncio da neve e no calor da nossa pequena comunidade nos permitiu abaixar as defesas. Uma sensação de profunda paz encheu a sala. Era como se fôssemos um organismo vivo, e juntos tivéssemos dado um profundo suspiro. A mulher zangada começou a chorar. Eu sabia que isso era bom. Sabia que ela precisava transformar sua zanga em lamento antes de começar a se curar. Eu não disse nada, desfrutando a graça de seres humanos que podiam se desfazer dos pesos que carregavam e apenas ser.

Quando acendi as luzes, uma mulher idosa, que pouco tinha falado durante os dois primeiros dias do seminário, levantou-se e ergueu a mão, como se estivesse em uma sala do curso primário. Seu rosto refinado era quase translúcido, e ela vestia um conjunto de lã azul contrastando com as calças de moletom e as camisetas de quase todos os outros. Seu cabelo estava preso na nuca em um coque macio, e ela usava um colar de pérolas. Senti que tinha chegado o anjo do seminário.

– Posso dizer uma coisa, minha querida? – ela perguntou.

– É claro – eu disse.

– Eu tenho noventa e dois anos. – Ela riu baixinho. Todos ficaram atônitos. Era uma mulher tão enérgica e elegante que ninguém teria adivinhado sua idade.

– Estou falando para todos, mas especialmente para você – sua voz era calorosa, e ela se voltou para a mulher zangada, no outro lado do círculo. – Tive uma vida de aventuras e de perdas. Perdi dois maridos e um filho. Porém, aos noventa e dois anos, por mais que me esforce, não consigo achar qualquer coisa que me faça infeliz! Sei agora que todas as minhas dificuldades fizeram de mim o que eu devia ser.

Então ela se inclinou e olhou diretamente para a mulher zangada.

– Você conhece o poeta Rainer Maria Rilke? Ele escreveu um poema que termina assim: "Na dificuldade estão as forças amigas, as mãos que trabalham em nós." Não é maravilhoso? Nossos problemas são amistosos! São como mãos que querem trabalhar em nós. Querem nos fazer fortes. Sem dúvida, trabalharam em mim! Agora, embora eu seja uma mulher velha, estou mais forte do que nunca. Acordo todos os dias grata por estar viva. Posso fazer o que quero. Posso observar pássaros, estar com amigos, ler ou não fazer coisa alguma. Não tenho do que me queixar. Nenhum lugar para ir, nada para pegar. Nada me perturba. Quero dizer a você, minha querida, que se chegar à minha idade todos os seus problemas parecerão velhos amigos. Eu prometo.

Ninguém disse uma palavra, e ela voltou a sentar-se. Ficamos comovidos com sua dádiva inesperada. Alguns sorriam e alguns tinham lágrimas nos olhos, mas a mulher zangada não pareceu se abalar. Depois de um silêncio, ela se voltou para a elegante senhora idosa e perguntou:

– Então está dizendo que tenho de esperar 50 anos para ser feliz?

– Ah, minha querida – disse o anjo do seminário –, não se preocupe. Serão os anos mais rápidos da sua vida.

QUANDO UVAS SE TORNAM VINHO

Quando as uvas se tornam
vinho, elas anseiam por nossa capacidade de mudar.
Quando as estrelas rodopiam
em volta do Pólo Norte
estão desejando maior conscientização de nossa parte.

– RUMI

A faculdade do meu filho Daniel fica em Santa Fé, Novo México. Quando o visito, fico na casa de um amigo – um professor zen americano que mora em um mosteiro impecavelmente encantador, nas montanhas, acima da cidade. Santa Fé é famosa por seu encanto. Localiza-se a 2.200 metros de altitude, circundada pelos mais altos picos das cadeias Sangre de Cristo e Jemez, no Sul dos montes Rockies. Quando D. H. Lawrence viu Santa Fé pela primeira vez, ele disse: "Alguma coisa ficou imóvel em minha alma."

Levo uma vida dupla quanto visito meu filho em Santa Fé. No centro do meu amigo zen, fico alojada em uma pequena cela de monge, em um antigo prédio de tijolo cru, ao lado do imaculado salão de meditação. Levanto cedo e acompanho os monges e os residentes em uma ou duas horas de *zazen*, a palavra japonesa para meditação. Vejo a respiração esvaziar minha mente e espero alguns momentos em meditação quando alguma coisa ainda fica na alma. Então, tomo o café da manhã com os monges, lavo minha tigela de madeira, despeço-me do Buda com uma inclinação de cabeça e saio para o que tenho de fazer.

Apanho meu filho na sua casa funky na cidade, com uma decoração decididamente não-zen e vou com ele para o campus. Lá, assisto a uma ou duas aulas e descanso no pátio, no meio do barulho dos estudantes. Embora o propósito da meditação zen seja imobilidade e vazio, o propósito de ir para o campus é encher cada dia e cada noite com a maior atividade possível. Em Roma, seja romano, dizem. No centro zen, eu diminuo meu ritmo e esvazio; na universidade do meu filho, acelero e encho minha taça até a borda. Um parece cancelar o outro. Sempre deixo Santa Fé com uma sensação marota – como se tivesse comido chocolate todas as noites sem ganhar nem um quilo.

A última visita que fiz foi na primavera, e o deserto estava verde e vivo. Os lilases desabrochavam em toda a Canyon Road e nos regatos, normalmente secos, corria rapidamente a neve derretida das montanhas. De manhã, no salão de meditação, o sol atravessava o ar fino e claro e brisas quentes levavam o perfume dos lilases misturado com o do incenso japonês. Depois da prática zen, antes de ir para meu filho, fiquei ao ar livre, sob o sol forte, vendo as pequenas flores do deserto – cor-de-rosa, brancas e amarelas – nas rachaduras dos prédios de tijolos. O lugar era perfeitamente pacífico e quieto, a não ser pelos sons das vassouras de alguns monges com os mantos negros, que varriam os caminhos.

Na universidade, era a semana de formatura. As provas finais tinham acabado e os estudantes se preparavam para a comemoração. Havia um ar de desordem geral que contrastava fortemente com o centro zen. Depois de alguns dias, deixei de ir à meditação matinal porque chegava em casa cada noite mais tarde. Eu me sentia como uma garota chegando em casa quando o resto da família estava dormindo. Uma noite fui ao cinema com meu filho e os amigos, depois jantamos, e mais tarde fomos a um bar, onde tomei duas cervejas. Combinado com o ar e a altitude do deserto, o álcool subiu direto. Eu já estava com a mente alterada devido a uma dieta de meditação, temperada com o encantamento de Santa Fé e o amor que eu sentia por meu filho e por seus amigos. Quando saí do bar, eu não sabia se estava bêbada ou sóbria, em um transe, ou tão clara quanto a noite cristalina do Novo México.

Voltando para casa a uns 20 quilômetros por hora, deixei os vidros do carro abaixados e respirei profundamente o céu noturno. O céu em Novo México é uma coisa com que, quem vive no leste, jamais se acostuma. É enorme, claro e muito próximo. Parece possível colher estrelas e guardá-las no bolso. Seguindo meu caminho, subindo para o mosteiro, depois descendo a estrada longa de terra, agradeci a Deus a plenitude da minha vida – sua ordem e sua desordem, suas montanhas e suas crateras, suas dificuldades e seus flashes de mágica. Sentia-me suspensa entre os pólos – subitamente livre das distinções e das diferenças. Não havia bem ou mal, feliz ou triste, barulho ou silêncio, vazio ou cheio. Eu estava embriagada ou iluminada? Não importava.

Quando parei no estacionamento, passava da meia-noite. O centro zen estava escuro e silencioso. Abri a porta do carro, desci, fui até um muro de pedra e simplesmente fiquei ali sentada. O cachorrinho do centro latiu uma vez e se aproximou. Parecia intrigado, como se nunca tivesse visto um ser humano acordado até aquela hora. Os monges dormem cedo e mulheres bêbadas que ficam fora depois que escurece não são hóspedes habituais do mosteiro. Acariciei a cabeça do cachorro. Com um suspiro, ele se encostou nas minhas pernas. Um vento quente passou pelo pinheiral nas montanhas, depois adejou nos salgueiros que flanqueiam o leito do rio perto da casa de hóspedes. Coiotes uivavam ao longe.

Fiquei parada como em meditação. Com cada porção de ar expirado, eu me dissolvia no espaço entre as estrelas cintilantes e, com cada inalação, abria meu coração totalmente para a força que corria dentro de mim – a mesma força que conduzia o vento e aquecia o pêlo do cachorrinho. Que estranho encontrar esse tipo de percepção pacífica fora de um recinto de meditação, onde até poucas horas atrás eu me esforçava para encontrar o meio de conseguir um coração aberto e a mente calma. Agora, estava sentada no muro de pedra, ao lado de um cachorro, embriagada no meio da noite, aberta para o céu e abraçada pelo vasto silêncio. Então é disso que aqueles místicos embriagados de Deus falam!

Rumi diz:

Quando as uvas se tornam
vinho, elas anseiam por nossa capacidade de mudar
Quando as estrelas rodopiam
em volta do Pólo Norte,

estão desejando maior conscientização de nossa parte.
O vinho se embriaga conosco,
não ao contrário.

Ali estava eu com quase 50 anos, do lado de fora de um centro zen às duas horas da madrugada, bêbada como um coiote e sóbria como uma montanha. E naquele momento percebi que tinha feito algum progresso naquilo que chamamos de caminho espiritual. Tinha cedido às uvas e às estrelas. Meu desejo mais profundo era saber como mudar. Se aprendi alguma coisa nas minhas descidas e renascimentos, foi que podia confiar no Processo Fênix. Depois de morrer e renascer várias vezes, eu sabia que qualquer coisa que chegasse seria combustível para o crescimento do meu conhecimento.

Ouvi a distância o som de rodas no cascalho da estrada, e então vi faróis vindo na minha direção. Saindo da noite escura, um táxi parou ao lado do meu carro e um paquistanês com turbante branco abriu a porta do motorista e desceu. Sob o efeito do álcool, me perguntei se estaria em um filme de Woody Allen. Um taxista de Nova York tinha me seguido até Santa Fé?

– Perdão, madame – o taxista disse, com um acentuado sotaque paquistanês –, mas este é o centro zen?

– Sim, é – respondi segurando o cachorrinho, e fingindo que era perfeitamente normal um táxi levar um freguês a um remoto mosteiro nas montanhas no meio da noite.

– Vim do aeroporto de Albuquerque para trazer esta jovem ao centro. Ela chegou da Tailândia hoje – disse o taxista em tom formal, como se estivesse anunciando a chegada da realeza. – Ela diz que veio estudar, mas eu disse que não a deixaria sozinha na montanha a esta hora da noite. Portanto, estou satisfeito por ver que a senhora ficou acordada à espera dela. Agora não tenho medo de deixá-la aqui – dizendo isso, ele abriu a porta do passageiro e ajudou a descer uma jovem pequenina. Eu me levantei para recebê-la.

Em inglês hesitante, ela se apresentou e explicou que ia passar o verão no mosteiro antes de ir para a Universidade da Virgínia. Devota da ordem budista na Tailândia, conhecera meu amigo, o professor zen em Bangcoc. Agora estava ali, no sul das montanhas Rochosas. Viajou 30 horas, atravessando 12 fusos horários. Era a primeira vez que deixava seu país, a primeira vez que estava longe da casa dos seus pais.

– Eu a ajudo a se instalar – eu disse para o taxista, que ainda parecia preocupado com sua passageira. Ele tirou a bagagem do porta-malas e se despediu com um aperto de mãos.

– Obrigada – ela disse, segurando com as duas mãos a mão dele. – Minha mãe disse para eu não me preocupar porque há pessoas com a natureza de Buda em todos os países. Ela disse que eu encontraria muita gente para tomar conta de mim. Você foi a primeira pessoa. Muito obrigada.

– Deus a abençoe. – O taxista disse, solenemente, inclinando a cabeça. – E bem-vinda à América.

O táxi saiu do estacionamento e eu ajudei a jovem a levar a bagagem para o dormitório dos hóspedes. No caminho de terra, ela parou por um minuto e olhou para as estrelas.

– Tão grandes as estrelas americanas – ela disse. Achei melhor esperar até o dia seguinte para explicar a ela o céu do Novo México, o tamanho dos Estados Unidos, a diversidade de sua terra e do seu povo. Esperaria que ela estivesse descansada e eu estivesse sóbria para dizer que ela estava muito longe da Virgínia, que o Novo México não era igual a Nova York e que, embora o taxista tivesse sem dúvida demonstrado sua natureza budista, outros não demonstrariam. Ou talvez eu não dissesse nada disso. Talvez fosse melhor deixar que ela descobrisse sozinha.

Ajudei a jovem cansada a encontrar uma cama, mostrei onde ficava o banheiro e a abracei.

– Você é a segunda pessoa – ela disse.

– Boa-noite – murmurei. E então, pensando no taxista e no absurdo daquilo tudo, acrescentei: – Bem-vinda à América.

De volta à minha cela monástica, abri silenciosamente as portas de madeira do salão de meditação e entrei. Na semi-obscuridade, fiz a mesura ritual para a estátua do Buda e notei seu meio sorriso, a barriga redonda, os ombros relaxados. Sua expressão era tão bondosa, como se ele estivesse dizendo: "Pronto, pronto. Venha. Sente-se e descanse. Não precisa tentar tão arduamente. Não precisa apressar coisa alguma. Sente-se e veja o que acontece."

Então sentei em uma almofada, calma e feliz, amadurecida e pronta, como uma uva se transformando em vinho.

MUD... MUD... MUD... MUDANÇAS

Mud... mud... mud... Mudanças
Vire para trás e enfrente o esforço.
Mud... mud... Mudanças
Oh, cuidado você rock'n roller...
Muito em breve você vai ficar um pouco mais velha.

– DAVID BOWIE

Envelhecer não é fácil para ninguém, mas acho que é especialmente desagradável para os *rock'n rollers*. Esta é a história de uma *rock'n roller* – eu – para quem finalmente a ficha caiu e compreendeu que estava na hora de *virar e enfrentar o esforço*. Só que, até escrever esta história, eu pensava que David Bowie estava cantando "vire para trás e enfrente o *estranho*". Durante 30 anos, eu cantava esse verso da canção popular dos anos 70, "Changes", sempre que tinha de enfrentar a estranheza de envelhecer. Agora que verifiquei a letra no verso de um velho álbum, vejo que o que enfrentei todos esses anos – segundo Bowie – foi o *esforço* de envelhecer.

Ainda bem que levei todo esse tempo para aprender, porque só recentemente esse envelhecimento começou a ser uma tensão. Quando meu corpo começou a passar pela grande mud... mud... mudança, a palavra tensão de repente adquiriu nova relevância. *Estranho* descobrir um cabelo branco quando você tem trinta e poucos anos e todos os cilindros do resto do seu corpo estão funcionando perfeitamente. *Esforço* é começar a parecer seus pais quando se inclinam para pegar alguma coisa do chão.

No passado, quando envelhecer era mais estranho do que esforço, conheci uma família que se tornaria parte da minha família e que caminharia comigo durante todas as mudanças. Steven e Lila apareceram na comunidade no verão com seu bebê, Lorrie. Ficaram durante um ano. Steven era compositor e parecido com Jesus. Tinha olhos grandes, barba longa e um rosto notável. Lila tinha cabelo louro comprido e um sotaque sulista que fazia tudo que ela dizia parecer lento e doce como mel saindo do vidro. Era uma das mulheres mais bonitas que já vi. Lorrie era tão loura e bonita quanto a mãe. Ver aquela família – um profeta do *rock'n roll*, uma deusa loura e um anjinho – fazia com que todos olhassem duas vezes.

Steven e Lila reformaram um galinheiro perto do grande celeiro Shaker, e ali passaram o longo inverno da minha gravidez do primeiro filho. Às vezes quando os pontapés do bebê me acordavam no meio da noite, eu ficava na janela do nosso quarto, no prédio principal, e olhava para o outro lado da rua, para a fumaça que se erguia do fogão da pequena casa de Steven e Lila. Só por saber que eles estavam ali me sentia feliz, como se fossem parentes há muito perdidos, como se o lado cigano da família tivesse voltado para casa por um tempo. De manhã, eu os via subindo a colina para tomar o café da manhã, parecendo flores de verão que tivessem desabrochado no inverno.

Então, com a mesma rapidez com que tinham aparecido, eles foram embora. Eles gostavam, pensei, de viajar pelo mundo, Europa, Afeganistão e Índia. De tempos em tempos, eu tinha notícias deles. Mantivemos contato em todas as suas viagens e em todas as nossas mudanças. Anos mais tarde, eles voltaram à minha área e retomamos nossa amizade, como se o tempo não tivesse passado. Então, Lorrie era uma adolescente e eles tinham mais três filhos homens. Steven e Lila sempre quiseram mais filhos, porém nunca mais conseguiram. Então, poucos dias antes de Lorrie ir para a universidade, descobriram que Lila estava grávida. Quando o novo bebê chegasse, Lorrie estaria com 20 anos.

Eu não praticava mais minha profissão de parteira, mas ocasionalmente conduzia as pessoas no processo pré-natal. Concordei em fazer isso para Steven e Lila, que – no verdadeiro estilo cigano – tinha resolvido ter o bebê em casa. Algumas semanas antes da data marcada para o nascimento, no começo de uma noite de primavera, cheguei à casa deles e dei uma aula sobre parto e respiração. Lorrie estava lá, visitando os pais.

Talvez tenha sido o pesado exercício respiratório que fizemos, ou talvez somente a sugestão do parto; no meio da noite Steven me telefonou pedindo-me para voltar. Lila estava em trabalho de parto. Todos os nascimentos são milagres. Nunca me cansei de ver uma criança nascer. Porém, aquela noite foi especialmente milagrosa, como se nós todos tivéssemos saído da terra e do tempo em uma chuva meteórica de pura energia. De repente, nossas idades significavam muito pouco – cada um de nós estava apenas em um corpo diferente, um recipiente diferente que continha a mesma força abundante. À medida que o trabalho de parto progredia, eu quase podia sentir o frescor dessa força, a casa quase estremecia com ela. Senti como alguma coisa enviando nova vida sempre que tem oportunidade; como se algo quisesse que saibamos que a vida é eterna e boa. Eu sentia isso no modo com que Lorrie acariciava o cabelo da mãe enquanto Lila deu ao mundo sua nova filha; no modo com que a pequena Kenna procurava respirar e olhava atônita para o mundo, e no modo com que Steven chorava e ria ao mesmo tempo quando tirou o bebê das minhas mãos e o aconchegou ao peito.

Alguns anos mais tarde, depois que terminou a faculdade e casou, Lorrie telefonou e perguntou se eu queria ajudá-la no parto do seu filho. Isso se qualificava como uma mud... mud... mudança. Alguém que eu conhecera quando bebê, me pedia para ajudá-la a ter um. Era muito estranho. Com muito prazer, ofereci meus serviços. Três semanas antes da data marcada, telefonei a Lorrie para marcar uma hora a fim de praticar a respiração do parto. Lorrie e eu rimos, lembrando o que tinha acontecido com a mãe dela depois da minha visita.

– Você está pronta para ter esse bebê? – perguntei. – Minhas aulas têm a fama de ter um certo efeito na sua família.

– Bem – Lorrie disse um tanto hesitante –, ainda não pintamos o quarto do bebê, mas acho que estou pronta.

Muito bem, já fui acusada de enfeitar o que escrevo para que a história possa fluir melhor. Porém, isto é a verdade nua e crua. Algumas horas depois de desligar o telefone, Lorrie entrou em trabalho de parto. Quando cheguei ao hospital, toda a família estava lá:

Lorrie, o marido, Steven, Lila e a pequena Kenna – tão loura e bonita quanto eu lembrava que Lorrie era naquela idade. A essa altura, Lorrie tinha perdido seu senso de humor – um efeito colateral comum do parto – e não gostou das risadas com que me receberam na sala de parto.

– Aqui está ela – Lila disse para o médico –, a criadora de casos.

Horas mais tarde, depois de um trabalho de parto longo e difícil, trouxemos Garrett ao mundo, e o primeiro membro da família a pegar o bebê no colo foi a tia, Kenna.

Dizem que as coisas importantes acontecem em grupos de três; assim, quando Lorrie ficou grávida outra vez, dois anos depois, e me pediu para acompanhar seu parto, eu a fiz lembrar-se da minha fama na família. Meio de brincadeira, sugeri que devíamos ficar longe uma da outra durante a gravidez e que ela telefonasse quando estivesse pronta para ter o bebê – um dia antes ou até mesmo depois da data prevista. Na verdade, eu deveria estar a 800 quilômetros de distância, em Los Angeles, em uma conferência, duas semanas antes da data prevista para o parto. Eu nem estaria por perto para criar problema.

Enquanto o bebê crescia lentamente dentro dela, durante o verão, o outono e o inverno, entrei em um tipo diferente de gestação. Para minha surpresa, comecei a sentir os primeiros sinais da menopausa. Para mim, era chocante ter chegado a esse marco da vida. Não era cedo? Embora sabendo que, de acordo com as estatísticas, algumas mulheres começam o processo aos quarenta e poucos anos, pensei que para mim seria mais tarde, quando fosse mais velha, quando eu fosse *velha*. E certamente pensei (como talvez todas as mulheres jovens pensam) que eu passaria facilmente pela "mudança". Eu estava duplamente errada. A menopausa começou quando eu tinha quarenta e poucos anos, e chegou violenta. Literalmente, me tirou dos trilhos; tomou conta do meu corpo e da minha mente. Eu tinha todos os sintomas dos quais ouvira falar, até começar a dormir mal, acordando cinco ou seis vezes para trocar a camiseta molhada de suor. Durante o dia, sentia-me exausta e deprimida. Sabia que esse estado de espírito era causado pela falta de sono e o desequilíbrio hormonal, mas isso não ajudava. Mergulhei cada vez mais profundamente num desânimo que não sentia desde a época a. D. – antes do divórcio, antes da descida. Antes do Processo Fênix.

Vocês pensariam que eu reconheceria os sinais de outro Processo Fênix. Pensariam que eu devia saber não nadar contra a corrente, mas seguir o movimento do rio. Pensariam que eu me daria conta de que uma velha parte de mim estava morrendo para que uma nova parte pudesse viver. Mas eu não queria admitir que estava na hora deste *rock'n roller virar para trás e enfrentar a tensão.* Eu nunca associara as "mud... mud... mudanças" de David Bowie a esse tipo de mudança, porém a letra da canção nunca foi tão verdadeira. "Logo você vai ficar um pouco mais velha", ele cantava quando eu era adolescente. Muito bem, "logo" parece que ia ser "agora".

Eu acordava todas as manhãs confusa e com medo. O que estava acontecendo comigo?, me perguntava alarmada. Onde estava o entusiasmo ao qual estava acostumada? Onde estava a minha fé no sentido da vida? Por que estava tão deprimida e ansiosa? Seria por causa dos ataques terroristas? Do aquecimento global? Seria porque meus filhos estavam espalhados pelo país inteiro? Meu casamento, meu trabalho ou minha literatura tinham algum defeito?

Durante todo o outono e o inverno, durante o terror e a dor de 11 de setembro e a exaustão das noites insones, nadei cada vez com maior vigor contra a corrente das mudanças que aconteciam dentro de mim, trabalhando longas horas seguidas, encontrando alívio temporário nos remédios à base de ervas, no exercício, em um ou dois copos de vinho, esperando que as coisas logo voltassem ao normal.

Então, no meio do inverno, descobri um caroço no meu seio. Durante dias, eu o apalpava cautelosamente, dizendo a mim mesma que não era nada, fingindo que não estava ali. Finalmente, fui ao médico, que não gostou do que sentiu e me mandou fazer uma biópsia. Enquanto esperava o resultado, eu me sentia estranhamente indiferente, como se o diagnóstico já tivesse sido feito e eu estivesse morta. Quando chegou o resultado e não era câncer, e eu estava livre, continuei abatida e deprimida.

A data do parto de Lorrie se aproximava. Um dia antes de eu viajar para Los Angeles, ela telefonou para perguntar quando eu ia voltar e, para o acaso de eu perder o parto, ela queria que eu a fizesse lembrar das coisas mais importantes. *Como* se reconhece os sinais do trabalho de parto? *Como* se deve respirar durante uma contração? O que ela devia dizer ao filho de dois anos? Conversamos por algum tempo e eu a mandei esperar minha volta. Eu realmente queria ajudá-la no parto.

– Ou – eu ri – você pode ter o bebê esta noite. Só viajo amanhã ao meio-dia.

Como se o destino tivesse senso de humor, à meia-noite Lila telefonou dizendo que a bolsa de Lorrie tinha rompido e ela estava em trabalho de parto. Eles estavam indo para o hospital.

– Isso é incrível – Lila disse. – Acho que é um feitiço.

Levantei da cama, cansada como de hábito, e saí para a noite. Dirigindo o carro na minha cidade vazia, senti outra vez o poder misterioso da velha estrada: a estrada da parteira, a estrada do nascimento. Avancei um sinal vermelho, sem ninguém ali para ver. Desci a rodovia da montanha e atravessei a ponte sobre o rio Hudson. Onde a estrada de terra que levava ao hospital passa por uma reserva florestal, a lua estava tão brilhante que iluminava os velhos carvalhos nodosos e as árvores de bordo. De repente, como caídos de uma árvore, os versos de Dante chegaram aos meus lábios e eu os recitei em voz alta: "*Em meio da jornada, encontrei-me em uma selva tenebrosa, tendo perdido a verdadeira estrada.*" Então compreendi o que estava acontecendo comigo. É claro! Eu estava no meio outra vez, no escuro, na floresta. A verdadeira estrada estava perdida, não havia como voltar; a nova estrada se revelaria quando eu estivesse pronta. Quando tivesse aprendido algumas novas lições, quando eu tivesse cedido às mudanças e à transformação.

Parei o carro no acostamento e balancei a cabeça. "Onde estive todos esses meses?", eu disse em voz alta. "Por que me revoltei com a mudança?" E só por fazer essas perguntas, senti que um véu se erguia, senti um pequeno raio de esperança atravessar a floresta do meu cansaço. Em todos aqueles meses, passando pelo 11 de setembro e o susto com o caroço no seio, por longas horas de trabalho, e noites insones em casa – eu estivera lutando contra a inevitabilidade, com o que alguns chamariam de vontade de Deus.

Como um animal bebendo água fresca depois da seca, inclinei a cabeça e comecei a rezar. "Seja feita a vossa vontade, não a minha", murmurei na noite. "Vossa vontade, Senhor, não a minha."

Ali, sentada no carro no acostamento, senti desaparecer a tensão da teimosia e da preocupação. Recuei para o lado e dei passagem a algo mais sábio do que eu – ao mistério que conhece a verdade sobre o passado, a liberdade do presente, o caminho para o futuro. Por um momento abençoado, no meio do bosque, me livrei do peso da minha vontade terrível. Admiti que tinha perdido a verdadeira estrada. Fiquei ali sentada, esperando que Deus assumisse o controle. E outra vez vi uma saída no caminho coberto de cinzas, e senti a mão que me guiava para a luz. Então liguei o motor e fui para o hospital. Do bosque para a estrada, do desespero para a esperança, da morte para o renascimento.

Horas mais tarde, entreguei Kylie – rosada e nova – para a mãe. Vendo o bebê levar a boca ao seio da mãe e experimentar o primeiro leite doce, compreendi que nem sempre é sobre sobrevivência esta vida que recebemos; é muito mais fácil do que isso. É sobre confiar na força da vida eterna que flui dentro de nós – deixar que essa força nos guie por todas as mudanças inevitáveis que enfrentaremos durante nosso tempo aqui na Terra. Antes de sair do hospital, peguei Kylie nos braços e murmurei no seu ouvido: "Obrigada, pequenina, por me levar para fora do bosque. E lembre-se sempre de confiar nas mudanças, confiar na vontade de Deus."

Agora, quando estou dirigindo e a canção de David Bowie toca no rádio, canto com ele confiante, e não só porque posso ser uma das poucas pessoas no mundo que sabe a letra certa. Eu canto *Mud... mud... Mudanças, vire e enfrente a tensão*, porque estou fazendo justamente isso. Funciona muito melhor do que lutar contra a maré da vida. *Portanto, cuidado, você,* rock'n roller, e todos os demais, porque *logo você vai ficar um pouco mais velho.*

INCERTEZA CONFORTÁVEL

Depois de todos esses anos tendo o coração aberto pela perda, pelo amor e pela vida, ainda resisto ao rio da mudança. Seja alguma coisa na minha vida pessoal, no trabalho ou no mundo, instintivamente, ainda me agarro com mais força quando sinto que as coisas estão fugindo ao controle. Mas está tudo bem. Estou acostumada à rotina. Quando acontece algo que não queria que acontecesse, sinto a resistência crescer dentro de mim. Sinto a pressão da necessidade de controlar o que está obviamente fora do meu controle. Vejo perfeitamente o que estou fazendo – vejo a escolha entre ter um colapso ou abrir o coração. Respiro fundo, relaxo o corpo e me entrego ao rio da mudança. Mais uma vez aceito a premissa de que a vida é incerta – compreendo que o objetivo não é ter mais certeza de alguma coisa, mas relaxar mais no mistério de não saber o que virá depois. E então, milagre dos milagres, na água incerta e profunda, adquiro um conhecimento tranqüilo – uma fiel sabedoria que ultrapassa controle e certeza.

Um dos meus escritores espirituais favoritos é o budista tibetano Pema Chödrön. Os títulos dos seus livros são tão bons que nem preciso ler o contexto para lembrar-me de me abrir para o mistério. *Confortável com a incerteza* é um dos títulos de Pema Chödrön que sempre me ajuda a anular a ansiedade e a resistência. Olho para a capa do livro, sinto relaxar os músculos do rosto, e meus ombros se afastam um pouco das minhas orelhas. Lembro que não apenas sobrevivi às surpresas da vida antes, mas também que estou melhor por causa delas.

Pema Chödrön aprendeu a se sentir confortável com a incerteza com seu professor, o mestre tibetano Chögyam Trungpa. Sua experiência pessoal na vida – perda da família, dos professores e do país, quando os chineses comunistas invadiram o Tibete – o abriu tão radicalmente que estar com ele era uma experiência perturbadora. Durante os anos em que estudei com ele, Pema Chödrön oferecia pouca segurança ou certeza aos alunos. Ele não era amável, gentil ou reconfortante. Mal era amistoso. Tudo que havia era sua personalidade desafiadora e seu porte digno, que me inspirava. Seu humor e sua fé enormes faziam com que me sentisse humilde. Sua capacidade para fluir com o rio – com estilo e graça – era extraordinária.

Trungpa não ensinava a rezar para que a vida tomasse uma determinada direção. Em vez disso, encorajava os alunos a aprender com o modo que a vida é. Para ele, todos os eventos cotidianos são mensagens de realidade. "Confie nessas mensagens", ele dizia. Elas são uma descrição precisa do que veio antes e do que deve ser feito depois. Não lute contra a realidade. Não se defenda contra ela. Em vez disso, leia a realidade como se fosse um jornal. Leia tudo que acontece com você e com os outros como notícias pertinentes à realidade de ser humano, de ser você.

A vida no mundo está cheia de notícias pertinentes – não apenas notícias sobre Washington, Hollywood ou o Oriente Médio, mas também notícias sobre nós. Para onde quer que olhemos, podemos ver informação precisa e estatísticas úteis sobre nosso comportamento mais pessoal. Na verdade, existe um brilhante sistema de feedback que funciona constantemente e oferece informação gratuita sobre como funcionar – e como não funcionar – em nosso mundo. Para tudo que fazemos, a realidade deixa pequenas mensagens sobre a sensatez ou a tolice desses atos.

Chögyam Trungpa descreve assim o sistema de mensagens: Se você dá os passos para realizar alguma coisa, esta ação terá um resultado – fracasso ou sucesso... Confiança é saber que há uma mensagem. Quando você confia nessas mensagens, os reflexos do mundo fenomenal, o mundo começa a parecer um banco de dados ou um reservatório de riquezas. Você sente que está vivendo em um mundo rico, cujas mensagens jamais acabam... Essas mensagens não são consideradas punição ou congratulações. Você confia, não no sucesso, mas na realidade.

Tento aplicar a sabedoria de Trungpa especialmente quando estou trabalhando e nada parece fluir com facilidade. A reunião que ficou amarga, o projeto que está falhando ou o assistente que está começando a trabalhar comigo. Cada uma dessas situações é um reservatório de significado, um banco rico de informações. A resposta para cada problema está acondicionada no próprio problema. Tudo que tenho a fazer é deixar de resistir, me abrir amplamente para a realidade e decodificar a mensagem.

PARA HUGO

Moro em uma pequena cidade. Os amigos que moram em cidades grandes ficam horrorizados com o fato de parecer que todos aqui sabem da vida uns dos outros. Sem dúvida, ocasionalmente as coisas podem parecer um pouco locais demais: fulano era casado com fulana; o cara que trabalha no posto de gasolina também faz parte do conselho municipal; meu médico é pai do amigo do meu filho. Mas eu gosto desse aconchego. Alguns dos valores dos velhos tempos permanecem intactos. Ainda conheço meus vizinhos. Encontro amigos onde quer que eu vá. Somos uma comunidade unida que comemora junto os feriados, e tentamos nos ajudar mutuamente quando as coisas ficam difíceis.

Certa noite, o telefone tocou quando meu marido e eu estávamos saindo para jantar. Era minha melhor amiga dizendo que Hugo – o filho mais novo de uma família que conhecemos e amamos – recebera naquele dia o diagnóstico de leucemia. O tipo mais grave da doença – AML –, o tipo mais difícil de se tratar. Os médicos só podiam dizer que Hugo entraria no hospital no dia seguinte para começar meses de quimioterapia. Faria um transplante de medula se fosse encontrada uma pessoa compatível, e eles esperavam, teria uma vida longa e saudável quando começasse a regredir e a doença não voltasse.

Hugo tem apenas dez anos. Sua família já enfrentou uma grande quantidade de perdas e dificuldades. Sua madrasta é uma das minhas amigas mais antigas. Seu pai é o tipo de homem que vive e respira para os filhos. Embora eu não conheça bem sua mãe, sei o que é ser mãe de um menino de dez anos. Sei como é pequena a distinção entre a vida de um filho e a vida da mãe, de um pai, de um irmão, de uma família.

Depois do telefonema, eu e meu marido fomos a um restaurante local, onde geralmente encontramos tantos conhecidos que o cenário social pode parecer uma imposição ou uma festa. Naquela noite, encontramos alguns amigos novos, um casal que acabava de se mudar para a cidade. Foi um encontro fortuito. Mesmo sem conhecer a família, Maria e Roger conheciam muito bem essa emoção. Maria perdera a filha de quatro anos, Hannah, vítima de câncer. Ela escreveu um livro sobre a provação – *Hannah's Gift* – que se tornou uma espécie de bíblia para outros pais que enfrentavam a doença ou a perda de um filho. Sentamos à mesma mesa. Maria falou de quando descobriu a doença de Hannah, e nós ouvimos com uma nova sensação de urgência.

Entre o vinho e a salada, olhei em volta. Meus olhos passearam pelo assoalho do restaurante. E lá estavam eles – a família inteira: Hugo e o irmão, o pai, a mãe e a madrasta com as duas filhas pequenas.

– Oh, meu Deus – eu disse para meu marido. – Veja quem está ali.

Eles nos viram e acenaram hesitantes, quase como quem pede desculpas.

– Vocês têm de falar com eles – Maria disse, praticamente tirando a cadeira debaixo de mim.

– O que vamos dizer? – perguntei, sabendo muito bem que não havia resposta para essa pergunta.

– Façam-se presentes – disse Maria.

Fomos até a longa mesa ao lado da lareira, onde tantas vezes tínhamos sentado em festas de aniversário e outras reuniões. Os adultos na mesa pareciam crianças – chorosos e assustados. As crianças pareciam adultos – sombrias e sérias. Abraçamos nossos amigos, e eles choraram. Abraçamos as crianças, e elas de repente pareceram tímidas. Hugo, resignado, me mostrou a marca da injeção no braço de onde tinham tirado sangue naquela manhã. Mais tarde, aquela entrada seria substituída por outra, no peito, por onde a quimioterapia e a infusão sanguínea entrariam diretamente nos pulmões. Mais tarde, Hugo seria submetido à cirurgia de emergência para salvar sua vida desse engano. Mais tarde, ele seria levado de ambulância de um hospital para outro, onde ficaria meses e meses, agarrando-se à vida, sarando, sendo submetido a outras cirurgias e finalmente entrando em remissão. Naquele momento, entretanto, Hugo não sabia das provações que o esperavam.

– No que você está pensando, Hugo? – perguntei.

– Não quero pensar em nada – respondeu.

As crianças não projetam muito longe no futuro, nem se preocupam com o passado. Naquela noite ele não queria pensar em estar doente, nem no fato de sua família estar assustada, nem que sua vida ficaria diferente. Tentei conversar com ele, comentando sobre o recital de dança que ele perderia, sobre a escola e os amigos. Hugo, que é um dançarino talentoso, apaixonado por qualquer forma de movimento, desde balé até hip-hop, normalmente ia querer falar sobre as aulas de dança, um espetáculo que tinha assistido ou um recital próximo. Naquela noite, porém, ele falou pouco. Então parei de falar e fiquei ali sentada com o braço em volta dos seus ombros. Fiz o que Maria me mandou fazer: mostrei-me presente, só isso.

Na ausência de conversa, todos ali pensando no recente ferimento do diagnóstico de Hugo, algo que só posso chamar de presença sagrada passou seus braços atmosféricos em volta da mesa. Eu quase podia ver a presença sentada no canto, silenciosamente batendo o pé, acompanhando um ritmo majestoso. Era como se, porque estávamos comparecendo, Deus pudesse também comparecer – não o Deus severo e julgador das religiões cansadas, mas o Deus que as crianças conhecem, o Deus sobre o qual Hafiz, o poeta sufi, escreve:

Não o Deus de nomes,
Nem o Deus de proibições,
Não o Deus que faz
Alguma coisa estranha,
Mas o Deus só conhece três palavras
E as repete dizendo:
"Venha dançar Comigo."

Hugo tinha um novo parceiro de dança. Sua doença exigiria que aprendesse passos ousados. Mas eu sabia que Hugo podia aprender. Ele era um dançarino experiente. Sabia quando conduzir e quando ser conduzido, sabia ouvir os ritmos interiores do próprio corpo e treinar para o longo impulso. Praticaria diligentemente nos próximos meses, e sua família faria o mesmo. A mãe e o pai teriam de aprender alguns passos difíceis – individualmente e como parceiros da uma nova dança. Suportariam a dor de ver o filho sofrer? Seus corações poderiam permanecer abertos e gentis? Teriam fé na coreografia de Deus, mesmo parecendo tão desajeitada e cruel? Poderiam deixar para trás seus papéis de ex-mulher e ex-marido e juntar forças como pais de Hugo – as duas pessoas que o amavam mais?

Então, naquela mesa, senti que se todos na família de Hugo pudessem lembrar-se, nos meses vindouros, do Deus dançarino que tinha se juntado a eles no restaurante, tudo ficaria bem. Não importa qual fosse o resultado, tudo ficaria bem se eles seguissem a orientação do *Deus que só conhece três palavras e as repete sempre, dizendo: "Venha dançar Comigo."*

O Deus dançarino está sempre conosco, mas muitas vezes é preciso uma calamidade para abrirmos um espaço para ele na mesa. E, quando Ele aparece, de repente compreendemos o que os profetas e os santos vêm dizendo há milhares de anos. De repente somos parte do que apenas ouvimos falar antes – um amor que continua vivo quando tudo o mais já morreu, um amor que nos une através das fronteiras do tempo e do espaço. Vi isso depois do dia 11 de setembro, na cidade de Nova York. Senti isso quando meu pai morreu. E estava sentindo naquele momento, quando meus amigos sofriam com o sofrimento do filho. Eu os vi despidos e humildes perante o altar do mais natural tipo de amor humano. Eu podia praticamente ver as "rachaduras nos seus egos", como Ram Dass diria, permitindo que vissem uns aos outros com os olhos do Deus Dançante.

Era impossível dizer o quanto essa perspectiva mais ampla ia durar, porém, no momento, todos pareciam saber de alguma coisa que Deus sabe: que somos enviados a este mundo para amar o próximo e nos ajudar mutuamente – que nossa vida é sobre o próximo. Todos os nossos outros planos voam pela janela nesses momentos de despertar. Planos para grandes coisas são substituídos pela maior coisa de todas que é o amor, na sua forma mais simples, mais terna, mais pessoal.

Por que a rachadura no ego se fecha? Por que corações despertados voltam a dormir? Por que é tão difícil manter a sabedoria e a alegria que nos visitam, nos momentos de grandes perdas e de amor? Por algum tempo depois do 11 de setembro parecia que os nova-iorquinos jamais perderiam sua generosidade e bondade. Depois da morte do meu pai, tudo que senti foi gratidão pelas pessoas mais chegadas a mim. Aquela noite, no restaurante, a suavidade da união de toda a família de Hugo era tão palpável que podia ser servida a todos com uma colher, como um afrodisíaco cósmico. Depois da primeira mordida, não haveria dúvida sobre a finalidade da vida. Parar de nos agitar e nos voltar para a tarefa de amar uns aos outros.

Muito do que fazemos todos os dias é uma diversão do sentido real da vida. Um evento traumático é como uma faca cortando nossas táticas diversionárias e expondo o veio da verdade – a verdade do que queremos realmente, do que sentimos realmente, dos erros que cometemos uns contra os outros, do amor que temos uns pelos outros. Em nossa vida habitual, exercitamos os luxos tolos de nos queixar, evitar e culpar. Censuramos o comportamento incômodo dos nossos amigos ou colegas, expulsando-os do nosso coração, dando as costas à sua complicada beleza em favor das suas falhas óbvias. Isso parece mais fácil do que nos voltar uns para os outros, assumir a responsabilidade dos nossos atos ou falar diretamente aos outros quando a responsabilidade é deles. Durante todo o tempo, a verdade espera pacientemente, até aparecer nos olhos de um menininho assustado.

A doença de Hugo cortaria as diversões de todos que compartilhavam sua vida – família, amigos, professores. Alguns se permitiriam sentir a dor; alguns examinariam o que fora trazido à superfície; alguns abririam o coração e se transformariam indelevelmente. Outros dariam as costas, se fechariam e iriam procurar novas diversões. Minha prece naquela noite sentada à mesa do restaurante não foi só pela cura de Hugo. Pedi ao Deus Dançarino que a doença de Hugo não fosse desperdiçada, mas que todos nós nos abríssemos para a maior capacidade de amar e aprender.

Dois meses depois do diagnóstico de Hugo, passei uma manhã com o pai dele. Em casa por alguns dias, vindo da vigília no hospital, Ron parecia um corredor de longa distância, descansando brevemente no meio de uma maratona. O tratamento de Hugo até aquele momento tinha sido uma experiência estafante. Em várias ocasiões ele havia quase morrido, com dor insuportável nos pulmões queimados e náuseas devido à quimioterapia. Perdera o cabelo e a força física. Agora estava em Nova York, em um dos melhores hospitais do país, e começava a melhorar lentamente. No meio da luta, Hugo tinha experimentado terror e depressão – chegando a perguntar ao pai se "eles punham as pessoas para dormir como faziam com os animais quando estão sentindo muita dor". Mas sua *joie de vivre* de dançarino o ajudara a enfrentar os tempos difíceis. Quando finalmente ele se permitiu acreditar que ia sobreviver, voltou a atenção para ajudar outras crianças na enfermaria pediátrica oncológica, falando com elas quando estavam deprimidas, ajudando-as a enfrentar processos dolorosos.

O que seu pai estaria aprendendo?, pensei. O que estava mudando naquele homem que tinha usado sua formidável força de vontade para suportar uma infância difícil? Aquele homem que abrira um caminho de sucesso vencendo obstáculos, os problemas da sua vida adulta?

– Acho que talvez eu esteja abrandando um pouco – Ron me disse. Não era uma admissão sem importância para um homem que trabalhava em Wall Street e tinha a energia de um campeão de boxe. – Muitas coisas, como meu trabalho e a escola dos meus filhos, ficaram menos importantes como resultado da luta de vida ou morte de Hugo. Eu me conscientizei muito mais da dor e do sofrimento à minha volta. Sinto a dor dos outros mais intensamente, acho que isso é o que chamam de compaixão. Essa conscientização se ampliou com o que vi no hospital, tantas crianças e pais, tanto sofrimento, mais do que eu poderia ter imaginado. Não sei aonde essa experiência me levará. O que sei é que estou inalteravelmente mudado.

Depois de uma longa pausa, vi seu rosto se contrair à lembrança da doença do filho.

– Nunca vou esquecer a noite em que Hugo quase morreu – ele disse. – Eu estava na cama abraçado com ele, e Hugo olhou para mim e disse: "Estou morrendo. Adeus, papai." Naquele momento sua pressão caiu, ele entrou em choque e senti que Hugo estava indo embora. Então, de repente, era como se as nuvens se abrissem no meu cérebro. Eu soube, então, que nenhum dos meus planos era importante. Não me importava mais com a perspectiva de Hugo vir a ser um grande dançarino, com o sucesso no meu trabalho ou qualquer outra coisa. Eu só queria levar Hugo à escola, para andar de bicicleta com Jacob, brincar com minhas filhas, ser mais família. Minhas *idéias* sobre a vida não significavam coisa alguma. A experiência de estar vivo com quem eu amo, isso era tudo. Sei que jamais vou esquecer aquele momento. Espero que, de agora em diante, seja a motivação de minha vida.

Thomas Merton, o monge trapista e ativista social, disse certa vez que quando envelheceu compreendeu que não são as idéias que mudam o mundo mas os simples gestos de amor dedicados às pessoas à nossa volta, e muitas vezes àquelas com quem menos combinamos. Ele disse que para salvar o mundo devemos servir as pessoas da nossa vida. "Você gradualmente luta menos e menos por uma idéia", Merton escreveu, "e mais e mais por pessoas específicas. No fim, é a realidade do relacionamento pessoal que salva tudo."

Ouvi dizer que há uma diferença entre curar e cicatrizar – que uma cura nem sempre pode ser encontrada, ao passo que a cicatrização sempre é possível. Não sei se uma criança da idade de Hugo pode realmente compreender o que está enfrentando ou o que sua família está passando. Mas sei o quanto ele está sendo ajudado pela dedicação de todos e animado pela bondade com que o tratam, mesmo estressados e perturbados. Sei que se puderem continuar a dizer *Sim!* enquanto o Deus Dançarino os faz entrar em território difícil e sair dele, todos e Hugo descobrirão o que é realmente curar, e o que faz a vida digna de ser vivida.

TOLERÂNCIA PACÍFICA

No meu trabalho, conheci um bom número de pessoas famosas. Algumas se tornaram minhas amigas. Ter amigos famosos me deu uma sólida lição; sei que a fama e a fortuna não podem alterar a paisagem interior do coração humano. A despeito do que as nossas ilusões culturais nos levam a crer, as raízes do sofrimento e da alegria permanecem intocadas pela imagem pública e pela conta bancária. Pessoas famosas não são diferentes de você ou de mim, a não ser pelo fato de que não podem ir a nenhum lugar quando seu cabelo não está devidamente arrumado, especialmente em Los Angeles, onde mora um dos meus amigos mais famosos, em uma bela casa de frente para o mar.

Certa manhã, quando meu marido e eu o visitávamos, sentei-me na frente do computador do meu amigo para ver meu e-mail. Notei uma passagem de um sutra budista pregada no seu quadro de avisos:

Mudança incessante gira a roda da vida,
e assim a realidade é mostrada em todas as suas várias formas.
Conviva pacificamente quando uma mudança
libera todos os seres que sofrem
e traz a eles grande alegria.

Olhando pelas janelas que iam do chão ao teto, para o oceano Pacífico que se estendia para o oeste, vi a mudança incessante da água – a roda da vida, girando as ondas sem parar. Virei a cadeira da mesa do meu amigo e olhei para o leste, para o centro de Los Angeles, e vi a mudança incessante sob a forma de "progresso" humano – a terra sendo lenta e constantemente mastigada e cuspida como condomínios e rodovias. Na minha cabeça, reações às ondas do oeste e ao desenvolvimento do leste juntaram-se ao incessante movimento da roda da vida. Voltei a olhar o sutra. *Mudança incessante faz girar a roda da vida, e assim a realidade é mostrada em todas as suas várias formas.* Minhas opiniões, o oceano, a ação dos seres humanos: realidade em todas as suas várias formas. O sutra diz para convivermos pacificamente com todas essas formas de mudança e termos fé de que o giro incessante da roda nos está levando para maior sabedoria e prazer.

Certa vez, há alguns anos, eu tinha ajudado meu amigo durante um divórcio difícil. Sua personalidade tipo A tinha temporariamente se dissolvido em um lago de impotência. O sofrimento – o grande nivelador – o deixara nu, destituído da sua identidade mundana. Ele era apenas um homem que sofria. Essa experiência abriu o coração do meu amigo. Por meio do sofrimento, ele encontrou uma conexão mais profunda com os amigos, com os filhos e com o sentimento do seu coração. Sua história me faz lembrar de outro homem – um homem também isolado pela fama e fortuna, e cujo confronto com o sofrimento abriu um caminho que milhões têm seguido há mais de dois mil anos. Esse homem é Siddhartha Gautama, um príncipe da classe governante da Índia que se tornou o Buda – o que despertou.

O escritor Aaron Shepard reconta a lenda de Buda na sua história *O príncipe que tinha tudo*:

> Na cidade real de Kapilavatthu, um filho chegou para o grande rei Suddhodana e sua encantadora esposa, a rainha Maya. Eles o chamaram de Siddhartha, que quer dizer "O que alcança seu objetivo". Logo depois do nascimento, o rei foi visitado por um grande profeta chamado Asita. O bebê foi mostrado para ele. Para espanto do rei, o santo homem começou a chorar.
>
> – Senhor, o que há de errado? – perguntou o rei. – O senhor prevê algum desastre para meu filho?
>
> – De modo nenhum – disse o profeta. – Seu futuro é supremo. Seu filho será um Buda, um Esclarecido, e libertará o mundo dos grilhões da ilusão. Choro só por mim mesmo, pois não viverei para ouvir seus ensinamentos.

Então o rei ficou triste com a idéia de que seu filho escolheria uma vida religiosa. Chamou oito sacerdotes brâmanes, todos peritos na interpretação de sinais, e pediu que fizessem uma profecia para o príncipe.

Depois de longa confabulação, o porta-voz dos sacerdotes dirigiu-se ao rei.

– Vossa Majestade, se seu filho seguir seus passos, será um Rei Universal e governará o mundo conhecido. Mas se ele renunciar ao seu lar e à sua família, escolhendo uma vida de busca e de pesquisas, se tornará um Buda, e salvará o mundo da ignorância e da insensatez.

O rei perguntou:

– O que fará com que meu filho renuncie ao lar e à família?

O sacerdote respondeu:

– A visão dos quatro sinais.

– E quais são?

– Um homem velho, um homem doente, um homem morto e um homem santo.

– Então ele não verá nenhum deles – o rei declarou, e pôs guardas em volta do palácio para impedir a aproximação dessas pessoas.

Quando Siddhartha se fez homem, o rei procurou reforçar os laços do príncipe com seu lar. Ele o casou com a encantadora princesa Yasodhara, que, no tempo devido, teve um filho. E o rodeou de dançarinas para passar o tempo.

O príncipe se tornou uma criatura de prazer, e raramente deixava seu luxuoso apartamento no andar superior do palácio.

Porém, um dia, Siddhartha quis visitar um parque fora da cidade. O rei providenciou o passeio, com ordens estritas aos guardas para não permitirem no trajeto a aproximação de nenhum homem velho, nenhum doente, nenhum morto e nenhum santo.

Quando o príncipe passou pela cidade na carruagem real, o povo foi para a beira da estrada para admirá-lo. Os guardas seguiram as ordens do rei do melhor modo possível. Porém, mesmo assim, o príncipe viu no meio do povo um homem de cabelos brancos, membros fracos e costas curvadas.

– Cocheiro – disse Siddhartha –, o que há de errado com aquele homem?

– Ele é velho, meu senhor.

– E o que é "velho"?

– Velho é quando a pessoa vive muitos anos.

– E eu também vou ficar velho?

– Sim, meu senhor. Envelhecer é nosso destino comum.

– Se todos devem enfrentar a idade avançada – disse o príncipe –, como podemos ter alegria na juventude?

Logo depois, o príncipe viu um homem amarelado e trêmulo, apoiado em outro.

– Cocheiro, o que há de errado com aquele homem?

– Ele está doente, meu senhor.

– E o que é "doente"?

– Doente é quando a saúde nos abandona.

– E eu também vou ficar "doente"?

– Provavelmente, meu senhor. Ficar doente é nosso destino comum.

– Se todos ficam doentes – disse o príncipe –, como podemos nos orgulhar da nossa saúde?

Não demorou para que o príncipe visse um homem imóvel e rígido, carregado por quatro outros.

– Cocheiro, o que há de errado com aquele homem?

– Ele morreu, meu senhor.

– E o que é "morrer"?

– "Morrer" é quando a vida acaba.

– E eu também vou "morrer"?

– Vai, meu senhor, sem dúvida. De todos os nossos destinos, a morte é o mais certo.

– Se todos devem enfrentar a morte – disse o príncipe –, como podemos ter prazer na vida?

Finalmente, o príncipe viu um homem com a cabeça raspada e manto cor de açafrão.

– Cocheiro, o que é esse homem?

– Ele é um homem santo, meu senhor.

– E o que é um "homem santo"?

– Um "homem santo" é aquele que renuncia a casa e à família para andar pelo mundo, vivendo de esmola. Evitando o prazer, ele subjuga as paixões, controla a mente. Desse modo, procura a liberdade deste mundo de lágrimas e do ciclo eterno de renascimentos.

– Cocheiro, volte para o palácio. Os parques não me interessam mais, nem qualquer coisa que pode morrer. Logo eu também serei um homem santo renunciando a esta vida que me prende.

Naquela mesma noite, Siddhartha foi ao quarto das mulheres para ver pela última vez a esposa e o filho adormecidos. Então, silenciosamente, desceu para o pátio, montou em um cavalo branco e saiu.

O portão da cidade, pesado demais para um só homem, abriu sozinho quando ele se aproximou. E quando passou por ele, o príncipe prometeu solenemente:

– Não voltarei a esta cidade enquanto não tiver visto a praia distante da vida e da morte.

Siddhartha se isolou e passou seis anos como monge, jejuando, orando, meditando e procurando, até descobrir "a margem distante da vida e da morte". O que ele encontrou lá foi a capacidade de viver pacificamente, mesmo com a promessa de envelhecer, de ficar doente e morrer. Descobriu o eu eterno – um eu que não era um príncipe famoso nem um humilde monge. Tornou-se o que despertou, o Buda.

Seus ensinamentos atravessaram o tempo. O que foi parar no quadro de avisos do meu amigo está agora pregado na parede, no meu escritório. Olho para ele de vez em quando e compreendo que realmente tenho convivido em paz com a mudança em todas as suas várias formas. Nesses dias, me congratulo e agradeço a rara e breve experiência da libertação.

Em outros dias, o sutra me surpreende, como se eu o estivesse lendo pela primeira vez. Então compreendo que estive correndo contra a roda da vida – como quando era pequena, numa loja de departamentos, eu e minhas irmãs corríamos para cima e para baixo na escada rolante, pela sensação desorientadora de se mover rapidamente sem ir a lugar algum. Quando isso acontece, faço uma miniversão do que Buda fez. Durante alguns minutos, fecho os olhos e diminuo o ritmo. Seja o que for que esteja acontecendo, seja o que for que esteja mudando, o que for que esteja indo ou não de acordo com meus planos, abro mão de tudo isso. Deixo para trás quem penso que quero ser, o que eu quero que o mundo seja. Volto para casa, para a grande paz do momento presente, para a maravilha da minha natureza aberta de Buda.

A VERDADE

HOMEM: *Doutor, meu irmão está louco. Ele pensa que é uma galinha.*
PSIQUIATRA: *Bem, por que você não o interna?*
HOMEM: *Eu internaria, mas preciso dos ovos.*

– WOODY ALLEN

É sempre mais fácil conservar comportamentos antigos e opiniões, mesmo quando não têm mais serventia para nós. Como os animais que não saem das jaulas quando as portas são abertas, sentimo-nos mais à vontade com o que conhecemos. Apegamo-nos ao modo como as coisas são, por mais destrutivas e ridículas que tenham se tornado. Podemos saber que há muito tempo deviam ter sido mudadas, mas, como diz Woody Allen, precisamos dos ovos. Estamos presos à nossa versão da realidade, tememos o confronto com a verdade. Queremos manter a ilusão no mesmo lugar.

Todos nós poderíamos reescrever a piada de Woody Allen para sermos nós mesmos. Não queremos examinar muito de perto o modo que interpretamos nossa vida e a de outras pessoas. Não queremos considerar a possibilidade de estarmos errados a respeito de algumas coisas. Talvez nossa atitude de vítima seja um disfarce; talvez nosso ex, nosso chefe, nosso pai ou nossa mãe não sejam os monstros que pensamos. Talvez precisemos perguntar a nós mesmos: "De que adianta continuar a ver o mundo sob certa luz? De quais ovos pensamos precisar?"

Para mudar hábitos e atitudes de uma vida inteira, precisamos de algo mais do que ovos.

A vida envia todo tipo de raposas para invadir o galinheiro e roubar os ovos. Tento ver os problemas que aparecem como oportunidades de desistir das minhas ilusões a meu respeito e sobre a vida aqui no planeta Terra. Tento deixar a raposa entrar no galinheiro, tento entregar os ovos de boa vontade. Geralmente os protejo e espanto a raposa por algum tempo. Às vezes meus problemas precisam bater na minha cabeça até eu ver as estrelas da verdade.

Não estou sugerindo que tudo de mal que nos acontece seja diretamente enviado por mãos divinas – preparado especialmente para nosso desenvolvimento pessoal. Nem quero dizer que, usando a matéria da vida como grão para o moinho, você aprenda o que precisa e passe para um mundo sem problemas. Também não recomendo cortejar o drama e o desastre para se abrir para a verdade. Uma catástrofe não é sinal de que Deus escolheu você por sua grandeza.

Estou dizendo que você pode usar qualquer coisa – tudo – como um chamado para despertar; pode encontrar um tesouro escondido de informações sobre você mesmo e sobre o mundo nas grandes provações e nos pequenos aborrecimentos da vida diária. Se você olhar para trás e enfrentar *você mesmo* em tempos de perda e de dor, receberá a chave para uma vida mais verdadeira – e, portanto, mais prazerosa.

A adversidade é parte natural do ser humano. É o máximo da arrogância receitar um código de moral, um regime saudável ou uma prática espiritual como um amuleto para evitar que as coisas desmoronem. As coisas desmoronam realmente. Está em sua natureza. Quando tentamos nos proteger da inevitabilidade da mudança, não estamos ouvindo a alma. Estamos ouvindo nosso medo da vida e da morte, nossa falta de fé, a vontade de que nosso pequeno ego prevaleça. Ouvir a alma é parar de lutar com a vida – parar de lutar quando as coisas se desintegram, quando não são como queremos que sejam, quando ficamos doentes. Quando somos traídos, maltratados ou incompreendidos. Ouvir a alma é diminuir o ritmo, sentir profundamente, ver a nós mesmos com clareza, ceder ao desconforto e à incerteza, e esperar.

É nos momentos de desintegração que a alma canta sua canção mais sábia e eterna. Não posso cantarolar a música nem dizer as palavras; a alma de cada pessoa tem cadência própria. Você reconhecerá a música pelo modo como escuta quando está acordado, calmo e, de repente, aliviado do peso do controle. Você vai respirar profundamente, vai suspirar e dizer para si mesmo: "Está tudo bem. Tudo está bem." Você descruza os braços, se recosta e diz para a alma: "Apenas cante para mim sua canção. Quero aprender a letra. Diga-me o que você sabe."

E às vezes, nesses momentos de capitulação, você verá o quanto é parecido com o homem da piada de Woody Allen – o quanto você ganha ficando preso ao modo como vê a si mesmo e aos outros; quanto investiu em fazer alguém parecer errado para não ter que reivindicar seu poder, tomar uma posição, ser o seu mais nobre e radiante eu. O homem da piada de Woody Allen sabia que o irmão não era uma galinha, mas, mesmo assim, precisava dos ovos. Você pode saber alguma verdade sobre si mesmo, mas protege o galinheiro. É quando deixa a raposa roubar os ovos que você descobre a verdade de quem você realmente é. E quem você realmente é vale muito mais do que aqueles ovos imaginários.

EPÍLOGO

Rufar de tambores soa no ar,
e, com eles, meu coração.
Uma voz dentro do rufar diz:
Sei que está cansado,
mas venha.
Este é o caminho.

– RUMI

Ontem completei 50 anos. Hoje chega o presente de minhas irmãs. Elas me amam com devoção infinita e com um senso de humor malicioso. Têm sido minhas melhores amigas durante toda a vida e as primeiras a registrar em fotografias todas as fases pelas quais passei. Seu respeito por quem sou é imenso, embora caçoem da minha natureza espiritual desde que éramos pequenas. Quando estávamos no curso primário e eu lia ingenuamente para elas minhas tentativas poéticas, elas riam histericamente. Exageravam a piedade nos funerais que eu fazia para animais de estimação da vizinhança e reviraram os olhos quando perguntei à minha mãe se podia me converter ao catolicismo. E quando fui para a comunidade, quando comecei o Instituto Omega, quando escrevi um livro, lá estavam elas me aclamando, enquanto sorriam silenciosamente nos bastidores. Isto é amor fraterno.

O homem da transportadora tira uma caixa grande do caminhão e leva até minha porta. Leio o cartão antes de abrir a caixa. "Feliz aniversário. Encontramos esta pequena 'casa do espírito' para nossa pequena e espiritual irmã cinqüentona. Esperamos que a ame tanto quanto nós amamos você."

Uma casa do espírito! Eu tinha visto uma quando estive na Tailândia – pequenos templos em cima de postes em todos os jardins ou pátios das famílias. Os budistas thai acreditam que as casas dos espíritos são atraentes moradas para as divindades celestes que protegem e abençoam a família. Proteção e bençãos. Quem não ia querer que estivessem em uma pequena casa, tomando conta do jardim? Abro a caixa cuidadosamente. Lá, no meio das bolas de isopor, está uma bela casa do espírito, de cerâmica, em pedaços.

Uma casa do espírito quebrada. Não posso deixar de rir. Passei este ano terminando este livro – um livro que ensina a encontrar proteção e bençãos nos momentos "despedaçados" de nossa vida. Contei histórias de bençãos que vêm disfarçadas em desordem e desastre, não como casas bonitinhas, em segurança, nos jardins ensolarados. Sei que não existe um talismã para manter longe os maus espíritos, e que não íamos banir os tempos difíceis nem que pudéssemos. Acredito que a escuridão nos ensina e nos leva para a luz. Sei que estamos protegidos especialmente por nosso destemor, quando caminhamos nas florestas sombrias e nos belos jardins. Mesmo assim, eu teria gostado de ter a pequena casa dos espíritos.

Porém, o que tenho são os pedaços dela em um cesto, na minha sala de trabalho. Eles me dão um sábio conselho. Fazem com que eu me lembre que, embora eu não esteja livre de ser feita em pedaços, estou sempre protegida pelo espírito.

Constantemente somos quebrados nas praias da vida. Nossos egos obstinados são jogados de um lado para outro, e nossos corações assustados se quebram e se abrem – não uma vez e não em um padrão previsível, mas de modos surpreendentes durante toda a nossa vida. A promessa de ser quebrada e a possibilidade de ser aberta estão escritas no contrato da vida humana. Certamente esta jornada tumultuosa nas ondas pode ser cansativa. Quando o mar está agitado e quando estamos sofrendo, podemos pensar em desistir da esperança e nos entregar ao desespero. Porém, bravos peregrinos fizeram a jornada antes de nós. Eles nos dizem para nos aventurarmos a seguir em frente com fé e visão. Rumi fala por todos eles quando diz:

Rufar de tambores soa no ar,
e, com eles, meu coração.
Uma voz dentro do rufar diz:
Sei que está cansado,
mas venha.
Este é o caminho.

Que você possa ouvir a voz dentro do rufar dos tambores, mesmo que esteja cansado. Quando sentir que está se quebrando, que possa se abrir em vez disso. Que cada experiência na vida seja uma porta que abre seu coração, amplia sua compreensão e o conduz à liberdade. Se estiver cansado, que seja animado pela paixão e pelo propósito. Se se sentir culpado e amargurado, que possa ser adoçado pela esperança e pelo humor. Se estiver assustado, que possa ganhar coragem por uma grande conscientização muito mais sábia do que seu medo. Se estiver solitário, que possa encontrar amor, que possa encontrar amizade. Se estiver perdido, que possa compreender que nós todos estamos perdidos, e, ainda assim, somos guiados – por Anjos Estranhos e Gigantes Adormecidos, por nossas melhores e mais generosas qualidades, pela voz vibrante do tambor. Que você possa seguir esta voz, pois *Este é o caminho* – a jornada do herói, a vida que vale a pena ser vivida, a razão pela qual estamos aqui.

APÊNDICE

CAIXA DE FERRAMENTAS

Tudo pode mudar em um momento. Temos pouco controle sobre os padrões do tempo quando caminhamos pela paisagem da vida. Podemos, no entanto, nos tornar mestres da paisagem interior. Podemos usar o que acontece no exterior para mudar o funcionamento do interior. Essa é a moral ensinada pelos grandes mitos. O herói vence o monstro, a heroína completa uma busca, a recompensa no fim estava ali o tempo todo – o verdadeiro eu, a consciência despertada. Joseph Campbell disse: "Todos os mitos são a respeito de transformação da consciência. Você tem pensado de um modo e agora pensa de modo diferente. A conscientização é transformada pelas provações ou por revelações esclarecedoras. Provações e revelações, é disso que tratam os mitos."

Quando passamos por uma provação e sobrevivemos – ou, melhor, transformamos seus terrores em revelações –, começamos a nos aproximar de outras adversidades com uma atitude diferente. Mudança e perda podem ainda nos derrubar da sela, mas logo estamos montados outra vez, mais fortes e mais sábios do que nunca. À medida que a vida progride e continuamos a transformar e a refinar nossa conscientização, ganhamos mais sabedoria e humildade, maior força de caráter e fé mais profunda no sentido da vida.

Como se faz isto? Como se transforma terror em revelação? Como continuar são e corajoso no meio de uma adversidade? Neste livro, descrevi o processo de transformação como uma jornada de despedaçamento que nos leva a abrir o coração, uma descida para o renascimento, fogo para a Fênix. Jornadas difíceis devem ser feitas em um veículo forte, ou pelo menos com um guia confiável e uma caixa de ferramentas. Neste apêndice, apresento uma caixa de ferramentas que tem me ajudado na minha jornada de descida e renascimento.

As práticas que uso geralmente para não me desviar do caminho durante um Processo Fênix são meditação, psicoterapia e oração. Essas ferramentas continuamente me ajudam a manter o coração aberto e a mente desperta, quando eu teria preferido me fechar ou voltar a dormir. A prática da meditação tem me ajudado a desenvolver o coração firme e a mente menos reativa e agitada. A psicoterapia ajuda a me abrir para um mundo interior de causa e efeito. Em um momento crítico da vida, me obriga a assumir a responsabilidade de minha felicidade – a não mais esperar aquele ilusório alguém ou alguma coisa que consertará e definirá a minha vida. A oração me consola e dá força. É uma companheira tranqüilizadora na jornada. Essas três ferramentas combinadas têm me ajudado a me tornar uma alquimista, mostrando como transformar a dor em crescimento.

Outras ferramentas também me ajudaram. Contar histórias nas reuniões de grupo é uma das minhas favoritas. Contar histórias ajuda a nos sentir ligados a outras pessoas quando enfrentamos tempos difíceis. Quando nos reunimos com os companheiros de viagem, compartilhando nossas provações e revelações e ouvindo as deles, nossa luta parece menos uma rixa pessoal e mais um mito em formação. Escrever um diário é outra ferramenta que utilizo. Geralmente acho mais fácil ser sincera comigo mesma na privacidade do mundo da escrita. Todo o tipo de atividade artística, como escrever, pintar, cantar, é uma alquimia. Exercício físico e movimento – incluindo esportes, ioga e artes marciais – são também básicos para a transformação. Eles nos mantêm fortes e despertos, trazem as revelações para o nosso corpo.

Porém, as ferramentas que utilizo com maior freqüência e que posso descrever melhor aqui são meditação, psicoterapia e oração. Posso ter passado muitas das minhas noites de trevas sem elas, mas acho que não teria conseguido vencer esses momentos tão rápida e amplamente ou com tanto bom humor.

Às vezes essas ferramentas – especialmente meditação e terapia – parecem tediosas, e outras vezes podem ser atemorizantes e desafiadoras. Podemos pensar em desistir. Porém, o trabalho árduo exigido pelo Processo Fênix e a coragem necessária para nos abrir e continuarmos abertos valem cada momento da luta. E o resultado é grandioso. Chegamos à presença libertadora do nosso eu autêntico.

As práticas meditativa, psicológica e sagrada que apresento aqui não podem ser aprendidas apenas lendo-se um livro. Devem ser feitas sob orientação de um professor ou terapeuta, e podem levar muitos anos para dar fruto. Por favor, use as breves instruções abaixo para conhecer um método que pode ser desenvolvido mais amplamente na sua vida diária ou uma inspiração para reviver uma prática já conhecida.

MEDITAÇÃO

Há 30 anos estudo e pratico a meditação. Ainda acho difícil – às vezes tediosa e às vezes um desafio. Porém, considero-a valiosa –, nutritiva, expansiva e iluminadora. Às vezes, medito todos os dias. Outras vezes, passo meses sem sequer sentar na minha almofada de meditação. Fiz cursos intensivos de meditação e passei muito tempo esperando acabar a noite ou o fim de semana. Tenho feito longos e solitários retiros e me entreguei à prática, me livrando das preocupações, da falsidade, da inquietude e das lamentações. Sem hesitar, posso dizer que a prática da meditação fez uma notável diferença em minha vida.

As pessoas são atraídas para a meditação por vários motivos, incluindo os seguintes:

- relaxar física e mentalmente;
- manter o coração aberto e terno;
- aceitar a vida nos seus termos;
- sentir-se mais vivo, ligado e contente;
- encontrar paz interior e
- entrar em contato com outros reinos da consciência, o que alguns chamam de divino ou Deus.

A meditação pode nos ajudar a alcançar qualquer um desses objetivos – mas só com o tempo, com dedicação e trabalho. Chegamos à meditação sentindo que algumas partes da nossa vida são difíceis, e que talvez esta prática as torne mais fáceis. Queremos alívio imediato. A meditação, contudo, não funciona assim. O desejo de paz e felicidade é nobre, a expectativa de resultados rápidos não é razoável.

A meditação é uma experiência lenta e constante. Não é uma cura. Não é um conjunto de valores morais. Não é uma religião. É um *modo* – um modo de ser completamente presente, um modo de ser genuinamente quem somos, um modo de examinar profundamente a natureza das coisas, um modo de redescobrir a paz que já possuímos. Não tem como objetivo nos livrar de qualquer mal ou criar qualquer coisa boa. É uma atitude de abertura. O termo para essa atitude é *conscientização*.

Os budistas chamam meditação consciente de prática *maitri*. *Maitri* é muitas vezes traduzida como "amizade incondicional". A meditação é a prática da amizade incondicional para o que quer que esteja acontecendo no momento – o momento durante o qual meditamos e todos os outros momentos da vida, quer as coisas estejam indo bem ou desmoronando. A meditação nos ajuda a encontrar uma compreensão interior pela qual podemos ver os eventos exteriores. Isso pode parecer uma questão sem importância, mas não é. Na verdade, descobrir e desenvolver uma compreensão interior pode ser o ato mais importante de nossa vida. Ser capaz de observar a nós mesmos honestamente, com aceitação e amizade, nos deixa em condição de agir da mesma forma em relação aos outros, em casa, no trabalho e no mundo.

A meditação consciente nos prepara para reagir com menor intensidade a qualquer coisa que nos faz sofrer. Propicia-nos a capacidade de sentir nosso caminho sem nos identificar completamente com ele e, assim, mais livres dele. Por causa desta experiência com a meditação, começamos a temer menos a dor da vida, a nos concentrar menos nela. Tornamo-nos mais tolerantes com nós mesmos. Ainda assim sofremos, mas com muito menos drama, que só serve para aumentar nossa dor e deixá-la mais opressiva ainda.

Podemos ser atraídos para a meditação por causa do sofrimento, mas essa prática não é útil apenas para aliviar a dor. É também uma fonte de prazer. É como uma lente de aumento nas mãos de uma criança, em um dia de sol. Ela segura a lente com firmeza, a luz se concentra em um ponto do chão, uma folha seca pega fogo. A meditação pode ser uma lente de aumento que acende o fogo da felicidade no nosso coração. Todas as condições para a felicidade estão ao nosso alcance no momento. Nossa tarefa consiste em manter o equilíbrio, nos concentrar e libertar nosso calor natural. Com o tempo, a meditação consciente sensibiliza tanto nossa capacidade para o prazer que até os pequenos prazeres físicos e emocionais podem proporcionar grande felicidade. Quando nossa mente está tranqüila e nosso coração forte, vemos que o mundo todo é cheio de graça.

Mas como isso é possível? Como o ato de sentar imóvel pode nos ensinar a renunciar ao sofrimento e abraçar a graça? Buda relutava em usar palavras para responder a esta pergunta. Ele disse apenas: "Venha e veja." Ou, como meu amigo, o padre jesuíta diz: "Tudo é classificado no Grande Silêncio." É difícil descrever a meditação, e, na tentativa de fazê-lo, podemos parecer idiotas ou impostores. "Há uma tradição milenar de se considerar impossível descrever a meditação", diz Mark Epstein, um psiquiatra que usa meditação e psicoterapia. A dificuldade de falar sobre meditação está não apenas na sua natureza experimental, mas também no fato de ser uma experiência que nos conduz cada vez mais fundo a reinos onde a linguagem e até o pensamento perdem a força.

Alguns professores e escritores chegam muito perto da descrição desta prática. Neste belo trecho, o padre católico Henri Nouwen aconselha a meditação para cultivar a paciência e sua prática:

> A paciência é uma disciplina difícil. Não se resume em esperar que aconteça alguma coisa sobre a qual não se tem controle: a chegada do ônibus, o fim da chuva, a volta de um amigo, a solução de um conflito. Paciência não é esperar passivamente que alguém faça alguma coisa. A paciência nos pede para viver plenamente o momento, estar completamente presente ao momento, sentir o aqui e agora, estar onde estamos. Quando somos impacientes, tentamos nos afastar de onde estamos. Agimos como se a realidade fosse acontecer amanhã, mais tarde e em outro lugar. Sejamos pacientes e con-

fiemos que o tesouro que procuramos está escondido bem aqui, sob nossos pés.

ISTO É MEDITAÇÃO

Uma mulher em uma das minhas oficinas perguntou se quando ela medita pode se concentrar em uma imagem que lhe traz paz.

– Que imagem? – perguntei.

– Gosto de imaginar flores ao lado de um pequeno lago – ela disse. – Gosto de me ver sentada ali, ouvindo a água bater na margem, vendo as flores banhadas pelo sol.

Detestei ser a chuva naquele lugar ensolarado, mas tive de ser.

– Se você gosta de fazer isso, pode fazer – eu disse –, mas não é meditação consciente. Quando você está em um jardim florido, ao lado de um lago, esteja ali. Mas quando está meditando, esteja exatamente onde está, fazendo exatamente o que está fazendo. Esteja nesta sala, meditando. Feche os olhos, sinta seu corpo, observe seus pensamentos, experimente sua respiração. Se seu corpo está dolorido, esteja com ele. Se está cansada e mal-humorada, mantenha-se assim. Não ponha flores em cima do mau humor. Não use um lago pacífico como um Band-Aid na sua ansiedade. Esteja exatamente onde está e seja exatamente quem você é. Por quê? Porque, se puder fazer isso, quando estiver realmente ao lado do lago, vendo as belas flores, estará plenamente presente. Não estará se preocupando com o que está acontecendo em casa ou imaginando se existe um lago mais bonito em algum lugar. E, quando estiver com uma pessoa que você ama, estará realmente com ela, estará menos distraída, julgará menos. Quando estiver trabalhando, você se destacará entre seus companheiros de trabalho, terá as dádivas da atenção e da imparcialidade. E, quando estiver confusa, infeliz ou doente, deixará de lutar com seus sentimentos e apenas descansará por algum tempo. Então saberá o que sente quando estiver sentindo, o que pensa quando estiver pensando. Conhecerá a paz de estar presente ao que está acontecendo.

– Não procure se imaginar em qualquer lugar que não seja onde está – eu disse a ela. – Seja exatamente quem você é, onde quer que esteja. Essa é a prática da meditação.

Podem ver por que a meditação é tão importante durante o Processo Fênix. Ajuda a sentar nas chamas o tempo necessário para que ocorra uma transformação. Encoraja-nos a não desistir antes de aprender as lições. Ajuda a nos livrar das experiências comuns de medo, ansiedade e depressão. A meditação pode nos curar? Não. Mas pode nos alçar a um patamar ideal, de onde nos seja possível supervisionar a cena. Dessa perspectiva, podemos ver que não somos nossa depressão – nosso medo, nossa raiva ou nossa tristeza –, na verdade meros estados da mente, condições do coração. A meditação nos mostra que somos muito mais fortes e mais vastos do que nossos pensamentos e nossos sentimentos passageiros.

Como um hábito adquirido, a meditação cria uma atitude requintada para a vida. Ajuda-nos a passar pelos tempos difíceis com mais graça. Ensina a resistir ao apego aos tempos maravilhosos, mas aproveitá-los amplamente e com gratidão, no momento. Embora estes sejam os frutos especiais da meditação, a prática da meditação é como qualquer coisa que desejamos aprender. É como o estudo das escalas no piano ou um treino de basquete. A prática requer disciplina; pode ser tediosa; é necessária. Quando suficientemente praticada, toda forma de arte se torna mais perfeita. Você não pratica para ser campeão das escalas ou um campeão de treino. Você pratica para ser músico ou atleta. Do mesmo modo, não se pratica meditação para ser um grande meditador. Meditamos para acordar e viver, para nos aperfeiçoar na arte de viver.

A prática da meditação é na realidade um refúgio em tempos de crise e de mudança, mas só podemos descobrir isso sozinhos. Passadas a inquietação, a agitação e a confusão de todos os dias da nossa consciência, bem no fundo há um estado de clareza e destemor, sempre à nossa espera. Cada vez que praticamos a meditação consciente, podemos tocar esse estado. Então praticamos outra vez no dia seguinte. E continuamos a praticar, até que um dia ela começa a atuar em nós.

INSTRUÇÕES PARA A MEDITAÇÃO

Considerando que estudei uma grande variedade de práticas de meditação, com professores e culturas de todo o mundo, pode-se supor que eu adote uma prática altamente ritualizada. Porém, na verdade, minha prática é simples. Embora informada por meus estudos e minha experiência, eu estaria zombando do significado da meditação se a representasse como uma jornada exótica. A imersão em várias formas de meditação me levou ao centro essencial de todas elas: *conscientização* – uma forma não religiosa de prática que ensina uma percepção de momento a momento, uma espécie de paixão pela realidade nua e crua.

Embora livros e fitas cassetes sejam boas introduções para a meditação conscientizada, acredito que não sejam tão poderosos quanto trabalhar com um professor ou com um grupo – o que no Oriente é chamado de *sangha*, ou uma comunidade dos que procuram. Um professor ou uma *sangha* nos mantém no caminho certo, nos inspiram e respondem a nossas perguntas durante a trajetória. Se você quer aprender a meditar, sugiro que participe de um retiro de fim de semana ou de um seminário próximo ou em um centro de retiro. Muitas igrejas ou centros de ioga têm grupos semanais de meditação. As instruções seguintes têm por objetivo ajudar a começar a meditação ou a reviver uma rotina interrompida.

Chögyam Trungpa foi um dos meus primeiros professores de meditação. Ele ensinava meditação como um processo em duas partes. Primeiro, como um meio de acesso à estabilidade e à dignidade no meio de uma situação, e, segundo, como um meio de despertar, como de um sonho, para uma vivacidade vibrante e genuína. Trungpa acreditava que no centro da vida está o que ele chamava de "bondade básica", que cada um de nós é basicamente bom e, mais do que isso, maravilhosamente nobre. "Você pode transcender seu embaraço", ele dizia, "e se orgulhar de ser humano." Trungpa dava atenção especial à postura durante a meditação, como um meio de demonstrar nossa bondade básica. Ele dizia que manter as costas retas é um meio de superar nosso embaraço por sermos humanos. Geralmente usava a imagem de montar a cavalo quando ensinava a postura para a meditação. Sentar ereto na sela informa ao cavalo que você é quem manda. Sentar ereto na almofada de meditação ou em uma cadeira informa à sua mente que você acredita em si mesmo.

A postura na meditação não se refere apenas às costas retas. A postura inclui o corpo todo. Na meditação, corpo e mente são inseparáveis, e um corpo relaxado e cheio de energia cria uma base benéfica para a prática da meditação. Trungpa dizia que trabalhando a postura na meditação "você começa a sentir que simplesmente por estar ali sua vida pode se tornar manejável e até mesmo maravilhosa. Você se dá conta de que é capaz de sentar na sela como um rei ou uma rainha. A natureza régia dessa situação mostra a você a dignidade de estar imóvel e ser simples".

Eu uso a lista de Trungpa para checar seis partes do corpo – assento, pernas, torso, mãos, olhos, boca – quando sento e assumo a postura para a meditação. Falarei aqui sobre cada um desses pontos:

1. **Assento**: o melhor é sentar em uma almofada no chão ou em uma cadeira dura. Se preferir a cadeira, sentar sem que as costas toquem o espaldar.
2. **Pernas**: se sentar em uma almofada, cruze as pernas confortavelmente na frente do corpo, com os joelhos encostados no chão, se puder. Se estiver em uma cadeira, apóie os pés firmemente no chão, joelhos e pés separados pela distância da largura do quadril.
3. **Torso**: mantenha as costas confortavelmente retas, o peito aberto e os ombros relaxados. Philip Kapleau Roshi, o primeiro professor zen com quem estudei, escreve: "Se você está acostumado a deixar seu peito curvado para a frente, no começo vai precisar de um esforço consciente para mantê-lo aberto. Quando se torna natural andar e sentar com o peito aberto, você começa a perceber os vários benefícios dessa postura ideal. Os pulmões têm espaço adicional para se expandir, desse modo alargando os alvéolos. Isto, por sua vez, permite maior absorção de oxigênio e limpa a corrente sanguínea, o que faz desaparecer a fadiga acumulada no corpo."

   Costas retas e ombros relaxados é uma posição natural. Não deve ser forçada ou dolorosa. Na verdade, com o tempo, a meditação cria uma sensação de conforto generalizado. Muitas vezes, porém, quando começamos a meditar, manter as costas retas imediatamente nos faz sentir desconforto. Por isso, muitas pessoas que meditam também praticam a ioga ou outra forma de exercício físico que reforça e alonga o corpo.

Um dos melhores meios de manter as costas retas e o peito aberto durante a meditação consiste em repetir silenciosamente uma frase, sempre que sentir dor física. Por exemplo, se sentir tensão nos ombros quando mantém as costas retas, pode murmurar silenciosamente "relaxe, relaxe" ou "abra, abra".

Costas retas, peito aberto e corpo relaxado ajudam extremamente a prática da meditação. Costas retas conduzem à dignidade e à coragem. Peito aberto alimenta a aceitação da vida. Um corpo relaxado o lembrará de ser complacente com você mesmo, a tratar sua prática da meditação como uma dádiva e não um trabalho obrigatório.

4. **Mãos**: às vezes, quando a meditação fica muito quieta, nossa concentração coagula nas mãos. Parece estranho, mas você pode experimentar isso. Não é incomum, quando o ar exalado dissolve, sentir como se tudo que resta do seu corpo fossem as mãos. Sendo assim, é bom posicionar as mãos de modo firme e significativo. Vai notar que, nas estátuas de várias tradições religiosas, as posições das mãos das divindades ou dos santos é intencional. Essas posições chamam-se *mudras* na tradição budista tântrica – gestos físicos que ajudam a evocar certos estados de espírito.

Uma posição freqüente é com o indicador tocando levemente o polegar e os outros três dedos dobrados para fora. Outro mudra comum é uma das mãos na palma da outra, polegares se tocando. Muitas pessoas gostam de meditar com as mãos na posição cristã de prece, palma contra palma, dedos voltados para cima. Alguns meditam com as mãos simplesmente descansadas, nos joelhos, palmas para baixo ou para cima.

Cada mudra evoca uma qualidade específica que você pode evocar simplesmente experimentando. Por exemplo, mãos nos joelhos, palmas para cima, indicam receptividade – estar aberto para o que quer que aconteça. Mãos nos joelhos, palmas voltadas para baixo, produzem uma sensação de firmeza no corpo, de equilíbrio e força. Minha posição pessoal favorita é com o polegar e o indicador tocando-se, formando um círculo. Há alguma coisa quando o polegar toca o indicador que me faz lembrar que devo *ficar ali mesmo* na minha concentração, mas delicadamente. Estendo levemente os outros três dedos e apoio as mãos nos joelhos. Essa posição me mantém firme e equilibrada. Aplico as palavras *ali mesmo* ao mudra, e uso a posição das mãos e a intenção da mudra para trazer minha mente de volta quando começo a divagar.

Uma boa idéia é manter a mesma posição das mãos em cada sessão, para não se distrair com a brincadeira de muda-mudra. É muito fácil se distrair com qualquer coisa para não prosseguir com o trabalho da meditação. Muitas tradições sugerem que no fim de cada sessão as mãos sejam levantadas, palma contra palma, e em seguida uma pequena reverência. É um modo de indicar respeito e gratidão por ter meditado. É também um modo de nos sentir humildes quando nos curvamos para as forças universais da sabedoria e da compaixão.

5. **Olhos**: algumas tradições recomendam fechar os olhos durante a meditação, outras recomendam ficar de olhos abertos, olhando para baixo, focalizando um ponto no chão a um metro ou metro e meio à frente. Algumas sugerem um olhar vago, não focalizado. Medito com os olhos fechados. Você pode experimentar para ver qual destas maneiras favorece melhor concentração e relaxamento. Se achar que fechar os olhos dá sono, mantenha-os abertos. Se achar que com os olhos abertos você se distrai, medite com os olhos fechados.
6. **Boca**: nosso maxilar é repositório de muita tensão. Experimente relaxar o queixo agora. Abra bem a boca, ponha a língua para fora e então feche a boca. Massageie a área da mandíbula, da orelha até o queixo. Agora veja a diferença. Pode fazer isso várias vezes durante o dia para aliviar a tensão. Durante a meditação, é comum a tensão se acumular nesta área. O mestre zen vietnamita Thich Nhat Hanh recomenda um leve sorriso para aliviar essa tensão. Ou você pode abrir a boca, durante a meditação, para relaxar os músculos.

Deve compreender que a dor da tensão que pode sentir no corpo quando medita é física e psicológica. Se sentir dor, constrição, inquietação ou tudo isso ao mesmo tempo, não fique alarmado e não tome a atitude de "sem dor, nenhum proveito". Modifique sua posição, lenta e cuidadosamente, quantas vezes quiser. O objetivo da meditação é estar desperto e relaxado. Portanto, procure ficar confortável e ao mesmo tempo de modo a permanecer alerta.

Em um retiro de meditação, ouvi Thich Nhat Hanh responder a um homem que declarou sentir dor nos ombros e no pescoço assim que se sentava para meditar. Thay perguntou ao homem se ele sentia essa mesma dor assim que sentava para assistir à televisão. Ele disse que não.

– Como você senta para assistir televisão? – Thay perguntou.

– Geralmente sento no sofá com os pés dobrados sob o corpo – disse o homem. – Depois de algum tempo, contudo, posso mudar de posição e estender as pernas.

– Por quanto tempo costuma assistir à televisão?

– Mais ou menos uma hora.

– Fica acordado durante esse tempo?

– Fico – disse o homem.

– Bem, então – Thay sugeriu – fique na mesma posição quando meditar, faça as mesmas mudanças durante uma hora, e veja o que acontece. Mais tarde, pode endireitar as costas e ficar imóvel.

Quando sentar para meditar, encare a experiência como natural para que seu corpo esteja relaxado, como se estivesse se preparando para um banho ou para assistir à televisão. Escolha, então, o mudra das mãos, feche os olhos, endireite as costas e ao mesmo tempo relaxe os ombros e abra o peito, em uma postura de ampla abertura.

Respiração, postura, posição das mãos, olhos abertos ou fechados: todas essas técnicas formam o contêiner da prática da meditação. Porém, nenhuma delas elimina a quantidade absurda e a desagradável intensidade dos pensamentos que inundam a mente quando nos sentamos para meditar. Por favor, esteja preparado para isto. Bons e maus pensamentos, agradáveis e perturbadores – eles virão e irão enquanto meditamos, cuidando da respiração, mantendo a postura. São as variações do tempo da mente. Nosso objetivo na meditação não é nos livrar dos pensamentos. O objetivo real é não se identificar com cada pensamento que vem e que vai; observá-los como observaríamos o tempo de uma torre de observação.

Sentimentos também aparecem durante a meditação. Geralmente ocupam o espaço vazio quando relaxamos e ficamos imóveis. Em todos os retiros que fiz, sempre, em algum momento, ouvia-se alguém chorar. Para alguém de fora, pode parecer estranho ver uma sala cheia de pessoas sentadas no chão, ou em cadeiras, meditando, algumas com o corpo ereto em silêncio, algumas inclinadas, chorando mansamente. Uma visão estranha, sem dúvida. Mas também bonita. Há algo nobre na pura expressão dos sentimentos. Quando não há drama ou sentimentalismo, as lágrimas são como um rio que cura, movendo-se livremente dentro de nós. "A resposta à raiva, à tristeza ou a outros estados negativos", diz Thich Nhat Hanh, "não é suprimir ou negar os sentimentos, mas abraçá-los cuidadosamente como a mãe abraça o bebê." Reprimir os sentimentos durante a meditação, como na vida diária, é como bloquear um regato com varetas e lama. Emoções bloqueadas adquirem pressão suficiente para romper as represas que construímos. O melhor é deixar que saiam no ambiente seguro da meditação do que em outras situações, onde podemos ser obrigados a tratá-las severamente.

Culpa, dúvida, ira, desespero e outras formas de autojulgamento são visitantes comuns durante a meditação, bem como nossas convicções, preconceitos e nossas crenças. O objetivo da meditação é entrar ousadamente na realidade, como no aqui e agora. Sendo assim, convém limpar da mente os sistemas de crenças. Opiniões fortes podem ser sinal de paixão e inteligência, porém, às vezes, nascem naquela parte de nós que quer estar certa e que se atém a explicações muito conhecidas. O ego quer ser "Republicano" ou "Democrata", "Americano", ou "Europeu", "Árabe" ou "Judeu". Ele quer julgar as coisas como certas ou erradas. Quer ser a favor de "alguma coisa" ou "contra". Não quer examinar profundamente o quadro completo da realidade. Assim, uma opinião sobre o mundo pode se tornar inimiga da meditação consciente.

Quando ensino meditação, levo para a aula uma caixa com citações e poemas escolhidos por sua relevância com meditação e contemplação. Peço a cada pessoa para escolher um e partilhar com o grupo. Um dos poemas mais curtos que existem, do sábio chinês Seng Ts'na, sempre causa sensação:

Não fique procurando a verdade,
Apenas desista da sua opinião.

Inevitavelmente alguém na classe fica ofendido com esse poema. Podem dizer: "Minhas opiniões sobre injustiça no mundo motivam o meu bom trabalho." Outras pessoas podem perguntar: "Se eu não tiver opiniões formadas, como vou saber o que é verdadeiro e o que é falso?" Como muitos poetas místicos, Seng Ts'na tinha senso de humor e gostava de exagerar para provocar risadas. Ele sabia que opiniões não são necessariamente um mal. Queria que aliviássemos o peso dos nossos julgamentos, nem que fosse só por alguns minutos, para dar à verdade a chance de se revelar por completo. A meditação é uma oportunidade para fazer exatamente isso.

Quando se estabelece uma prática meditativa, devemos lembrar uma vez ou outra por que estamos fazendo isso. É fácil cair em uma rotina, ou, pior, sentir-se virtuoso ou moderno só por reservar alguns minutos do dia para cultivar uma mente tranqüila e um coração aberto. É preciso lembrar que estamos participando para obtermos paz, para que as verdades que descobrirmos na meditação se tornem nosso modo de vida. Depois de algum tempo, sua prática vai aparecer em toda parte – desde quando dirige o carro até quando lê uma história para seu filho na hora de dormir. A meditação não é separada da vida, é uma prática para ser vivida de forma consciente.

Uma advertência. Não use a meditação como outro meio de julgar a si mesmo. A meditação pode ser difícil. Ao mesmo tempo que aprimora algumas das nossas melhores qualidades, nos apresenta um espelho de algumas das piores. Esse é um dos motivos pelos quais meditamos: para ver a nós mesmos claramente, para amar a nós mesmos, verrugas e tudo; para quebrar a dura crosta da personalidade até a gema do eu ser revelada. Deixe que sua decisão de meditar tenha origem no desejo de abrir o coração para a vida, não na inimizade por você mesmo. Livre-se do peso do autojulgamento, voltando muitas vezes ao seu eu básico, exatamente como você é, com a atitude de perdoar. Logo estará perdoando aos outros e perdoando o próprio mundo.

PRÁTICA DA MEDITAÇÃO EM DEZ PASSOS

1. **Lugar e hora**: encontre um lugar relativamente isolado e tranqüilo onde não seja perturbado por ninguém, filhos, telefones etc. Determine o tempo que quer meditar. Ligue um timer ou tenha um relógio à mão. Comece com dez minutos, e, depois de algumas semanas ou meses, passe para meia hora ou 45 minutos.
2. **Assento e postura**: assuma uma postura confortável, sente-se em uma almofada no chão ou em uma cadeira dura, com as pernas cruzadas. Mantenha as costas retas e relaxe os ombros. Faça um breve exame do seu corpo, relaxando as partes que estão tensas. Relaxe seu queixo. Escolha uma posição para as mãos e a mantenha.
3. **O começo**: feche os olhos ou fique com eles abertos focalizados em um ponto do chão. Respire fundo e solte o ar com um suspiro. Faça isso três vezes. Com o suspiro, livre-se de qualquer coisa que o prende. Lembre-se de que por esses poucos minutos você não vai fazer nada além de meditar. Pode deixar todo o resto durante esse tempo. Os detalhes opressivos da sua vida estarão à sua espera no fim da sessão.
4. **Respiração**: preste atenção à sua respiração, conscientizando-se do fluxo natural do ar que entra e sai naturalmente do seu corpo. Observe seu peito e sua barriga subir e se expandir quando inspira, e descer quando solta o ar. Observe cada porção de ar inspirado entrar no seu corpo, enchendo-o de energia. Observe o ar deixar seu corpo e se dissipar no espaço. Então recomece, voltando a atenção para a respiração seguinte. Deixe que sua respiração seja como uma vassoura macia, varrendo com delicadeza, abrindo caminho no seu corpo e em sua mente.
5. **Pensamentos**: quando um pensamento afasta sua atenção da respiração, tome nota do pensamento, sem julgá-lo, então volte a atenção novamente para o peito ou para a barriga, e para a sensação do ar entrando e saindo. Lembre-se de que a meditação é a prática da amizade incondicional. Observe seus pensamentos amigavelmente, deixe a respiração os levar suavemente para fora.

6. **Sentimentos**: quando os sentimentos se manifestarem, não resista a eles. Deixe que fiquem. Observe. Saboreie. Sinta, mas não se identifique com eles. Deixe que sigam seu curso natural, e então volte a observar sua respiração. Se ficar preso a um sentimento, mude um pouco de posição e ajuste a postura. Volte a montar na sela e delicadamente segure as rédeas da respiração.
7. **Dor**: se sentir dor no corpo – nos joelhos, por exemplo, ou nas costas –, preste atenção a essa dor. Envolva a área da dor com a respiração. Veja você mesmo sentindo dor, em vez de reagir a ela. Se a dor for persistente, faça um pequeno movimento para diminuir a tensão e volte à sua postura e à respiração. Pode precisar se apoiar em uma parede ou no espaldar da cadeira, ou esticar as pernas por algum tempo. Evite excesso de movimento, mas não permita que a dor domine sua experiência.
8. **Inquietação e sonolência**: se for agitado por pensamentos ou sentimentos, se sentir que não pode ficar imóvel ou se sentir entediado e distraído, volte uma e muitas vezes à respiração e à postura. Trate-se gentilmente, como se estivesse treinando um cachorrinho. Assim também, se sentir sonolência, procure despertar, respirando um pouco mais profundamente, mantendo os olhos abertos e endireitando o corpo. Sono e meditação não são a mesma coisa. Procure ficar relaxado como quando dorme, mas ao mesmo tempo acordado e consciente.
9. **Contar a respiração**: um bom modo de resolver todos esses impedimentos à concentração é contar a respiração. Quando inala, conte "um"; quando solta o ar, conte "dois". Continue até dez. Então recomece. Se perder a conta, recomece do "um". Quando sentir dor e desconforto, inquietação e sonolência, faça com que sua contagem supere a tagarelice dessas distrações.
10. **Disciplina:** durante uma semana, pratique meditação todos os dias, esteja disposto ou não. Mesmo que seja por cinco minutos, obrigue-se a uma prática regular. Veja como se sente. Se notar ou não alguma diferença, obrigue-se a outra semana. Então considere a possibilidade de se juntar a um grupo de meditação ou fazer um retiro, e receber instrução mais detalhada e apoio.

PSICOTERAPIA

Aprendi a meditar quando tinha 19 anos. Eu era terrivelmente impaciente. A prática não veio naturalmente para mim. Às vezes, eu a odiava. Mas continuei assim mesmo. Fiz isso por várias razões, boas e más. Uma boa razão foi que eu percebia um grande poder na prática. Sabia que não se pode ter alguma coisa de graça, e queria essa alguma coisa que a meditação prometia. Queria paz interior e uma perspectiva mais ampla da vida e da morte. Uma das más razões que me fizeram continuar com a prática foi que eu me sentia obrigada a agradar meus professores de meditação – até mesmo agradar a Deus. Achei que, se meditasse todos os dias, me tornaria aceitável aos olhos de Deus. Do contrário, estaria me arriscando ao exílio. Acho que muitas pessoas aderem a todo o tipo de práticas religiosas por essa razão e, fazendo isso, nunca exploram realmente os grandes tesouros guardados no coração místico das grandes tradições.

Somente quando eu tinha trinta e poucos anos e já fazia psicoterapia havia alguns anos, minha prática de meditação se tornou natural e fluente. Por mais estranho que pareça, a terapia abriu caminho para uma forte e genuína prática de meditação. Comecei a fazer terapia porque estava com problemas conjugais. Descobri na terapia que a compulsão de agradar a meus professores de meditação funcionava também para meu casamento. Aparentemente, eu estava fazendo uma porção de coisas só para agradar a outras pessoas desde que era pequena, com meus pais. A revelação proporcionada pela terapia – de que uma vida para agradar aos outros acaba não agradando a ninguém – mudou minha vida radicalmente. Iniciei o processo em que Norman O. Brown – um dos pais da psicologia moderna – diz o que a terapia faz: "Devolve a alma ao corpo, nos devolve a nós mesmos e, desse modo, nos faz superar o estado humano de auto-alienação."

Antes de mergulhar no mundo da terapia, quero fazer a distinção entre *agradar* e *amar* aos outros. Agradar uma pessoa nem sempre é amá-la e vice-versa. Agradar alguém é evitar o conflito que pode haver se dissermos a verdade sobre nossos sentimentos, nossas necessidades e nossos sonhos. Amar outra pessoa pode envolver agradá-la, mas envolve também mostrar sinceramente quem somos e o que queremos. Não significa conseguir sempre o que desejamos, mas significa ter a dignidade de expressar os pensamentos e sentimentos e a nobreza e a compaixão de conceder aos outros esse direito.

A terapia tem sido criticada por focalizar excessivamente as necessidades do eu e por criar um sistema de valores segundo o qual o indivíduo tem mais responsabilidade consigo do que com a família e a comunidade. Minha experiência não foi essa. Meus anos de terapia ajudaram-me a ser mãe e companheira mais amorosa, e um membro mais engajado da sociedade. Sim, meu trabalho inicial na terapia foi de auto-reflexo, e me levou a períodos de comportamento "egoísta". Porém, no fim, esta auto-reflexão ajudou-me a tornar-me uma pessoa mais generosa. Levou-me de volta ao mundo e a relacionamentos mais amadurecidos e dadivosos.

As pessoas gostam de zombar da psicoterapia. Caricaturistas, comediantes e eruditos todos os dias a atacam. As piadas podem ser engraçadas e compreensíveis, mas, considerando que minha experiência com a psicoterapia praticamente salvou minha vida, me pergunto por que é tão atacada. As pessoas se gabam de fazer ginástica para manter a saúde, comer bem e emagrecer com esta ou aquela dieta. Orgulham-se dos seus diplomas superiores e exibem seu pensamento avançado, falando sobre livros que estão lendo e palestras que ouviram. Orgulham-se de admitir que pertencem a uma igreja, templo, mesquita ou a um grupo de meditação. Realmente dão crédito de confiança a um rabino ou a um pastor.

Por que, então, cuidar da parte psíquica não infunde tanto respeito quanto cuidar da alma, do corpo e da mente? Acho que é porque a psicoterapia nos leva à paisagem vulnerável e volátil das nossas emoções – uma área que a nossa cultura de um modo geral considera inferior à paisagem da mente. Os sentimentos, sejam de amor, paixão ou mágoa, são relegados ao domínio dos poetas sentimentais, das mulheres histéricas ou de pessoas exaltadas, naturais das regiões mais quentes. Ao que parece, todos os outros devem sensatamente ficar afastados da paisagem labiríntica do coração. A psicoterapia nos leva ao labirinto. Abre portas de casas que tratam de assuntos como infância e família, casamento e sexo, poder e paixão. Podemos ficar presos em casas como essas – reféns de fantasmas e demônios, obrigados a revelar segredos vergonhosos sobre xamãs e profetas. A psicoterapia desperta os Gigantes Adormecidos aninhados na história do nosso coração. E os Gigantes Adormecidos têm muitas histórias para contar.

Pode parecer pouco sensato acordar os Gigantes. Há uma certa lógica em não arrancar a casca dos ferimentos da infância. Pode parecer prudente não examinar nossas insatisfações atuais, apatia ou sentimentos não experimentados. Nossa vida pode estar muito perto da beira do precipício. Basta mover uma pequena pedra e uma avalanche pode trazer tudo abaixo. Não há muita coisa em jogo ali? O emprego, a família, o casamento, as complexas camadas da vida diária. Melhor é continuar no caminho conhecido – um passo em falso e as pedras se deslocam e o penhasco desaparece.

Na sala segura e sagrada do consultório do meu terapeuta aprendi que a mesma energia que eu dispendia para manter as coisas em segredo podia ser usada para uma luta mais estimulante e compensadora: devolver minha alma ao meu corpo, devolver eu mesma a mim. Depois disso, qualquer coisa seria possível. E quando finalmente consegui levar todo o meu eu – incluindo minhas ricas, desordenadas, ternas e poderosas emoções – à meditação e a outras práticas espirituais, achei possível compreender e integrar o que antes parecia fora do meu alcance. A psicoterapia e a meditação tornaram-se para mim uma combinação poderosa que transforma as provações em revelações.

Há muitas formas de psicoterapia para uma variedade de casos psicológicos. Alguns procuram a psicoterapia porque sentem demais, outros porque não sentem coisa alguma. Alguns a procuram para reforçar um fraco sentido do eu, outros porque seu eu poderoso impede que tenham relacionamentos amorosos. Todos acabam desenvolvendo o que é chamado de "inteligência emocional".

Algumas pessoas respondem melhor à psicanálise tradicional, conduzida por um psiquiatra. Outras gostam da análise jungiana, porque focaliza os sonhos e as míticas dimensões da vida. No século XX, surgiram várias escolas pioneiras de psicologia na América, criando uma revolução no campo semelhante à revolução da Renascença. São muitos os tipos de terapia – incluindo a terapia que usa a expressão oral, a que explora a expressão corporal, a terapia familiar e a terapia artística –, o que impossibilita que abordemos todos aqui. Para a grande maioria das pessoas interessadas em fazer psicoterapia, a terapia falada, com um terapeuta sensato e responsável, é o método mais eficiente. Porém, certas pessoas – especialmente as que têm problemas específicos, como abuso sexual, vício de drogas e depressão grave – precisam de outras formas de terapia.

Muitos descobriram que a única forma que funciona para eles é a da medicação psicotrópica. Não sou terapeuta e, portanto, não estou qualificada para escrever sobre o uso de medicamentos contra depressão ou ansiedade. Acredito que medicamentos receitados por um bom terapeuta possam ajudar extremamente, e já vi essa forma dar bons resultados para várias pessoas que conheço. Mas acredito também que nossa cultura de *fast-food* tende a procurar para seus males resultados rápidos e soluções que não exijam esforço. O filósofo Sam Keen adverte que medicamentos como Prozac podem "nos livrar prematuramente da ansiedade e da luta à custa da epifania que precisamos para recomeçar".

A psicoterapia é, por natureza, um assunto eminentemente pessoal, sem uma fórmula de tamanho único para o sucesso. Minha sugestão é que, se você quer se submeter à terapia, pesquise primeiro, lendo e falando com amigos em quem possa confiar. Pode ter de procurar durante algum tempo até encontrar uma terapia e um terapeuta que combinem com o que você precisa. Minha terapia começou aos trancos até eu encontrar o melhor método e, o mais importante, o terapeuta certo. Não foi um processo estratégico bem concebido. A princípio, tive sentimentos conflitantes sobre começar a terapia. Eu não sabia o que estava procurando, e, uma vez que um dos meus maiores problemas era tentar agradar os outros, fui durante alguns meses orientada por um terapeuta que não servia para mim. Eu tinha tanto medo de magoá-lo que continuei, embora não me sentisse à vontade na sua presença. Finalmente, quando tomei coragem para deixá-lo e pesquisei à procura de outro, comecei a trabalhar com um homem cuja habilidade e compaixão me ajudou a mudar o curso de minha vida.

Durante a época difícil do meu divórcio, passei quatro anos fazendo terapia uma vez por semana. Meu terapeuta me ajudou a desenredar lentamente os fios da minha história – mergulhando na minha infância, examinando meu casamento, analisando honestamente meu comportamento no trabalho e com os amigos. Com o tempo, deixei de olhar para os outros à procura de salvação ou de culpa, e a assumir a responsabilidade por minha felicidade e meu sucesso. Foi isso que a psicoterapia fez por mim. Outras pessoas chegam à psicoterapia com necessidades específicas, e descobrem parte de si mesmas que estavam perdidas havia anos. Encontrei uma pessoa mais poderosa e auto-suficiente com o processo da terapia. Outros podem encontrar uma pessoa com mais empatia ou menos medrosa, ou, ainda, uma pessoa mais esperançosa e animada. Seja o que for que viva dentro de você – seja o que for que esteja adormecido talvez desde a infância –, pode ser despertado por meio do trabalho regular com um terapeuta.

TRABALHANDO COM PROFESSORES, TERAPEUTAS E CURANDEIROS

O trabalho no Omega me pôs em contato com alguns dos mais influentes pensadores, psicólogos e professores espirituais. Sou grata pela sabedoria mística, intelectual e terapêutica que absorvi por estar perto dessas pessoas, mas ficarão surpresos com a lição mais importante de todas. Conhecendo muitos dos professores do Omega, compreendi que todos – o santo guru, o sábio erudito, o compassivo psicoterapeuta – são seres humanos imperfeitos, com neuroses, problemas e arestas, não diferentes de mim e de você. Convivendo com a dimensão humana dos chamados esclarecidos, aceito agora que o principal na vida não é alcançar a perfeição, mas aceitar o fato de que os seres humanos são obras em desenvolvimento.

Sempre que uma pessoa com autoridade em qualquer assunto afirma que é perfeita, eu digo, corra rapidamente para longe dela. Foi uma coisa que aprendi claramente com minha associação com líderes religiosos, professores espirituais e curandeiros de todo tipo. O poder corrompe, seja na política, em uma profissão liberal ou em uma organização religiosa. Simplesmente corrompe. Muitas vezes me convenci disso. É uma lei da natureza, como a gravidade. Jogue uma pedra do alto de uma torre e a pedra cai no chão. Dê a alguém muito poder e este sobe à cabeça de quem o recebeu. Friedrich Nietzsche adverte: "Quem luta com monstros deve ter cuidado para, no processo, não se tornar um monstro também." Às vezes tenho vontade de pendurar esse aviso no refeitório dos professores, no Omega. No Instituto Esalem – um centro na Califórnia, similar ao Omega – eles têm um aviso que diz: "Sempre ensinamos aos outros o que mais precisamos aprender. Somos nossos piores alunos."

Líderes e curandeiros inteligentes compreendem esse fenômeno do poder. Perdem o gosto de ter poder *sobre* qualquer pessoa e assumem como missão dar poder aos outros. São esses bons líderes que movem o mundo. Nós os chamamos de heróis. Porém, nem eles são perfeitos. Vejam, por exemplo, Carl Jung, Albert Einstein, Martin Luther King Jr. ou Madre Teresa. Seja quem for que você admira, procure logo abaixo da superfície das suas grandes obras e encontrará pessoas reais. Encontrará homens e mulheres com típicas cicatrizes da infância, que lutam com relacionamentos pessoais e se preocupam com pequenas coisas, ao mesmo tempo que movem montanhas e inspiram multidões.

Sou grata por ter adquirido essa percepção por meio do meu trabalho. Ela me faz lembrar de que não devo me deixar seduzir pela idéia de que alguém ou algum grupo tem as respostas às minhas perguntas. Professores, terapeutas e curandeiros estão aqui para ajudar a nossa cura. Enquanto pudermos lembrar disto e não esperar o impossível, estaremos fazendo um grande favor a nós mesmos.

Tenho visto muita gente vir ao Omega à procura de poder e auto-realização e partir depois de ter dado seu poder e seu eu a um guia. (Usarei a palavra *guia* aqui para qualquer tipo de terapeuta, curandeiro, líder religioso ou professor espiritual.) Mas também tenho visto pessoas que renunciam às recompensas do trabalho terapêutico por causa da idéia errada de que um guia deve ser um ser humano perfeito. Quando você resolve começar a trabalhar com um guia, lembre-se de que está trabalhando com um homem ou uma mulher com forças excepcionais e também fraquezas humanas. É compreensível que você queira um guia com todas as qualidades que você acha que não tem. Mas esse pode não ser o caso. Às vezes os guias mais compassivos e mais úteis são os que estão poucos passos à nossa frente no caminho da cura. Quem pode melhor conduzir você pelos bosques do que uma pessoa que já lutou com problemas semelhantes?

Um bom guia tenta afastar a própria personalidade do caminho. Um guia inexperiente ou egoísta não faz isso. O bom guia sempre afasta o foco de si mesmo e o volta para o aluno ou cliente, sempre reduzindo o trabalho à sua dimensão mais simples, pessoal e íntima. Bons guias não fazem milagres. Se sugerem que têm poderes especiais para curar – ou se as pessoas os consideram mágicos –, eu pensaria duas vezes antes de trabalhar com tais professores, conselheiros ou terapeutas. Muitas vezes os guias mais eficientes são o que chamo de pessoas extraordinárias. São extraordinários no que fazem, por serem pessoas profundamente comuns, à vontade com a própria humanidade. Eles são extraordinários.

A analista junguiana Marion Woodman fala do momento em que sua análise começou realmente. Embora tivesse feito várias sessões com o famoso analista junguiano E. A. Bennet, passara a maior parte do tempo tentando provar a ele que era uma pessoa boa, inteligente e organizada. "Eu estava vendo Bennet há cerca de seis meses", Woodman diz, "e continuava a tentar ser uma boa moça. Na véspera de Natal, fiquei sabendo que o cachorro, companheiro da minha infância, estava morto. Resolvi não perder tempo falando no cachorro na sessão das 18:00h, e cheguei organizada como sempre." No fim da sessão, o Dr. Bennet, que tinha oitenta e poucos anos na época, perguntou a Woodman se alguma coisa estava errada. Notara que a atenção dela tinha estado distante durante toda a sessão. Woodman disse simplesmente que seu cachorro tinha morrido. Então o velho médico começou a chorar. Chorava pelo cachorro de Woodman. Isso a deixou atônita. Ele perguntou como Woodman podia ter gasto o tempo da sessão conversando, quando o "animal da sua alma" estava morto. De repente, Woodman compreendeu o que estivera fazendo consigo mesma durante toda a vida adulta, como tinha tratado a sua alma. Sentou-se com o velho médico e chorou. "Foi quando começou minha verdadeira análise."

O Dr. Bennet era um terapeuta brilhante e culto. Era também um homem humilde e terno. Essas são as boas qualidades que se deve procurar em um guia.

A psicoterapia é um processo poderoso. Quando funciona, emergimos com a forte sensação de quem somos em nosso corpo, nossa mente, nosso coração e nossa alma. Adquirimos a capacidade de passar com menos medo pelo fogo da vida. Criamos uma base firme para nossos talentos, nossos empreendimentos, relacionamentos e nossas buscas. Combinada com a prática espiritual da meditação, a terapia pode nos ajudar a desenvolver felicidade, humanidade e domínio sobre nossa vida. Porém, para nossa paz de espírito, nossa saúde psicológica e nossa força, permanece o fato de que nunca aquietaremos nossas ansiedades, nem domaremos todas as nossas neuroses. Somos, não esqueçam, Bozos no ônibus.

É aí que entra a oração.

ORAÇÃO

A irmã Alice Martin ensina o evangelho cantando, no Omega. Assisti às suas oficinas porque gosto de cantar e, para mim, cantar música gospel é como mergulhar em um oceano abençoado. A irmã Alice é uma cantora eletrizante, compositora e líder do coro gospel. Quando entra em uma sala, você senta com o corpo mais ereto. Quando conduz um grupo de pessoas cantando, você não consegue tirar os olhos dela. Durante suas oficinas, nos intervalos das músicas, a irmã Alice fala sobre oração. "Orar é procurar ajudar", ela diz. "Não é um telefonema para a linha particular de Deus. Não é esperar por uma resposta que você goste, especialmente porque algumas vezes a resposta que você recebe é *não*."

O conselho da irmã Alice que mais me agrada é este: "Se você vai rezar, então não se preocupe. E se vai se preocupar, então não se dê ao trabalho de rezar. Não pode fazer as duas coisas." Quando paro para pensar com atenção, geralmente ouço o zumbido da preocupação, como abelhas em uma parede. É quando me lembro do conselho da irmã Alice. O que eu preferia fazer?, pergunto a mim mesma, me preocupar ou rezar? Geralmente escolho rezar. É muito mais divertido do que me preocupar.

Orar é deixar de acreditar que você tem o controle de sua vida e passá-la para alguma coisa mais inclusiva do que seu ponto de vista. Exige um salto da fé. Mesmo que você tenha uma vaga idéia de que há um poder superior no mundo, você pode rezar. Pode chamar esta tênue idéia de "Deus" ou não. Pode orar a Deus ou para sua perspectiva mais ampla – a parte de você que confia no sentido da vida.

Às vezes rezo usando palavras de outras pessoas. Às vezes rezo em silêncio. Às vezes me parece o último recurso, um ato de erguer as mãos e dizer: "Agora você assume o controle!" Às vezes parece um brado de fome ou de sede. Rumi diz: "Não procure a água. Sinta sede." Orar é permitir a nós mesmos ter sede, desejar algo que aparentemente não podemos encontrar. Os sufis dizem que nosso desejo por Deus é o desejo de Deus por nós. Desse modo, a oração é uma conversa entre amigos separados pelo tempo e pelo espaço.

Um dos motivos pelos quais gosto de rezar é que a oração é um antídoto para culpa e acusação. Se estamos infelizes com o modo com que agimos ou o modo com que nos trataram, em lugar de ruminar autocensura, por um lado, ou animosidade, por outro, a oração nos oferece uma saída do círculo da culpa e da acusação. Trazemos nossos sentimentos dolorosos à tona e dizemos: "Eu agi errado" ou "Agiram errado comigo." Então pedimos por uma visão mais ampla, que contenha todo o perdão de que precisamos para seguir em frente.

A irmã Wendy Beckett, uma maravilhosa freira católica, mais conhecida por seus livros e programas de televisão sobre crítica de arte, diz sobre a prece:

> Não acho que o ser humano tem qualquer espaço para culpa. Contrição, sim. Culpa, não. Contrição é dizer a Deus que você está arrependido e não vai fazer outra vez, e você recomeça sua vida. Todo o dano que você causou a si mesmo é consertado. Culpa significa que você continua a lamentar, a ter emoções, a bater no peito e a se fixar no ego. A culpa é uma armadilha. As pessoas gostam da culpa porque acham que, quando se sentem suficientemente culpadas, compensarão pelo que fizeram. Porém, de fato, estão apenas

sentadas em uma poça d'água. Com a contrição, você segue em frente. E pronto. Você está disposto a desistir dos prazeres da culpa.

Você encontra em todo lugar orações que ajudam a chegar além dos "prazeres da culpa" e estimulam a conversa com Deus – poesia e canção, hinos e orações comuns, a sua linguagem para expressar um desejo. Aqui estão algumas palavras tiradas de várias tradições que me ajudam a entrar no estado de oração.

A nuvem do desconhecimento, escrito por um místico cristão inglês anônimo na Idade Média, diz:

> Isto é o que você deve fazer: erga a cabeça para o Senhor, com um delicado movimento de amor, desejando-O por Ele mesmo e por Suas dádivas. Concentre toda a atenção e todo desejo nEle, e deixe que esta seja a única consideração de sua mente e do seu coração. Persevere assim diligentemente até sentir prazer no que está fazendo. Pois no começo geralmente é comum não sentir nada, a não ser uma espécie de escuridão na mente, ou uma nuvem de desconhecimento. Por mais que você tente, essa escuridão e essa nuvem permanecerão entre você e seu Deus. Você se sentirá frustrado, pois sua mente não poderá alcançá-lO, e seu coração não sentirá o prazer do Seu amor. Mas aprenda a se sentir à vontade na escuridão. Volte a ela quantas vezes puder, deixando seu espírito chamar aquele que você ama. Pois, se nesta vida você espera sentir e ver Deus como Ele realmente é, deve ser nessa escuridão e nessa nuvem. Mas se você se esforçar para fixar seu amor nEle, esquecendo tudo o mais, o que é a obra de contemplação que o incito a começar, acredito que Deus na sua bondade o levará a uma profunda experiência dEle mesmo.

Essa prece de Thich Nhat Hanh está na minha mesa-de-cabeceira, e às vezes a digo em voz alta de manhã, quando acordo:

> *Ao acordar de manhã, eu sorrio.*
> *Vinte e quatro novas horas estão à minha frente.*
> *Prometo viver plenamente cada momento*
> *e olhar para todos os seres com olhos compassivos.*

Quando estou muito preocupada, procuro diminuir o ritmo por alguns minutos e, em silêncio, repito esta prece da mística inglesa do século XIV, Dame Julian de Norwich.

Tudo ficará bem.
E tudo ficará bem.
E todas as coisas
Ficarão bem.

Esse pequeno trecho do Salmo 19 da Bíblia é minha prece constante:

Livrai-me das faltas ocultas.

Aqui está uma prece da teosofista Annie Besant. Faço uso da mesma quando o comportamento destrutivo dos seres humanos me enche de mágoa:

Oh, Vida Oculta! Vibrante em cada átomo;
Oh, Luz Oculta! Brilhando em cada criatura;
Oh, Amor Oculto! Abraçando todos igualmente;
Possam todos que se sentem unidos a Vós
Saber que são também um com todos os outros.

Elisabeth Kübler-Ross é mais conhecida como a médica que trouxe à luz a morte e o ato de morrer na cultura americana. Ela criou um currículo para estudantes de medicina, e esteve ao lado de centenas de pessoas agonizantes. Sua fé na prece é lendária. Ela diz: "Você não crescerá se ficar sentado em um belo jardim, mas crescerá se estiver doente, se sentir dor, se experimentar perdas e não enfiar a cabeça na areia, mas aceitar a dor como uma dádiva com um objetivo específico." A única coisa que podemos pedir realmente quando rezamos é a capacidade de confiar nesse grande objetivo. Oramos para abrir nosso coração e ter nosso propósito revelado. Oramos para agradecer quando nossa vida está boa e para ter fé quando não está. Oramos para confiar que nossa dor é uma dádiva com "um propósito muito específico".

Não há um modo certo ou errado de rezar, e nenhuma tradição é mais favorecida pelo Grande Espírito. Václav Havel, o antigo presidente checo e um homem cuja vida lhe pediu muitas vezes para abrir o coração, para mim expressa o verdadeiro significado da oração. Ele diz: "Não é a convicção de que tudo vai dar certo, mas a certeza de que alguma coisa faz sentido, qualquer que seja o resultado." Sabemos que nossas preces estão funcionando quando somos abençoados com esta certeza. O fruto da prece é a compreensão de que a vida é uma aventura eterna e que nós somos exploradores, sempre mudando, sempre aprendendo, sempre nos abrindo para novas vistas de claridade e paz.

AGRADECIMENTOS

AMOR E GRATIDÃO A:

Meus guias no Processo Fênix: Pir-o-Murshid Hazrat Inayat Khan, Pir Vilayat Inayat Khan, Taj Inayat, Chögyam Trungpa Rinpoche, Joseph Campbell, Bert e Moira Shaw, Marion Woodman, Robert Bly, Babatunde Olatunji e a todos os filósofos, poetas e profetas cujas palavras iluminaram meu coração.

Ao Instituto Omega, seu pessoal extraordinário e seus instrutores (do passado e do presente) que acrescentaram tanto à minha vida, especialmente a Stephan Rechtschaffen, cuja criatividade e energia jamais esmorecem. Meus fiéis leitores: Grace Welkner (parabéns!), Henry Dunow, Kali Rosenblum, Sil Reynolds, Jim Kullander, Gail Straub e Ron Frank. Agradeço também a Eve Fox, Ned Leavitt, Eve Ensler e Jane Fonda.

Meu agente e bom amigo Henry Dunow, meu organizador editorial Bruce Tracy, cujo calmo discernimento e apoio me mantiveram firme; à equipe da Random House, especialmente a Robbin Schiff; e a Ann Godoff, que confiou em mim desde o começo.

Minha família adorada: meus filhos, Rahm, Daniel e Michael, e as maravilhosas mulheres de suas vidas; minha mãe, Marcia Lesser; minhas irmãs, Katy Lesser, Maggie Lake e Joanne Finkel e seus maridos e famílias e à família Bullard.

Meu marido, Tom Bullard, pela carta-corrente de Goethe, por iluminar o caminho, por me fazer rir e por me amar todos os dias.

Aos amigos e alunos das oficinas que partilharam comigo suas histórias de descida e renascimento. Algumas histórias estão contadas neste livro. Outras me inspiraram e me informaram para escrever. Profunda gratidão a todos eles.

Minha tribo de amigos e minha cidade maravilhosa.

E a quem quer que esteja neste momento passando por um tempo difícil. Que possam encontrar a fé, a paciência e a ajuda de que precisam para transformar a dor em sabedoria e alegria.

CRÉDITOS DAS AUTORIZAÇÕES

Agradecimentos são aqui consignados pelas autorizações de reproduzir material já publicado:

Coleman Barks: excertos de *Like This*, tradução da língua inglesa de Coleman Barks (Athens, GA: Maypop Books, 1990), *copyright* © 1990 *by* Coleman Barks e *The Essential Rumi* (Nova York, N.Y.: HarperCollins Publishers, Inc., 1995), *copyright* © 1995 *by* Coleman Barks. Reproduzido com a autorização de Coleman Barks.

Beacon Press: três versos de "The Summer Day" provêm de *House of Light*, de Mary Oliver, *copyright* © 1990 *by* Mary Oliver. Reproduzido com a autorização de Beacon Press, Boston.

Robert Bly: excerto de *The Roads Have Come to an End Now: Selected and Last Poems of Rolf Jacobsen* traduzido para a língua inglesa por Robert Bly, Roger Greenwald e Robert Hedin (Port Townsend, Wash: Copper Canyon Press, 2001), *copyright* © 2001 *by* Robert Bly e excertos dos poemas de Johann Wolfgang von Goethe traduzidos para a língua inglesa por Robert Bly provêm de *News of the Universe: Poems of Twofold Consciousness* organizado por Robert Bly (San Francisco, Calif: Sierra Club Books, 1980), *copyright* © 1980 *by* Robert Bly; excerto de "When Grapes Turn to Wine" provem de *When Grapes Turn to Wine: Versions of Rumi*, de Rumi, traduzido para a língua inglesa por Robert Bly (Cambridge, Mass.: Yellow Moon Press, 1986, *copyright* © 1983 *by* Robert Bly. Todos os excertos reproduzidos com a autorização de Robert Bly.

Chrysalis Music Group, Hal Leonard Corporation and RZO Music, Inc.: excerto de "Changes" *by* David Bowie, *copyright* © 1971, 1998 *by* David Bowie. Reproduzido com a autorização da Chrysalis music Group, Hal Leonard Corporation and RZO Music, Inc.

HarperCollins Publishers: excerto de *The Runaway Bunny*, de Margaret Wise Brown, ilustrações de Clement Hurd, *copyright* © 1942 *by* Harper & Row, Inc. e *copyright* renovado 1970 *by* Roberta Brown Rauch. Usado com a autorização da Random House, Inc.

Random House, Inc.: excerto de "As I Walked Out One Evening" provem de *Collected Poems* de W.H. Auden, *copyright* © 1940 e *copyright* renovado 1968 by W.H. Auden. Reproduzido com a autorização da Random House, Inc.

Riverhead Books, uma divisão da Penguin Group (USA) Inc.: excerto adaptado de *Still Here* de Ram Dass, *copyright* © 2000 *by* Ram Dass. Permissão da adaptação de Riverhead Books, uma divisão da Penguin Group (USA) Inc.

Marilyn Sandberg: excerto de uma carta de Marilyn Sandberg e um de poema intitulado "When They Revolutionize Cocktail Parties", de Marilyn Sandberg. Usado com a autorização da autora.

Aaron Shepard: "The Prince Who Had Everything", de Aaron Shepard, *copyright* © 1995 *by* Aaron Shepard. Reproduzido com a autorização do autor. Para conhecer outras obras do autor, visite o site www.aaronshep.com

Gary Snyder: E-mail de Gary Snyder para a autora, *copyright* © 2004 *by* Gary Snyder. Usado com a autorização do autor.

Thomas Grady Agency on behalf of Daniel Ladinsky: excerto de "The God Who Only Knows Four Words" provem de *The Gift* de Hafiz, traduzido para a língua inglesa por Daniel Ladinsky, *copyright* © 1999 *by* Daniel Ladinsky. Reproduzido com a autorização do autor.

Unified Buddhist Church on behalf of Thich Nhat Hanh: adaptação de um discurso de Thich Nhat Hanh no Omega Institute. Para obter ensinamentos mais detalhados sobre esse assunto, consultar *No Death, No Fear* de Thich Nhat Hanh (Nova York, NY.: Riverhead Books, a member of Penguin Putnam, Inc., 375 Hudson Street, Nova York, NY 10014, 2002), *copyright* © 2002 *by* Unified Buddhist Church. Usado com autorização.

Universal Music Publishing Group: nove versos de "That's Life", por Kelly L. Gordon e Dean Kay, *copyright* © 1964 *by* Universal-PolyGram

COLEÇÃO ARCO DO TEMPO

Nos passos do budismo

Meditação, Pam e Gordon Smith
Paz a cada passo, Thich Nhat Hanh
A essência dos ensinamentos do Buda, Thich Nhat Hanh
Vivendo Buda, vivendo Cristo, Thich Nhat Hanh
Emoções que curam, Daniel Goleman
O tao da voz, Stephen Chun-Tao Cheng
O despertar do Buda interior, Lama Surya Das
O despertar do coração budista, Lama Surya Das
O despertar para o sagrado, Lama Surya Das
Os estágios da meditação, Dalai Lama
Como praticar – o caminho para uma vida repleta de sentido, Dalai Lama e Jeffrey Hopkins
Conselhos sobre a morte – e como viver uma vida melhor, Dalai Lama e Jeffrey Hopkins
O mundo sagrado, Jeremy Hayward
O caminho da prática, Bri Maya Tiwari
Em busca de uma psicologia do despertar, John Welwood

Vivendo o amor

Pai místico, místico pai, David Spangler
O chamado, David Spangler
Milagres do dia a dia, David Spangler
Bênção, David Spangler
O livro do perdão, Robin Casarjian
Um curso em amor, Joan Gattuso
Um curso de vida, Joan Gattuso

Escrito nas estrelas

Quíron e a jornada em busca da cura, Melanie Reinhardt
Os planetas e o trabalho, Jamie Binder

A força da intuição

Mulheres que correm com os lobos, Clarissa Pinkola Estés
O jogo das sombras, Connie Zweig e Steve Wolf
Seu sexto sentido, Belleruth Napastek
Anatomia do espírito, Caroline Myss
Contratos sagrados, Caroline Myss
O poder do fluxo, Charlen Berlitz e Meg Lundstrom
Doze pontos de ouro, Aliske Webb
O valor da mulher, Marianne Williamson
Illuminata, Marianne Williamson
Amor encantado, Marianne Williamson
Graça Cotidiana, Marianne Williamson
Histórias sagradas, Charles e Anne Simpson
A Realização Espontânea do Desejo, Deepak Chopra

A lição dos xamãs

A luz dentro da escuridão, John Tarrant
As cartas do caminho sagrado, Jamie Sams
Cartas xamânicas, Jamie Sams e David Carson
Dançando o sonho, Jamie Sams
Mensagem do outro lado do mundo, Marlo Morgan
Mensagem do eterno, Marlo Morgan
Círculo de xamãs, Olga Kharitidi
O segredo do xamã, Douglas Gilette
Andarilho espiritual, Hank Wesselman
Emissário da luz, James F. Twyman

As leis do espírito

O caminho para o amor, Deepak Chopra
O caminho do mago, Deepak Chopra
O caminho da cura, Deepak Chopra
Como conhecer Deus, Deepak Chopra
As sete leis espirituais para os pais, Deepak Chopra
O livro dos segredos, Deepak Chopra

A luz em toda a parte

Sede de plenitude, Christina Groff
Cestas sagradas, Phil Jackson e Hugh Delehanty
Esperança diante da morte, Christine Longacker
Portais secretos, Nilton Bonder
O espírito de Tony de Mello, John Callanan
A porta para seu eu interior, John Callanan
Anam Cara, John O'Donahue
Ecos eternos, John O'Donahue
O fogo e a rosa, Robert Griffith Turner Jr.
Purificação emocional, John Ruskin
As novas revelações, Neale Donald Walsch

O encanto no cotidiano

Refúgio para o espírito, Victoria Moran
Como criar uma vida encantada, Victoria Moran
A luz que vem de dentro, Victoria Moran
Em forma de dentro para fora, Victoria Moran
Energia positiva, Judith Orloff, M.D.
De coração aberto, Elizabeth Lesser

Coleção Sábias Palavras

I Ching, Thomas Cleary
O espírito do tao, org. Thomas Cleary
A arte da paz, Morihei Ueshiba
Ensinamentos do Buda, org. Jack Kornfield e Jill Fronsdal
O livro tibetano dos mortos, Francesca Fremantle e Chögyan Trungpa
O caminho de um peregrino, Olga Savin

Este livro foi impresso na Editora JPA Ltda.,
Av. Brasil, 10.600 – Rio de Janeiro – RJ,
para a Editora Rocco Ltda.